湖北省学术著作出版专项资金资助项目

现代航运与物流：安全·绿色·智能技术研究丛书

港口物流模式研究

肖汉斌　徐章一　编　著

陶德馨　主　审

武汉理工大学出版社

·武　汉·

内 容 提 要

作为全球综合运输网络体系的主要节点,现代港口的功能不断地得到拓宽,并朝着提供全方位增值服务的现代物流方向发展。港口的发展必须依赖于其拥有的各种资源与条件,港口开展物流服务不能照搬仿效或盲目攀比,而是应该因地制宜、实是求事地寻求符合所在港口自身情况的物流发展策略与模式。围绕这一主题,本书从现代物流及港口、现代港口物流及发展特点等三方面概述了港口及其物流的情况;从港口物流经营与管理模式、港口物流服务模式、港口物流发展模式的角度分别阐述港口在发展物流时在各种层面上所选择的模式;基于港口竞争力评价模型、港口物流模式决策模型提出港口物流发展模式的决策依据、模型、方法及过程,并提供了港口物流模式应用的实证分析,力图为港口物流模式决策提供一个较为清晰的思路与框架,以便业内人士共同探索。

本书可作为港口物流相关专业研究生和教师从事研究的参考用书,也可供港口物流领域相关领导、科技人员参考。

图书在版编目(CIP)数据

港口物流模式研究/肖汉斌,徐章一编著. —武汉:武汉理工大学出版社,2016.11
ISBN 978-7-5629-5326-5

Ⅰ.①港… Ⅱ.①肖… ②徐… Ⅲ.①港口-物流-研究 Ⅳ.①U695.2

中国版本图书馆 CIP 数据核字(2016)第 260325 号

项 目 负 责 人:陈军东 陈硕		责 任 编 辑:徐 扬	
责 任 校 对:彭佳佳		装 帧 设 计:兴和设计	

出版发行:武汉理工大学出版社
社　　　址:武汉市洪山区珞狮路 122 号
邮　　　编:430070
网　　　址:http://www.wutp.com.cn
经　　　销:各地新华书店
印　　　刷:湖北恒泰印务有限公司
开　　　本:787×1092　1/16
印　　　张:13
字　　　数:240 千字
版　　　次:2016 年 11 月第 1 版
印　　　次:2016 年 11 月第 1 次印刷
定　　　价:65.00 元(精装)

出 版 说 明

航运与物流作为国家交通运输事业的重要组成部分,在国民经济尤其是沿海及内陆沿河沿江省份的区域经济发展中起着举足轻重的作用。我国是一个航运大国,航运事业在经济社会发展中扮演着重要的角色。然而,我国航运事业的管理水平和技术水平还不高,离建设航运强国的发展目标还有一定的差距。为了研究我国航运交通事业发展中的安全生产、交通运输规划、设备绿色节能设计等技术与管理方面的问题,立足于安全生产这一基础前提,从航运物流与社会经济、航运物流与生态环境、航运物流与信息技术等角度用环境生态学、信息学的知识来解决我国水运交通事业绿色化和智能化发展的问题,促进我国航运事业管理水平与技术水平的提升,加快航运强国的建设。因此,武汉理工大学出版社组织了国内外一批从事现代水运交通与物流研究的专家学者编纂了《现代航运与物流:安全·绿色·智能技术研究丛书》。

本丛书第一期拟出版二十多种图书,分为船港设备绿色制造技术、交通智能化与安全技术、航运物流与交通规划技术、内河航运技术等四个系列。本丛书中很多著作的研究对象集中于内河航运物流,尤其是长江水系的内河航运物流。作为我国第一大内河航运水系的长江水系的航运物流,对长江经济带经济发展的促进作用十分明显。2011 年年初,国务院发布《关于加快长江等内河水运发展的意见》,提出了内河水运发展目标,即利用 10 年左右的时间,建成畅通、高效、平安、绿色的现代化内河水运体系,2020 年全国内河水路货运量将达到 30 亿吨以上,拟建成 1.9 万千米的国家高等级航道。2014 年,国家确定加强长江黄金水道建设和发展,正式提出开发长江经济带的战略构想,这是继"西部大开发"、"中部崛起"之后的又一个面向中西部地区发展的重要战略。围绕航运与物流开展深层次、全方位的科学研究,加强科研成果的传播与转化,是实现国家中西部发展战略的必然要求。我们也冀望丛书的出版能够提升我国现代航运与物流的技术和管理水平,促进社会经济的发展。

组织一套大型的学术著作丛书的出版是一项艰巨复杂的任务,不可能一蹴而就。我们自 2012 年开始组织策划这套丛书的编写与出版工作,期间多次组织专门的研讨会对选题进行优化,首期确定的四个系列二十余种图书,将于

2017 年年底之前出版发行。本丛书的出版工作得到了湖北省学术著作出版专项资金项目的资助。本丛书涉猎的研究领域广泛,在这方面的研究成果众多,首期出版的项目不能完全包含所有的研究成果,难免挂一漏万。有鉴于此,我们将丛书设计成一个开放的体系,择机推出后续的出版项目,与读者分享更多的我国现代航运与物流业的优秀学术研究成果,以促进我国交通运输行业的专家学者在这个学术平台上的交流。

现代航运与物流:安全·绿色·智能技术研究丛书编委会
2015 年 8 月

前　　言

随着我国经济社会的飞速发展,尤其是对外贸易的快速增长,港口因其特有的桥梁和纽带作用而得到了前所未有的发展。由于港口物流存在着巨大的发展空间,我国各个地区的政府、企业都予以巨大关注,分别做出了发展本地区航运,开展港口物流活动的规划和行动。港口不但是货物转运中心和工业生产基地,同时也是现代物流网络体系的重要组成部分,在现代综合物流中的地位十分重要。现代物流迅猛发展为港口的进一步发展创造了新的机会,提出了更高的要求。近几年来,我国许多港口在满足传统的装卸、运输、仓储等业务外,都在努力探索并尝试向现代物流转型,纷纷提出了建设国际航运中心、物流中心、区域性航运中心、港口型物流园区、港口供应链联盟、实施区港联动及保税港区以发展保税物流等奋斗目标。这些港口在吸取失败教训的同时也积累了一些成功的经验。

我国沿海及内地港口规模有大小之分,实力有强弱区别,不同层次、不同类型港口的经营目标和市场定位是不同的,即使同是从事物流服务,服务的范围和重点也是不同的。因此港口开展物流服务并不能盲目地去仿效和攀比,而是应该因地制宜地寻求符合港口自身情况的港口物流发展模式。

本书综合了国内外港口物流经营、服务方式及发展模式等方面的研究成果,提出了港口物流模式的分析与决策模型,并以我国南方和北方两个港口为例进行了实证分析,探索其港口的物流发展模式。本书旨在通过港口物流理论的梳理与研究,为港口发展物流的实践活动起到理论指导作用。

本书第1章即港口与物流概述部分,从现代物流概述、现代港口概述和现代港口物流及发展特点三方面介绍了现代物流、现代港口及港口物流的内涵、演变历史、类型、特点、国内外发展现状及趋势等情况。第2章至第5章即港口物流模式理论部分,从港口物流经营与管理模式、港口物流服务模式、港口物流发展模式、港口物流园区模式等多个角度分别阐述港口在发展物流时在各种层面所选择的服务模式、经营组织管理模式及发展战略模式,并给出相关模式的案例说明。第6章和第7章即港口物流模式应用部分,从港口竞争力评价模型、港口物流模式决策模型出发提出港口物流发展模式的决策依据、决策模型、评价方法及模式优选过程,并以我国北方某港口的物流发展模式决策为例阐述港口物流模式的应用与实证分析,结合我国港口物流现状提出物流发展模式建议。

本书具体编写任务由武汉理工大学肖汉斌教授、徐章一教授,博士研究生戴金山、邓萍、熊玲燕等人共同完成。

在本书编写过程中,参考了大量专家学者的文献、著作等资料,在此对他们表示衷心的感谢。由于港口物流模式所涉及的知识面很广,编者经验水平有限,错误和疏漏在所难免,望广大专家和读者批评指正。

此书受"中央高校基本科研业务费专项资金"资助,项目批准号为 2010-YB-25、2010-JL-12。

作　者

2016 年 3 月于武汉理工大学

目　　录

1 现代港口物流概述

1.1 物 流

早在 17 世纪中期,人们就开始关注一些物流现象,但直到 20 世纪 20 年代,美国营销专家弗莱德·克拉克(Fred E. Clark)在他所著的《Principles of Marketing》(即《市场营销原则》)中才将物流纳入市场营销的范畴,此时他将物流定义为实物分销(Physical Distribution,缩写为 PD)。1935 年,美国销售协会将物流定义为:物流是包含于销售之中的物资资料和服务从生产地点到销售地点的流动过程中,伴随的种种经济活动[1]。

二战期间美国及其盟军为了战争的需要在广大的空间范围内进行物资的调度配给,在军事人员调动、军事物资产生、存储、运输等方面进行了一系列的研究,从而使得战争中的后勤服务质量得到了保障,满足了战争的需求。于是在美军方面就形成了关于后勤管理(Logistics Management)的思想、技术和方法体系。二战之后,人们将 Logistics 的运作理念应用于企业管理之中。1974 年,美国学者唐纳德·J. 鲍尔索克斯(Donald J. Bowersox)在《后勤管理》一书中将 Logistics 定义为:以卖主为起点将原材料、零部件与制成品在各个企业间有策略地加以流转,最后达到用户其间所需要的一切活动的管理过程。

20 世纪五六十年代,日本开始引用物流的概念。日本企业界和商业界为了提高生产效率,组织考察团在国外进行考察学习,发表考察报告,从而较为全面地推动了日本生产管理的发展。1958 年刊登在《流通技术》上的"劳动生产率报告 33 号"首次提到 Physical Distribution 的概念,并于 1964 年翻译为"物的流通"。日本通产省对物流做出了定义:物流是制成品从生产地到最终消费者的物流性转移活动。具体是由包装、装卸、运输保管以及信息等活动组成。日本早稻田大学教授西泽修则认为物流是"包装、保管、输送、装卸等工作,主要是以物资为中心,所以称之为物资流通。在物资流通中加进情报流通,于是称之为物流"。

美国物流管理协会 CLM(Council of Logistics Management,2005 年 1 月

1 日正式更名为美国供应链管理专业协会)的出现是传统物流与现代物流的分界线。美国物流管理协会是由全美实物分配管理协会更名而来。在此之前已出现了许多企业物流活动的术语,美国物流管理协会对这些术语进行了统一,并于 1985 年对 Logistics 作了一个经典定义:物流是以满足客户需求为目的,以高效和经济的手段来组织原料、在制品、制成品以及相关信息从供应到消费的运动和存储计划、执行和控制的过程。1991 年美国物流管理协会对 Logistics 的这一定义进行了修改,将 Logistics 定义为:物流是以满足客户需求为目的,以高效和经济的手段来组织产品、服务以及相关信息从供应到消费的运动和存储计划、执行和控制的过程,从而使物流管理的范畴从生产制造企业扩大到所有产品、服务输出的企事业组织。1998 年美国物流管理协会又对 1991 年的 Logistics 定义作了补充,将 Logistics 定义为供应链过程的一部分,把 Logistics 纳入企业互动协作关系的管理范畴,并且要求企业在更为广阔的背景下来考虑自身的运作,在供应链环境下来考虑问题,即企业在做决策时不仅要考虑到自身的利益,同时还要考虑合作企业的利益以及整个供应链上企业的利益,企业所追求的不再仅仅是自身运作的最优化、利润的最大化,而是整个供应链运作的最优化、利润的最大化,在供应链环境下寻求整个供应链的最优化。

现代物流的基本功能要素主要包括运输、储存、包装、装卸搬运、流通加工及信息等六个方面。现代物流是物流集成化、系统化、网络化、一体化的统一,是跨部门、跨行业的社会大系统。现代物流与传统物流的区别在于现代物流强调系统整体优化,是以现代信息技术为基础,对物流过程中的装卸、运输、搬运、存储、包装、流通加工、信息处理等进行统筹规划、整体优化,达到系统最优。同时现代物流更强调信息的重要性,强调物流信息系统和信息网络的支持。即物流的"流"还包含了物流过程中的商流、资金流和信息流。物流的作用主要体现在降低成本、缩短时空差距、提高服务水平、加快商品流通和促进经济发展、创造社会效益和附加价值等五个方面。

1.2　现代港口

1.2.1　港口

传统意义上的港口,是指位于江、河、湖、海的沿岸,具有一定设施和条件,有天然掩护的海湾、水湾、河口等场所供船舶靠泊、旅客上下、货物装卸、生活资料补给及办理各类相关手续的地方。现代港口是具有水陆联运设备和条件,供船舶安全进出和停泊的运输枢纽,是水陆交通的集结点,工农业产品和外贸进出口物资的集散地,船舶停泊、装卸货物、上下旅客、补充给养的场所。港口法中将港口定义为:具有船舶进出、停泊、靠泊,旅客上下,货物装卸、驳运、储存等功能,具有相应的码头设施,由一定的水域和陆域组成的区域[2]。

港口一般包括水域、陆域、港口工程建筑、港口物流装备与配套设施、港口管理与装卸生产组织机构。

传统的港口承担货物装卸、中转、换装的任务。现代港口已不仅是水陆交通的枢纽和货物集散地,而且是一个巨大的经济活动载体。现代港口的作用主要表现为综合物流中心、海陆国际运输的枢纽和节点、城市发展的增长点、商贸的平台及新的旅游点。

港口不仅有物流、信息流,还有资金流、技术流,投资方、生产方、消费者在这个平台上进行商贸活动。

港口作为水上运输平台和贸易门户,具有多种经济功能。随着港口对全球经济一体化的支撑作用的加强以及对港口腹地经济影响的加深,其功能也在不断发生演变。一般而言,大中型沿海及内河港口具有运输和中转功能、仓储功能、贸易与商业功能、工业功能、服务功能等五方面的功能。

港口发展经历了三个发展阶段。1992 年,UNCTAD(United Nations Conference on Trade and Development,即联合国贸易和发展会议)首次提出了第三代港口模型。2002 年,ESCAP(United Nations Economic and Social Commission for Asia and the Pacific,即联合国亚太经济与社会理事会)对第三代港口模型进行了进一步的修改完善,根据最近的研究成果,许多专家认为港口正在向第四代发展。其具体演变过程如表 1-1 所示。

表 1-1　港口发展与功能演变过程的四个阶段

	第一代港口	第二代港口	第三代港口	第四代港口
形成年代	20 世纪 60 年代之前	20 世纪 60 年代之后	20 世纪 80 年代之后	21 世纪初
主要货类	传统散杂货物	杂货:成组货物;散货:大宗干液散货	大宗中转干液散货;集装箱货物	大宗集装箱;大宗干液散货

续表

	第一代港口	第二代港口	第三代港口	第四代港口
功能作用	运输枢纽、货物装卸与储存	运输枢纽、货物中转;临港产业中心	国际贸易基地、临港产业中心和运输枢纽;多式联运与物流中心	全球资源配置枢纽
活动范围	①货物装卸、仓储和航运	①+②商业和相关临港产业	①+②+③信息服务、物流、保税服务	①+②+③+④全面实施内外满意服务,非核心业务大量外包
组织结构	①港口内各单位独立运作;②生产封闭管理;③港口与用户关系松散,非正式	①港口与用户的关系更加紧密;②港航市场保护;③港口内各种活动之间开始出现协作;④港口和城市为非正式关系	①港口和经贸运输链一体化;②港口经营组织扩大,港口结构更加开放;③港口与城市的关系更加紧密	①经贸港航运输全方位对外开放;②港口群体、港城互动以及综合物流网链一体化;③港口经营企业综合化、大型化
生产特点	①保守形式,不定期等货,货物移动港内交换;②低附加值	①货物流动与中转;②联合服务;③附加值提高	①货物流和信息流;②货物和信息的管理;③多样化服务和物流结合;④高附加值综合物流服务	全程、全过程、全方位、多层次与个性化服务
服务方式	港到港	部分联运点到点	多式联运门到门	网到网
决定要素	劳动和资本、资源	资本和技术	技术、信息及服务	技术、信息、服务、人才及环境

目前,世界主要港口中第三代港口仍然是发展的主流,但随着经济全球化、市场国际化和信息网络化,一些大型港口已经开始向第四代港口转型[3]。因此当前我国建设国际化港口和发展港口物流,从本质上讲就是建设第三、第四代港口。

1.2.2　港口的主要类型

按照不同分类方法可以将港口分为不同的类型。

（1）按所处位置港口可分为河口港、海港和河港

河口港建在江、河入海口的江、河岸线上，位于河流入海口或受潮汐影响的河口段内，为内河和海上运输服务。一般有大城市作依托，水陆交通便利，内河水道往往深入内地广阔的经济腹地，承担大量的货流量，故世界上许多大港都建在河口附近，如鹿特丹港、伦敦港、纽约港、上海港等。河口港的特点是，码头设施沿河岸布置，离海不远而又不需建防波堤，如岸线长度不够，可增设挖入式港池。

海港是指在自然地理条件和水文气象方面具有海洋性质的港口。海港建在海岸线上，为海上运输服务，位于海岸、海湾或潟湖内，也有离开海岸建在深水海面上的。位于开敞海面岸边或天然掩护不足的海湾内的港口，通常须修建相当规模的防波堤，如大连港、青岛港、连云港等。供巨型油轮或矿石船靠泊的单点或多点系泊码头和岛式码头属于无掩护的外海海港，如利比亚的卜拉加港、黎巴嫩的西顿港等。潟湖被天然沙嘴完全或部分隔开，开挖运河或拓宽、浚深航道后，可在潟湖岸边建港，如广西北海港。也有完全靠天然掩护的大型海港，如东京港、香港港等。

河港建在内陆水域中，位于天然河流或人工运河上的港口，包括江、河、湖和水库等岸线处，为内河运输服务。如长江上的重庆港、武汉港、芜湖港等。

（2）按用途港口可分为商港、军港、渔港、避风港等

商港是供商船进出使用、为客货运输服务的公共性质的港口，是水陆运输的枢纽。

军港是用于舰艇等军用船舶停靠的港口。

渔港是用于捕捞作业与生产用的船舶停靠的港口。

避风港是具有良好的天然地势，为船只躲避台风等灾害而设置的港口。

（3）按照装卸货物的品种港口可分为专业性港口和综合性港口

专业性港口是只装卸某一类货物的港口，比如石油港、煤炭港等。专业性港口一般都配备有专门化的设备，以获得货物流向的稳定性及装卸的高效性。

综合性港口是装卸多种货物的港口。

（4）按货物进口是否需要报关港口可分为报关港与自由港

报关港要求进口的外国货和外国人需向海关办理报关手续。

自由港对来港装卸货物和货物在港内贮存与加工不需经过海关，也无须交税，又称自由口岸、自由贸易区、对外贸易区。这种港口划在一国关境之外，外国商品进出港口时除免交关税外，还可在港内自由改装、加工、长期储存或销

售,但须遵守所在国的有关政策和法令。自由港依贸易管制情况分为完全自由港和有限自由港。前者对所有商品进出口都实行免税,后者对少数商品征收少量关税并有某些贸易限制。汉堡港、香港港和新加坡港均属于自由港。

（5）按运输功能角度港口可分为中转港、支线港和腹地港

中转港是指货物从起航港前往目的港途经行程中的第三港口。运输工具在中转港进行停靠、装卸货物、补给等操作,货物进行换装运输工具后继续运往目的地港口。其主要功能是在港区范围装卸船、收受、堆取货物等。中转港拥有大型码头,其地理位置优越,是海上运输主要航线的连接点和支线的汇集点。

支线港拥有较小的码头或部分中型规模的码头,主要挂靠直线运输船舶和短程干线运输船舶。

腹地港主要服务于内陆腹地货物的集散运输,并兼营海上运输业务。这类港口是国际运输主要航线的端点,与内陆发达国家的交通运输网相连,是水陆交通的枢纽。

1.3 港 口 物 流

1.3.1 港口物流概述

传统的港口物流主要提供装卸、仓储、转运服务。随着世界经济一体化、贸易自由化、运输集装箱化和营运管理信息化,港口物流的内涵和外延正在逐渐扩大。现代港口作为全球综合运输网络的节点,其功能朝着提供全方位增值服务方向发展。以煤炭输出港为例,其物流网络体系与物流中心节点即港口的关系如图1-1所示。

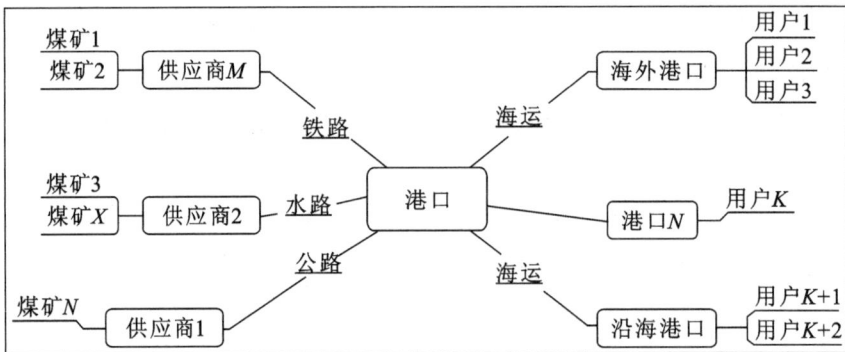

图 1-1 煤炭港的港口物流体系

由此可以看出,现代港口物流是指以建立货运中心、配送中心、物流信息中心和商品交易中心等为目的,有机结合装卸搬运、运输、仓储、代理、包装加工、配送、信息处理等物流环节,并形成完整的供应链,为最终用户提供多功能、一体化综合服务的物流活动的统称。

1.3.2 港口物流的基本要素

作为社会物流活动的组成部分之一,港口物流同样具备一般物流活动的三个最基本要素,即流体、载体和流向[4]。

流体(Fluid)是指经过港口的货物。实现货物从提供者(例如接卸货物时的船舶承运人)向接收者(例如疏港的铁路经营人等)的快速流动是港口物流的最终目的。根据需要,在流动的过程中部分货物需要储存在港口的库场中。根据流体的自然属性和社会属性,可以计算出每立方米体积该货物的价值,即流体的价值系数。该系数可以反映货物的价值高低,对港口生产组织部门确定货物作业方案具有指导意义。价值系数值越大的货物,越需要重视其在港内物流过程的安排,应合理安排货物的搬运、保管、包装、装卸等各个环节的组织作业。

载体(Vector)指流体借以流动的设施和设备。载体可大致分成两类,其一是指基础设施,如码头、航道、港内道路、港池等;其二是直接载运流体的设备,如装卸设备、搬运机械等。港口物流的质量、效率和效益取决于港口物流载体的状况,尤其是物流基础设施的状况。

流向(Flow)指港内流体从起点到止点的流动方向。一般而言,物流流向有四类:① 自然流向。即流向取决于货物进出口的不同,根据合理路线安排货物在港内搬运、装卸的流动方向。这属于自然选择的流向。② 指定流向。如由港口管理机构为了平衡各区的任务,人为地指定港内货物的流向。③ 市场流向。即根据货主或承运人意图来确定货物在港内的流向。例如由承运人指定货物在某泊位上装卸。④ 实际流向。即在港内物流过程中实际发生的流向。

因此,从物流活动三个基本要素的角度来看,港口物流的基本功能是通过各种运输工具(即载体)实现货物(即流体)在"水—陆"、"陆—水"或"水—水"(即流向)之间的流动,是在特殊形态下的综合物流体系。作为现代物流过程中一个不可替代的关键节点,港口物流完成整个供应链物流系统中基本的物流服务和衍生的增值服务。从这个意义上讲,港口物流是指所在港口城市利用其自身的基础设施与口岸优势,依托先进的软硬件环境,强化对港口周边物流活动的辐射能力,突出港口在集货、存货、配货等方面的特长,基于临港产业,以信息技术为支撑,以港口资源的优化整合为目标,发展港口综合服务体系,涵盖物流产业链的所有环节。港口物流活动的开展取决于港口物流服务平台的搭建理念、运行模式、信息化水平等关键因素。

1.3.3　港口物流的发展阶段

自 20 世纪 80 年代以来,全球化与经济一体化的步伐加快,新经济的崛起以及现代科学技术的飞速发展,对于运输提出了更高的要求。它要求实现以满足客户的需求为出发点,对原材料、中间产品过程库存、最后产品和相关信息有效流动和储存等,实现从门到门(Door to Door)的全过程服务。港口的功能正经历着从单一货运生产到综合物流汇集的转变,趋向传统货流与商流、资金流、技术流、信息流全面大流通;运输方式也从简单的车船换装到多式联运、联合经营,从传统装卸工艺到以国际集装箱门到门多式联运为主要特征的现代运输方式的跨越,现代港口物流活动日渐丰富、成熟。总体而言,港口物流的发展主要经历了传统物流、配送物流、综合物流、供应链物流等四个发展阶段[5]。

(1)传统物流阶段

20 世纪 40 年代以来,人们逐渐认识到物流的重要性。但直到 70 年代末,港口一直被认为是纯粹的"运输中心",此时港口物流处于传统物流阶段。

(2)配送物流阶段

20 世纪 80 年代至 90 年代初,EDI 技术(Electronic Data Interchange,电子数据交换)、JIT 机制(Just In Time,准时制生产)、配送计划及物流技术的广泛应用,为物流管理与实践提供了强有力的技术支持和保障。此外,干线运输的集装箱化和集装箱运输船舶的大型化对港口的生产能力和装卸效率提出了更高的要求,国际配送的需求也伴随着国际贸易的发展而发展,大型跨国公司纷纷在各大港口建立"配送中心(Distribution Center)",港口物流的发展也逐渐步入集运输、转运、储存、仓储管理、装拆箱及加工等功能于一体的配送物流阶段。

(3)综合物流阶段

20 世纪 90 年代中后期,电子商务(Electronic Commerce)的发展促进交易方式的变革,使物流向信息化并进一步向网络化方向发展。专家系统

(Expert System)和决策支持系统(Decision-Support System)的应用使物流管理更趋向智能化。上述管理和技术把现代物流推到了前所未有的关键地位,现代港口逐渐发展成为集商品流、信息流、资金流、人才流于一体的重要节点与物流中心。

（4）港口供应链阶段

进入 21 世纪以后,现代计算机与通信技术和现代物流的融合发展步入一个全新的阶段,国际物流、共同配送(Joint Delivery)成为物流发展的重要趋势。除了继续发挥其装卸集装箱船货等传统运输功能外,港口还主动参与或组织与现代物流相关的业务活动及其彼此之间的衔接与协调,成为全球国际贸易和运输体系中的主要基地或节点;港口正积极谋求融入综合物流链,实现港口的竞争力的提升。

一方面,现代物流的发展需要港口以各种方式提供相应的物流服务;另一方面,发展现代物流也成为各个港口城市提升国内与国际竞争力的一种重要途径。当前我国沿海及内地各主要港口都在积极规划和建设港口物流基地。众多国外的海运公司和物流企业也在港口及其周围建立起物流中心、分拨中心和配送中心或生产制造中心,如比利时安特卫普港、荷兰鹿特丹港、新加坡港、日本横滨港及香港港等诸多大港口都基于现代物流理念,建立起物流中心、物流码头、分拨中心、配送中心等物流设施,不仅提供传统的物流功能,还具有流通加工、信息情报、销售和展览等功能,实现全方位的服务。

1.3.4　典型港口的物流发展

（1）鹿特丹港的港口物流

自 20 世纪 80 年代后期以来,依托优越的地理位置和港口集装箱运输的持续增长,一些大型跨国企业开始在鹿特丹港及周边地区建设发展服务于欧洲的区域性物流配送中心。为了满足这些企业的发展需要,鹿特丹港在全球较早地开始了港口物流园区的规划和建设。

目前,鹿特丹港已经先后建成了 3 个港口物流园区。

（2）新加坡港的港口物流

近年来,随着港口运输以及相关贸易规模的不断发展,在港口及周边地区出现了越来越多的物流活动,如货物代理、仓储、原料加工、包装、库存管理、订单管理等。为满足日益增长的物流需求,新加坡港最主要的码头商新加坡港务集团(Port of Singapore Authority,简称 PSA),围绕港口运输先后建立了 4 个物流园区,分别为 Keppel 物流园区、Tanjong Pagar 物流园区、Pasir Panjang 物流园区和 Alexander 物流园区。

(3)上海港的港口物流

上海港是长江下游的重要交通枢纽和连接各大洋的重要枢纽,通过长江黄金水道与中西部紧密相连。当前上海港的货物总吞吐量与集装箱吞吐量位居世界第一,是东北亚地区集装箱航班最密集的港口之一。目前上海港正在加快推进上海国际航运中心的建设步伐。

上海国际港务(集团)股份有限公司(简称"上港集团")把做大做强港口物流产业作为企业发展的战略重点,集中物流资源优势力量,对区域分散的物流产业资源进行整合,加速实现从传统物流向现代物流的转变,延伸港口物流产业链,倾力打造现代化综合物流服务功能,提高在工程物流、第三方物流(Third Party Logistics,即 TPL)、汽车物流等领域的一体化服务能力,形成以上海港为枢纽的物流服务网络,服务范围涵盖国际货运代理、船舶代理、内支线船运、仓储堆存、公路运输、国内多式联运、集装箱拼装拆箱、危险品储运、重大件货运接运、集装箱洗修、物流管理软件开发等全方位的物流业务。

1.4　现代港口物流

港口历来在一国的经济发展中扮演着重要的角色。运输将全世界联成一体,而港口是运输中的重要环节。作为全球综合运输网络的节点,港口所承载的功能正在不断延伸,朝着提供全方位的增值物流服务和经济一体化方向发展。港口功能的拓展不仅是响应现代物流发展的要求,更是体现了港口在推动现代物流发展中所发挥的作用。

1.4.1　现代港口物流的基本功能

相比于传统港口物流的功能,现代港口物流的基本功能不再只是单一的装卸、仓储、运输等活动,而是向着成本更低、效率更高、服务更具人性化等目标发展。总的来说,现代港口物流的基本功能主要涵盖综合服务、信息处理、多式联运、商贸服务和保税,以及集聚与辐射等五个方面[6]。

(1)综合服务功能

一方面,现代港口需要提供装卸、转运、储存、包装、流通加工、配送和信息处理等多种物流服务功能;另一方面,还应具备办公、金融、餐饮等配套设施与服务功能。

在上述综合服务功能中,运输和中转属于现代港口物流的首要功能。在现代港口物流活动中,运输是构成物流与供应链服务的中心环节,而不再是单一的或与其他业务分离的服务活动。运输功能直接体现在货物的集疏运上,即包括公路运输、铁路运输、水路运输,以及不同运输方式之间的转运。

装卸及搬运能够实现物流由进港地点向离港地点的移动,是影响港口货物流转速度的基本要素,也是港口价值得以实现的主要方式。

仓储功能构成了港口物流体系中的静态环节,体现了库存的功能。在消除货物进出港口过程中时间差的同时,港口经营者也通过仓储功能创造了新的时间效益,通过有效解决载体之间在时间上的不平衡而创造出新的价值。从这个意义上讲,相对于整个港口物流体系来说,仓储功能既有缓冲与调节的作用,也有创值与增效的价值。因为经港口进出口的货物品类繁多,导致仓储条件也不尽相同,为此,港口应保有较为完备齐全的仓储设施以满足不同货物的需求。

配送功能涉及对进出港口的货物进行深度加工和相关处理,对货物进行包装、分配等作业,并将货物送抵客户等业务。港口物流的配送是港口物流体系中衍生出来的功能,运输线路长,覆盖面广,业务复杂,必须辅以管理与调度系统与之相适应。因为常发生于运输和消费的交汇处,配送功能被视为港口物流体系末端的延伸。

流通加工和组装加工业务构成了加工与分拣包装的主体,不但可以有效降低运输成本,也可以减少装卸和运输过程中的包装损坏,保证了港口货物的合格率和完整性。

除此以外,现代港口物流还应具备一些其他的辅助功能,如集装箱的修理冲洗,船舶接待与船舶技术供应,燃料、淡水等船用必需品及船员的食品供应,引航、航次修理、船舶的隐避与海难救助等业务。

(2) 信息处理功能

高效的信息处理技术和管理手段是现代物流活动的基础。信息处理已经成为港口进行生产与物流运作时不可缺少的功能之一。港口物流要对大量的不同品类不同客户不同流向的货物进行管理、仓储、加工、配送,需要有很强的信息处理能力。港口在实现货物流动的同时,必须有效地处理好流动过程中产生的大量信息。因此,港口的物流中心应该借助于功能完备、技术先进、快速高效的信息管理与服务系统,以提高物流活动的整体服务水平和效率,并促进和改善物流中心自身的运作和业务管理。充分发挥港口的信息资源优势及利用发达的通信设施和 EDI 网络,积极为用户提供包括物流信息处理、贸易信息处理、金融信息处理和政务信息处理等在内的货运市场和决策信息,实现服务的便利与增值。

（3）多式联运功能

运输是物流活动的物质基础,也是物流最重要的一个功能。在现代综合运输体系中,通过多式联运实现货物在不同运输方式之间的有效衔接已经成为提高运输效率、降低运输成本的有效手段。港口物流中心是货物在不同运输方式之间换装的重要枢纽,因此必须具备方式齐全、功能完善、手段先进的转换设备和多式联运功能。

（4）商贸服务和保税功能

由于物流和商流一体化的发展,港口物流中心势必会成为商业服务中心,成为产品或商品推广、分销、采购、交易的重要场所,商业服务水平的高低将直接影响到港口物流中心的发展。因此,港口物流中心应当具备较为完善的展示、会议、交易及一定的金融等商业辅助功能。

同时,港口物流中心的核心是国际物流,是国际生产和贸易的重要环节。为便于国际物流的发展,港口的物流中心通常具备自由贸易区的功能,可以为用户提供更多的便利。

（5）集聚和辐射功能

作为现代港口的重要组成部分之一,港口物流中心的服务范围不仅包括周边地区,而且也应涵盖更广阔的内陆腹地。因此,港口物流中心不仅要求便利的外部交通条件,而且最好靠近干线公路、铁路等可通达后方腹地的重要集疏运通道。

同时,当港口管理部门负责物流中心的开发、经营时,往往还会对进入港口物流中心的企业或活动设定一定的条件。如鹿特丹港就要求进入 Maasvlakte 物流园区的用户是大型的跨国公司或者是全球性的物流企业。这样不仅有利于扩大港口物流中心的辐射范围,而且对于提升港口竞争力也非常有益。

1.4.2　现代港口物流的特点

（1）港口物流发展与腹地经济状况紧密相关

现代物流是一种综合物流。港口作为现代物流的中心节点并不是孤立存在的,而是整个物流链上的一个核心组成部分。港口物流的发展必然依赖于整个现代物流发展的综合环境。对于港口物流,腹地的人口密度、该地区的经济规模及其发展水平等因素都会直接影响港口物流的吞吐量。港口物流的发展在很大程度上也取决于所在腹地交通运输体系的完善程度。反过来,港口及其物流的发展也会对港口所在地区的城市产生深远影响。通过带动港口周边工业的发展,港口已经成为城市不可再生的战略性资源和新的经济增长点。依托港口建立的发达物流体系,可以为区域经济的发展提供可靠的低成本的物流支撑,扩大所在城市的经济辐射能力。同时,港口物流的发展必然吸引大量加工企业聚集在港口周边地区,进而演变成为临港加工区,成为拉动区域经济发展的引擎。此外,港口物流的发展也为城市带来大量的资金流、人才流和信息流,为旅游、信息产业的发展创造了条件,进而为形成地区性甚至国际性的航运或金融中心提供了机遇。

(2)港口物流发展受国家政策和国际环境的影响

港口作为国际运输体系的重要节点,因国际货物的装卸和转运产生了装卸公司、航运公司和陆地运输公司;又因船舶的停靠产生了船舶燃料给养供给、船舶修理和海运保险;在货主和船公司之间还形成了无船承运人、货物代理和报关代理等中介公司;随着现代物流的形成和发展,围绕港口的新型企业则是以物流增值作业为特色的物流园区和物流中心。因此,港口物流服务除了一般意义上的物流服务以外,还更多地体现在支持进出口贸易和外向型经济的发展上,包括船舶订舱、进出口报关、海关关检、保税仓储、海上救助和海事法庭等其他的特殊服务。

港口的发展同全球经济状况有着不可分割的关系,周边国家的经济发展水平、经济体制、开放政策和外交政策等一系列因素都会影响到港口物流的市场需求和发展规模。一般而言,由于港口经济的外向度高,与腹地经济的关联度强,对外经贸等国家政策在很大程度上可以左右港口物流的发展水平,为此港口也被视为经济发展的"晴雨表"。

(3)港口物流发展体现了整个国家物流发展的总水平

港口由于其独特的地理优势以及比较完备的硬件设施,形成了既有的先天优势。港口汇集了大量的货主、航运企业、代理企业、零售商等,成为物流、人流、技术流、资金流的交汇中心。港口作为国际物流链的中心,使得先进的技术与管理通过物流链渗透到陆向腹地。一国港口的物流发展水平在很大程度上体现了整个国家的物流发展水平。

（4）港口物流在国际物流链中居于中心地位

港口在现代物流发展中有着诸多独特的优势,在综合物流服务链中处于特殊的地位。港口物流中心具有不可替代的经济运输功能,港口是水陆运输的枢纽,又是水运货物的集散地、远洋运输的起点和终点。港口以其独特的"大进大出"的集疏运能力和较好的物流网络基础,成为现代物流业的主导和重点。港口是水、陆两种运输方式衔接的唯一节点,港口的建设和服务水平是整个物流链能否顺畅运转的关键。因此,发达而完善的港口物流信息平台构成了港口物流的重要基础。其一,港口物流要建立发达的虚拟式供应链,提高物流信息的搜集、处理和服务能力,从而缩短物流信息交换与作业时间;其二,港口需要大力发展电子商务,依托供应链构筑服务遍及全球的虚拟港,扩大港口的腹地辐射范围;第三,通过供应链达到港口物流在其环节上资源与信息的充分共享,最终实现总体最优化的物流服务目标。

（5）港口物流具有整合效应

全球经济一体化的趋势,促使港口物流必须向国际化、规模化、系统化发展,港口物流产业内部的整合,与陆域、航空物流的全方位合作势在必行。同时,港口物流的服务功能也会凸显"一体化"的特点,实现进一步拓展。港口物流将充分依托港口腹地运输、拆装箱、包装、质量控制、库存管理等方面的服务以及货物在港口、海运及其他运输过程中的物流解决方案等。

（6）港口物流经济和物流服务的一体化

"一体化"下港口物流的服务功能将进一步拓宽,即充分依托邻近港区的物流园区开展"一体化"物流服务,通过协同规划与联合作业,结盟成为高度整合的供应链通道,进一步提高物流效率,降低物流成本,为客户提供更为满意的物流服务。

1.4.3　现代港口物流的时代特征

现代物流的特点是不仅要实现货物仓储和装卸运输,还要对商品进行系统的控制管理,将物资流、资金流和信息流融为一体,以降低物流成本,提高物流服务效率和质量。

（1）现代物流时代的到来将使港口面临更激烈的竞争

随着国际贸易的迅速发展,航运竞争日趋激烈,为了追求规模经济,船舶大型化、高速化和集装箱化成为不可改变的趋势,从而对大型国际性港口的水深条件、装卸装备、服务水平以及腹地货源等相关因素提出了更大的挑战。

为了适应船舶大型化与高速化趋势,节约投资成本,缩短船舶在港时间,加快货物流转速度,发展综合物流服务势必成为众多港口提供竞争力的首选。港口之间竞相建设发展物流中心,进一步加剧了港口之间的竞争。港口面临的竞争不仅来自临近港口,还来自具有区域战略地位的国外港口。

首先,当今港口的竞争已从传统的腹地货源的竞争,转向以现代物流为特征,以吸引船公司和发展多式联运为重点,以信息服务和全程服务为主要手段的综合竞争,转变的核心在于从货源转向物流。由于腹地内铁路、高速公路、内河航道等运输网络的不断完善,物资的流通性得到强化,传统的港口腹地概念已逐渐被打破,货源腹地交叉的现象越发常见。对船公司和货主来说,相同区域内或相邻区域内的竞争性港口已不单纯只有距离上的差异,而侧重于港口所提供的服务质量和水平(尤其体现在港口的物流服务)。

其次,大型航运公司或物流企业涉及港口领域并引发的竞争。在过去的十几年里,较之于港口,航运市场的激烈竞争使得航运企业更早地意识到开展现代物流的重要性,为此积极主动地拓展物流。当前国际上众多知名的航运企业同时也发展为国际性的全球物流承运人和货运代理人。因此在买方市场的货运环境下,以国际航运企业组成的大型联盟为典型的航运企业,选择哪些目标港口作为其物流分拨基地,或作为其挂靠港口,在很大程度上决定了目标港口的兴衰。那些具备优良的物流基础设施、高效物流服务的港口往往能成为大的航运企业客户的首选。例如货物吞吐量一直居全球前列的荷兰鹿特丹港,由于其高效的港口服务和完善的腹地交通,进出港口货物中有近80%货物的发货地或目的地都不在荷兰。大量的货物在港口通过发达的内陆运输网络进行中转,最终运抵欧盟各成员国。

(2)港口作为综合物流链上的重要节点,其服务内容和服务方式与传统港口有很大的差别

港口的角色已经由传统的承运人转向物流经营人,港口的竞争力不仅来自于先进的硬件设施,更重要的是来自于管理和综合服务水平。传统港口经营往往局限于追求货物吞吐量、市场占有率,设备使用方面讲求使用率、完好率等,而现代港口经营理念追求的是相对价值,与客户建立合作伙伴关系,通过对商品的中转运输、分拨配送、信息服务和供应链管理,努力减少客户的资金成本、仓储成本、管理成本和风险成本等各项费用,在帮助上下游客户降低经营成本的同时,获得合理的利润,达到双赢或多赢的目的。

(3)现代港口物流的竞争从传统装卸运输更多地转向其延伸性增值服务

从市场营销的角度看,现代港口物流的产品应该包括三个层次:核心产品(即装卸运输)、形式产品(运输设备、工具等)和延伸产品(各种增值服务)。前两者在传统的港口中能被普遍重视,而后者则往往被忽视。现代港口物流的竞争则更多的是体现在第三层次的竞争。

1.5　现代港口物流的发展趋势

1.5.1　港口物流在现代物流产业中的地位

港口物流已经发展成为重要的物流形态之一。港口物流功能的发挥不仅体现了现代港口对于简化经济贸易和畅通物流过程的作用,同时也提高和巩固了港口在国际多式联运体系和全球综合物流链中的地位和作用,最终为国民经济和世界经济的发展发挥更大的引擎作用。明确港口物流在现代物流产业发展中的地位以及应当具备的功能,能使港口在国家经济建设发展中更充分地发挥作用。

港口物流的发展对促进国民经济发展起着十分重要的作用。

(1)港口物流是我国交通运输业的重要组成部分

货物的运输方式一般包括海洋运输、铁路运输、航空运输、河流运输、公路运输、管道运输、大陆桥运输以及由各种方式组成的国际多式联运等。水路运输业货运周转量占所有交通运输方式货运周转量的比重为60.22%,成为货物运输的重要方式,是交通运输行业中举足轻重的子行业。从水路运输网络的角度出发,港口是水路运输必要的基础设施,水运服务只有通过港口连接才能形成网络。

(2)港口物流是现代物流的一个重要节点

港口是现代物流服务链中的关键节点之一,是发展综合物流(或一体化物流)的核心所在,也是发展多式联运与运输网络体系的技术支撑和载体。国内外物流及港口发展的经验表明,物流发展的关键是各个节点的组织、协调,物流发展有赖于运输链条上各连接点的无缝衔接和良好配合,不断提高运输效率,持续降低运输费用。一般港口都已拥有较好的基础设施条件(如大型堆场仓库及扩展用地等)和集疏运体系,积累了货物装卸、堆存、存储和多式联运的经验;同时,港口还与许多流通与运输企业、代理公司、加工企业等保持着密切的业务联系。依托港口构筑物流中心节点具有投资少、起步高、易上规模等优点,可以充分挖掘和利用现有资源。

港口在现代物流中起到非常重要的作用。第一,港口是综合物流的分拨配送中心,是物流供应链的重要环节,不仅承担分拣、理货、储存、分放、倒装、分装、装卸、搬运、加工配送等职能,而且负责收集整个供应链的信息。第二,作为国际贸易中船舶、航海、内陆运输、通信、经济、技术的汇集点,港口是国际物流链条的重要环节。第三,港口是重要的物流信息中心。随着国际多式联运与全球综合物流服务的发展,现代港口作为全球运输网络的重要节点,将朝着全方位的增值物流服务方向发展,成为商品流、资金流、技术流与信息流的汇集中心。第四,港口是综合物流供应链中最大货物的集散点。港口是水陆运输的枢纽,是水运货物的集散地、远洋运输的起点和终点。综合物流不仅在海上形成了枢纽港的分离,而且在陆上形成以港口为端点,以内陆的物流中心为集散点,以不同运输方式的多式联运为运输通道的内陆网络体系。

(3) 港口物流是港口经济发展的重要推动力

20 世纪七八十年代,随着日本和"亚洲四小龙"工业的崛起以及经济全球化浪潮的出现,东京、香港、新加坡三个城市凭借地处国际航运干线、优越的地理条件、完备的集疏运系统以及大城市的强力支持等优势,逐渐发展成为全球性综合物流服务基地、商品物资集散地和金融贸易中心。同时,日本的神户、韩国的釜山和我国台湾省的高雄也逐渐发展成主要服务于众多支线航运和远洋航线的辅助性港口,对促进该区域的经济发展发挥了重要作用。

改革开放以来,港口已成为我国对外开放的前沿阵地。港口作为发展外向型经济的重要基础设施,沿海城市利用港口优势获得了比内地更大的发展,使得沿海地区经济迅速繁荣。

现代港口汇聚了大量的人力、物力、财力,充分发挥物流系统的整体功能,使各种资源都可以达到最大的使用效率,达到"1+1＞2"的效果,成为生产要素的最佳集合点。

另一方面,同腹地物流相比,港口物流的实践者比较容易接触到最先进的技术和管理理念。港口作为国际物流链的中心,使得这些先进的技术与管理通过物流链渗透到陆向腹地,进而对港口所在腹地经济乃至一国的国民经济的发展起到聚集和辐射的作用。

基于港口发展对腹地经济的集聚和辐射作用以及港口对生产要素和资源的整合作用,港口发展已成为推动当前经济和社会发展的切入点。以港口的快速发展,促进新兴产业形成,带动区域经济的整体发展。在一些地区和城市已形成"港为城用,城以港兴,港城互动"的城市规划架构,城区产业选择与布局、基础设施建设要围绕港口建设和发展来进行,同时,港口建设和发展要以城市建设与发展为目标,使港口和城市的发展步入良性互动的轨道。

(4)现代港口物流的发展水平反映了我国的经济发展和国际贸易水平

港口是水运运输的枢纽,又是水运货物的集散地、远洋运输的起点和终点。港口以其独特的"大进大出"的集疏运能力和较好的物流网络基础,承担了我国原油、铁矿石进口和工农业产品出口的港口装卸运输任务,成为我国与全世界物资交往的咽喉。相关统计数据表明,国际贸易中90%以上的货运量是经由港口并依靠海运完成的,由此可知,港口在整个国际物流链中居于中心地位,港口的建设和服务水平是我国国际贸易能否良好发展的关键。

2010年,我国规模以上港口完成货物吞吐量89.32亿吨,比上年增长16.7%,货物吞吐量超过亿吨的港口由上年的20个增加到22个。在全球港口货物吞吐量排名中,上海港(货物吞吐量完成6.53亿吨)、宁波—舟山港(货物吞吐量完成6.29亿吨)保持世界第一大港、第二大港地位。同年,我国港口集装箱吞吐量完成1.46亿标准箱(Twenty-foot Equivalent Unit,即TEU),比上年增长19.4%,上海港首次超过新加坡港成为全球第一大集装箱港(集装箱吞吐量达到了2907万TEU)。

1.5.2 现代港口物流发展的基本条件

通过对上述港口物流中心功能和特点的分析,成熟的港口物流平台或港口物流中心应具备以下六方面基本条件:

(1)优越的地理位置

一般而言,港口物流中心大多位于港口内部,并紧邻港口集装箱码头,有的物流中心与码头还有专用的通道相联结。

类似选址原则的主要优点在于:①便于货物在港口码头和物流中心之间的运输,并能够有效降低港口内的物流成本;②减少港口外部的交通拥堵;③能够利用港口已有的服务和设施,如集疏运体系、口岸设施等,从而降低整个物流中心和中心内各类物流活动的成本费用。

类似港口物流中心存在的主要劣势包括:①港口内的土地成本相对较高;②有可能远离货运市场,导致运输成本较高。

(2)便捷的交通条件

港口物流中心是重要的货物集散地,需要有高效、便捷的运输保障。因此,不仅要改善内部的交通条件,更要保证港口及物流中心与内陆腹地的公路、铁路和内河等交通联系的通畅、便捷。

（3）足够的空间和充足的人力资源

由于港口物流中心是综合性的服务平台,汇集了大量的物流活动和配套设施,因此对土地的需求是比较大的。当然,对于土地资源较为紧缺的港口,如新加坡港和香港港,可以通过发展多层仓库来解决用地紧张的矛盾。

尽管现代物流正逐步发展成为一种兼具资金密集型和技术密集型特点的产业,但其对人力劳动的需求仍是非常大的。

（4）先进的信息支持系统

信息的收集、处理和增值服务已经成为现代物流的重要组成部分之一。离开了先进的信息系统的支撑,物流活动的效果和效率都无法得到保障。当前成功运作的港口物流中心几乎无一例外地配备了现代化的信息支持系统,这不仅可以为物流中心内的物流企业提供服务,而且方便了物流中心与外部的港口码头、海关、货主等实现快速高效联结。

（5）口岸服务系统

由于国际物流与全球物流是港口物流中心的主要服务对象,因此海关及检验检疫等口岸服务的配备与聚集变得十分必要。在上面的港口例子中,绝大多数物流中心都配套有海关设施和相关服务,甚至有些港口还享有自由贸易区的开放性政策,这对于港口内各类物流活动的促进作用是非常明显的。

（6）必要的公共服务设施

为满足小型物流企业及其他物流业务开展的需要,很多港口物流中心都提供一些公共服务设施,如仓库、装卸设备、生活设施等,这样可以有效地降低物流服务供应商的资金投入,吸引更多的物流企业进驻港口物流中心。

1.5.3　港口物流的发展定位

根据对上述国内外典型港口物流中心的分析可得,港口物流或港口物流中心的发展定位主要体现在以下三个方面。

（1）综合性的物流中心

港口物流中心的综合性的突出表现是:首先,港口物流中心是为多家物流服务供应商,或者是需要在港口从事物流活动的生产商、贸易商服务的,是众多物流企业和物流活动的汇集地,这是港口物流中心与其他类型的物流中心,特别是企业的物流中心的最大区别之一。其次,港口物流中心是汇集多种物流服务的综合性服务平台。作为大量货物的集散地,经由港口的货物其种类、贸易性质和运输流量流向等可能存在较大不同,必然要求相应物流服务具有多样性,因此港口物流中心往往是综合了不同类型物流活动的综合性服务中心。

（2）国际物流的中心

港口是一个国家或地区对外交往的核心门户,是各类外贸货物进出关口的重要口岸,在港口内发生的物流活动往往和国际贸易具有十分密切的关系。因此,国际物流就成为许多港口物流中心的主要服务对象之一。

（3）以集装箱货物为主要服务对象

从进出港口物流中心的货物类型来看,各个大型物流中心都是以集装箱货物为主的。其原因主要包括以下两方面:首先,随着全球运输和贸易集装箱化的发展,集装箱货物在港口中的份额和重要性更加突出;其次,与煤炭、矿石、石油等大宗散货相比,集装箱货物具有价值高、操作环节复杂等特点,其物流服务的需求更多,要求也更高。

思 考 题

（1）现代物流的发展对于港口及其发展的影响与意义。

（2）现代港口物流区别于其他物流领域的要素与特征。

（3）结合不同港口类型的特征,思考影响各自港口物流发展定位的主要因素。

2 港口物流经营管理与组织模式

2.1 现代港口物流管理的主要发展趋势

（1）顾客服务转向关系管理

港口物流管理着重在企业内部作业与组织的整合,对顾客相对应的是以服务品质为主要管理重心,因此,评价管理绩效的标准主要为货物运到期、完好率等。然而,在供应链管理模式发展下,实施客户关系管理意味着一种"以客户为中心"的新型管理模式。它是指企业在与客户的接触过程中,通过收集并分析客户与企业联系的所有信息和资料,帮助企业建立和维护一系列与客户之间卓有成效的满意度,吸引和保持更多的客户,实现企业与客户双方价值的最大化。

在客户关系管理(Customer Relationship Management,CRM)的理念下,企业逐渐转向强调跨企业界限的整合,使得顾客关系的维持与管理越发显得重要。相应的,港口物流管理已逐渐从物的处理提升到物的价值方案的管理,即港口物流平台必须充分了解目标顾客的需求,为其量身定做其所需的产品(即物流服务)。在价值服务的同时,也为顾客赢得了更多的商机。

（2）重视相对价值取向

在评价港口绩效时,传统评价方法容易片面强调一些绝对数值,如货运量或货运量市场占有率等。在现代物流中,价值取向将着重于相对价值的创造,港口通过价值服务的提供,为顾客创造价值的同时,一部分回馈给企业,达到双赢的目的。

（3）功能整合,优势互补

现代物流强调物流服务功能的恰当定位与完善化、优质化。如今的国际运输业经营人正在向综合物流服务的提供者转化,它们的服务范围从原来的多式联运"门到门"运输向更为精细化的"货架到货架"转化,服务内容从原来的单纯运输服务转变为除提供运输服务外,还提供诸如包装、储存、配送等增值服务,这就对处于综合运输系统中心地位的现代港口功能转变提出了新的要求,其港口的功能特点在现代物流服务方面,从横向向纵向方面发展,其中最明显的就是物流和信息功能的加强,如采购及订单处理、配送、物流咨询、货款回收与结算等,并要求市场定位准确,辐射半径有效。

（4）专注于核心业务管理

港口综合物流经营管理的趋势是专注核心业务,并将非核心业务或功能委托给其他专业公司管理。即结合几家专业公司(例如专业物流公司、专业信息公司),形成一个虚拟企业体系,整合其功能,实现优势互补的战略联盟,从而使主体企业能够提供更好的产品(服务)。

（5）由信息保留转向信息分享

在形成战略联盟的供应链管理架构下,供应链内的相关企业必须将供应链整合所需的信息与其他企业分享,供应链中多数企业可进入数据库中取用作业决策所需的信息,使得战略联盟行为更加有效。

（6）加强知识管理,培养创新能力

传统港口企业所采用的管理形式已经无法适应知识经济的要求,需要利用最新的信息技术来实现所需信息的获取、传递和消化,来营造自己所特有的专长。知识管理正是适应了知识经济的要求,是信息管理的延伸和发展,是使信息转化为可被人们掌握的知识,并以此来提高企业、组织的应变能力和创新能力的一种新型管理形式。它的核心是培养创新能力,重在培养集体的创造力和创新推动力。

在港口物流活动中,实施知识管理,一方面要重视调整港口的组织机构,将港口建成知识型港口;另一方面,要重视知识在利益分配中的重要地位,引导港口在思想观念和价值取向方面的深刻变革。

（7）以人为本,重视人力资源管理

在传统的管理模式中,人事、劳资部门只是行政执行部门,机械且被动地执行和配合领导层的决策。在市场经济下的现代企业制度中,人力资源部门仅仅作为行政执法部门是远远不够的,现代企业制度赋予人力资源部门更多的内涵和更大的职责,要求其成为企业的决策参与机构。针对目前港口企业竞争激烈的情况,加强港口企业的人力资源管理更是大势所趋。

2.2　港口物流经营模式

生产企业、商贸企业发展物流是将流通领域的职能从企业生产领域剥离出来,建立企业的物流体系或者委托专业的物流企业承担;一些仓储、货运代理企业则是拓展其服务范围,转型为物流企业,这种方式被称为功能拓展式的物流服务。港口发展物流不单纯是港口企业自己去做物流服务,更多的是提供基础设施,为物流企业开展物流服务创造环境,也就是说港口发展物流不局限于自己做而是在港口建立物流基地,吸纳物流企业进驻。这也被称之为"筑巢引凤"式的物流服务。因为港口本身不直接经营物流企业,而采取以建立供应链为目的,以供应链其他成员的利益为出发点,站在供应链的角度去管理物流,提供物流基础设施,加强与其他物流企业的合作,协同供应链各方最大限度地降低物流费用,提高物流服务的整体效益,从而吸引货源,提高港口的整体效益。

2.2.1 港口物流经营模式由内向型向外向型转变

现代港口物流的经营模式按照港口与外部经济单位联系的紧密程度划分,可以分为内向型和外向型两大类[7]。

（1）内向型经营模式

这种经营模式的特点主要是改造主业,系统剥离。在现代物流中,港口之间的竞争正在逐步演变为物流链之间的竞争。改造主业就是运用现代物流的理念和运营模式,改造港口经营机制和组织模式,把提高货物通港效率作为港口建设和运营的主要指标,把组织和开发物流链作为港口生产经营的主要任务,把改造企业组织模式作为建立现代港口企业的主要途径,以提高港口所在物流链的核心竞争力。

系统剥离则是将港口系统的自理物流作业剥离出来,集中起来形成一个物流部门,作为"利润中心"独立运作。它既为企业服务,又允许对外承担第三方物流服务,逐渐变为独立的以提供物流服务为主的第三方物流企业。

（2）外向型经营模式

外向型模式主要侧重于协作发展。港口从事物流服务是一个庞大的系统工程。根据协作对象的不同,可分为纵向协作和横向协作两类。

① 纵向协作。即物流服务供应商与客户企业建立长期的一体化合作关系。港口纵向协作包括:(a)港口企业让渡出部分码头、仓库、堆场给拥有物流链的企业,让它们在港区内从事物流经营,转变港口企业自己经营物流的传统理念。(b)与航运、公路、铁路等运输企业共同构筑物流链。国际航运企业拥有全球范围的代理网络,公路运输则最具有门到门的运输便利,铁路运

输则是多式联运在内陆最广泛的延伸,而港口作为物流平台,可以成为多种运输方式的交汇点。因此,港口企业与航运、铁路和公路运输企业结成物流联姻,形成综合优势。(c)港口企业与生产要素市场和消费市场的资源整合。生产要素市场和消费市场一般都会伴随着巨大的物流资源,选取本港进出的具有广泛市场需要的货种或具有开发前景和潜在市场的货种,在港区内或邻近港区建立物流基地,形成交易市场,开拓物流链。

② 横向协作。主要表现为港口群的协同发展。随着国际集装箱运输的发展和港口腹地的巨大变化,港口之间的国际竞争已近乎白热化。通过枢纽港和喂给港的战略同盟,可以提高区域性枢纽港和全球性枢纽港的国际竞争力。在一个经济地理区域范围内,往往会形成多个集装箱港口共同发展的局面,它们以共同的业务、共同的利益而联合,又以共同的利益而竞争,从而形成一个港口群。例如我国北方的青岛港、大连港、天津港等港口可以在某些航线互为主支线,各得其所,联合经营,共同发展,形成区域性国际航运中心。

港口发展物流不能仅仅依靠港口的力量去实现,而必须通过多方合作去完成。港口企业与保税区、开发区合作,与运输企业合作以及与进出口商,生产、商贸企业合作,共同组建物流园或物流中心。港口发展物流要充分依托临港工业。临港工业的发展是港口物流发展的后盾。港口除建立物流园区外,还应引进各类加工业在临港地区进行生产,大力发展临港工业。

2.2.2　港口物流的两种典型经营模式

目前,港口在发展现代物流中存在物流中心模式和特许连锁经营模式两种典型的经营模式[4]。

（1）物流中心模式

港口物流中心经营模式是指以港口为据点,以主枢纽货运港口业务为基础,进一步加强并整合运输、存储、装卸搬运、包装、流通加工、物流信息处理等基本功能,并引进货物检验、报关、结算、需求预测、物流系统设计等延伸功能,全方位、全过程地完成物流服务,这也是以物流中心为载体,集国际商品、资本、信息、技术等于一身的资源配置型港口,即"第三代港口"。

港口发展物流中心模式具有得天独厚的优势。首先,港口具有发展物流中心的硬件条件。港口、场站本身就有装卸、存储、包装和集疏运等功能,建立物流中心是对传统功能的进一步有效利用和功能扩充;其次,港口本身也有一定的信息处理系统,而物流中心模式要求这种信息处理更及时、更准确、更系统。

　　港口建设和发展物流中心具有重要意义。第一，港口建设和发展物流中心有利于港口企业吸引货源，有利于吸纳各类服务商参与物流活动。物流中心的运作可以吸引生产商、供应商等将仓库迁至物流中心，还可以吸引众多物流服务商将物流活动场所、实体交易等迁至物流中心。第二，港口建设和发展物流中心模式可作为港口企业向外辐射发展的有效途径。物流服务的日益一体化使港口企业能够突破其地理区域限制，其服务范围从点扩展到面。第三，建设和发展港口物流中心，并促使港口物流的顺畅有效是现代港口发展的必然趋势，也是提高港口效率，降低港口经营成本，改善服务和提高经济效益的关键所在。

　　当前，我国港口在发展现代物流业方面已经具备较好的基础，但同发达国家和地区的港口物流中心相比仍然存在很大差距。为了推进港口向现代物流中心的转变，可以尝试从下述四个方面建设和发展港口物流中心。

　　第一，建立高效的港口物流配送中心。物流设备和工具的现代化程度直接关系到物流效率的高低和物流链的畅通，也直接关系到港口的经济效益。配送中心的建设要运用现代物流技术，采用先进物流装备和工具，利用完善的信息通信网络，为物流服务企业和货主提供货物状态和存储信息。

　　港口在建设高效的配送中心时，需要研究和确定的因素包括：配送中心选址和规模的确定；配送中心库场货位布置；配送中心设备研究；配送中心物流管理计算机系统研究等。

　　第二，建立强大的信息数据中心。功能完备的信息数据中心可以为决策者提供有益的决策参考，为用户提供方便的查询服务，为货物流通提供技术支持和保障。港口发展现代物流要做到高效优质服务，提高竞争力，必须改变港口传统的较为落后的信息传递方式，加快建设现代化的信息传播手段，引入并发展 EDI 技术及信息网络技术，充分发挥港口在物流、信息流方面的聚集优势，使港口具有现代化的物流信息功能，能自动地通过电子传输方式将标准化的电文传送给运输伙伴，做到港口与货主、口岸、承运人、目的港、中转港及其他相关单位之间，用电子传输货单、海关申请单、进出口许可证、舱单、发票，描绘货物的品种、数量、尺寸以及其他相关信息，代替传统的当面交接单证和直接面谈方式，减少纸张票据，降低错误概率。

　　第三，建设专业服务中心，提供包装检验与设计等延伸服务。服务中心的数据库通过积累储存了大量的抗震、抗挤压、防泄漏等各种包装案例。服务中心充分挖掘这些信息为客户提供包装设计等增值服务。

第四,建立有序的港口物流管理中心。物流业的不断发展推动着港口功能定位由传统的货物装卸、仓储向典型的系统化物流配送服务转变。为此,顺应变化的趋势,建立完善的港口物流管理系统,提高港口物流服务效率,完善物流服务功能,降低服务成本,也成为港口发展物流中心的重要举措。港口物流管理中心负责规划、组织物流网络的建设,负责指挥、协调整个物流网络的运作。

（2）特许连锁经营模式

特许连锁经营是指核心港口企业（总部）同加盟港口企业（分部）签订合同,授权加盟企业在规定的区域内使用自己的服务标志、品牌、经营管理技术和信息系统,在同样的形象下进行物流服务。港口企业的特许连锁经营类似于超市、餐饮企业的特许连锁店经营,实质上是品牌企业的一种"克隆"。

尽管国内运输企业还未尝试过特许经营,但这一先进的物流经营模式对于港口企业的经营来说还是有很重要的借鉴意义的。一是通过鼓励生产、流通企业采用物流外包或采用多种形式的物流模式,改变大部分企业"大而全,小而全"的物流模式,形成物流的有效需求。二是以建立现代企业制度为契机,利用加入 WTO（World Trade Organization,即世界贸易组织）的巨大商机,引导企业通过兼并、重组、联营、参股、控股等多种形式,组建一批上规模的骨干物流企业。特许经营中的核心港口企业（盟主）,如中国海运集团,目前已在沿海部分区域中形成主枢纽货运港口的核心地位,企业已初步形成标准化的物流服务体系,在目标客户群中赢得了良好的信誉和知名度,这为其充分利用无形资产向外辐射发展创造了条件。并且,特许经营使核心港口企业能在较少的投入下合理配置资源,布局物流网点,形成以核心港口为中心的跨区域、分层次的物流结构,从而实现吸引-辐射式的双向发展。此外,电子商务在该模式下也得到了推广应用。特许经营中的加盟者以中小型港口企业为主,这些企业拥有良好的场所条件和专业港站设施。通过引进先进的经营管理技术,借助于盟主的品牌效应,中小型港口企业可以较快地获得充足的货源,实现获利的同时也能够提升企业的物流能力及在行业内的地位。从这个意义上讲,无论是盟主还是加盟者,特许经营对于盟主抑或是加盟的中小型企业都是一项双赢的举措。

特许连锁经营模式需要具备两个基本条件。首先,核心港站企业将其企业名称、服务标识等申请注册商标,其物流经营管理技术和信息系统等经专业部门论证质量及规范性;其次,核心企业选择加盟企业,签订合同,将其品牌、服务标识等授权给加盟者使用,盟主企业拥有加盟者的物流经营权,而加盟者拥有本企业的所有权和收益权,并向盟主交纳一定比例的特许使用费;在经营过程中,联盟企业统一使用同一品牌名称,遵循统一的价格策略和服务操作规范,在总部的战略方针指导下实现物流经营的特许连锁。

对于盟主来说,在物流服务市场中具有较高的声誉和知名度,企业经营状况良好,市场潜力巨大;企业物流经营管理标准化、规范化,信息网络完善,物流流程成为区域内的样板流程。对于加盟者来说,采用特许经营模式的企业需在区域内拥有一定的场所和专业物流服务设施,且企业有改善物流经营,从属于他人品牌下的意愿。

2.3　港口物流组织模式

企业的组织模式,又称企业的组织结构模式,是企业组织内部各个构成要素相互作用的联系方式或形式,以求有效、合理地把组织成员组织起来,为实现共同目标而协同努力。企业组织模式是企业资源和权力分配的载体,它在人的能动行为下,通过信息传递,承载着企业的业务流动,推动或者阻碍企业发展的进程。由于组织模式在企业中的基础地位和关键作用,企业所有战略意义上的变革,都必须首先在组织结构上开始。

企业组织模式对于企业运作机制至关重要,组织模式是企业运作机制的平台。不论是决策活动还是执行过程,不论是内部管理还是对外经营,均必须依赖和通过企业的组织模式及其结构来完成,即运行机制是在特定的组织模式之上的运行[8]。

在企业发展的不同时期和企业内部的不同部门可以采取不同的组织模式。一方面,就企业整体而言,组织模式会随着企业在不同时期所采取的经营发展方向而变化。随着物流理念在港口行业的逐步深入,港口企业的经营管理理念也随之发生变化,必然要求原有的组织构建转向以物流发展为中心,被新组织结构模式取代。另一方面,企业管理理论认为在一个企业中可以根据部门的作业特点采用不同的组织结构模式,针对生产作业部门可采用直线制,针对销售部门可采用事业部制,针对技术开发部门可采用矩阵制等。

企业的组织模式并不是一成不变的。随着竞争方式和作业模式的改变,敏捷制造方式代替传统生产方式,柔性作业管理代替刚性生产控制,这些转变都会产生新的组织结构模式。

2.3.1　港口物流组织结构模式的类型划分

（1）直线制组织结构模式

直线制组织结构模式是最早出现的组织结构形式,它是以产品为导向,以完成生产任务为目标的一种组织结构。直线制组织结构要求企业组织与外部环境没有太多的物质交换和信息交换,没有太多的组织摩擦与碰撞,其特点是权力集中、责任分明、命令统一、控制严密。当技术和市场压力不大时,企业以产品为导向组织生产经营活动,员工作业比较规范,企业或组织与环境之间没有太多的物质交换和信息交换,这时组织多采用直线制。如图 2-1 所示。

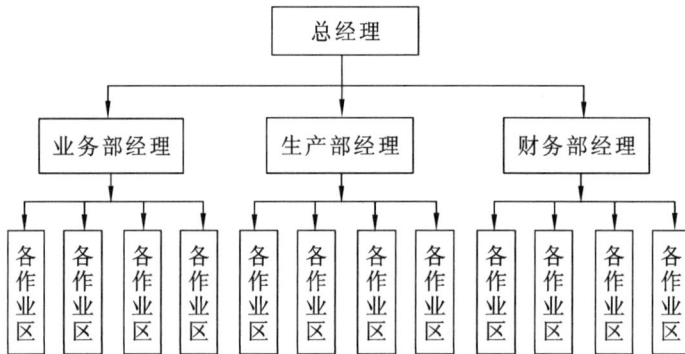

图 2-1　直线制组织结构模式图

早期的港口,其业务定位于装卸、运输和仓储,企业往往采用直线制组织结构模式。随着港口业务的拓展和港口在物流系统中的作用日益加强,港口发展的综合物流不仅仅是运输、仓储、货物代理和单纯的速递,在物流领域它所扮演的是客户的战略同盟者的角色。从这个意义上说,港口与其说是一个专业物流公司,不如说是客户的一个专职的物流部门,只是这个物流部门更具有专业优势和管理经验。港口在不断拓展综合物流服务功能的同时,凭借信息中心的优势,与传统的运输业相比,其服务范围不仅仅限于装卸、运输、仓储业务,更能发挥客户物流体系的整体运作优势与效益优势,使供应链管理不断优化,其服务内容还深深地触及客户企业销售计划、库存计划、订货计划、生产计划等整个经营过程,远远超越了与客户一般意义上的买卖关系而紧紧地结合成一体,形成一种战略同盟。在港口物流化的过程中,直线制组织结构模式管理层次较多、灵活性差和整体运作效率低的缺点明显暴露出来,这种适用于劳动密集型企业的组织结构模式亟待改革。

（2）直线职能制组织结构模式

直线职能制组织结构模式就是在坚持直线指挥的前提下，设立职能参谋机构，并把某些特殊的任务授予职能部门的组织制度。如图 2-2 所示。

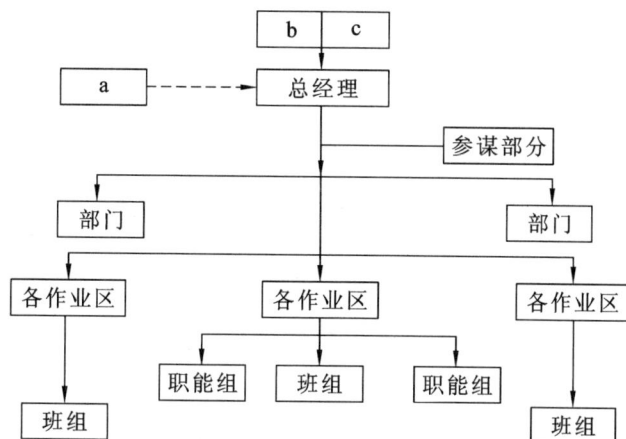

图 2-2　直线职能制组织结构图

直线职能制组织结构模式除直线主管外，还相应地设立一些组织机构，分担某些职能管理任务，职能机构有权在自己的业务范围内向下级单位下达命令和指标。因此下级直线主管除了接受上级直线主管的领导外，还必须接受上级各职能机构的领导和指标。它是根据现代企业技术复杂化和管理分工精细化的要求产生的。其出发点是为了减轻上级主管的负担。其缺点是这种结构形式妨碍了必要的集中领导和统一指挥，形成了多头领导。其管理难度在于明确划分直线主管和职能部门的职责权限，容易造成管理混乱。

（3）事业部制组织结构模式

事业部制组织结构模式是在总公司的领导下设立多个事业部，各事业部有各自独立的初级产品和市场，实行独立核算，其经营原则是"集中决策、分散经营"，高层决策层主要负责公司的战略和长远规划。其组织结构如图 2-3 所示。

事业部制组织结构模式首创于 20 世纪 20 年代美国通用汽车公司。其突出特点是"集中决策、分散经营"，是组织领导方式由集权制向分权制转化的一种尝试。事业部制组织结构模式的主要优点是：使组织管理高层摆脱了具体的日常管理事务，更加集中精力做好战略决策和长远规划，提高了管理的灵活性和适应性。但其缺点是：机构重复、臃肿、独立经营，容易各自为政，重视局部利益而忽视整体利益。20 世纪 70 年代在美国和日本的一些大公司中又出现了一种"超事业部制"的组织结构，它是在组织最高管理层和各个事业部之间增加一级管理机构，负责统辖和协调所属各事业部的经营活动，使领

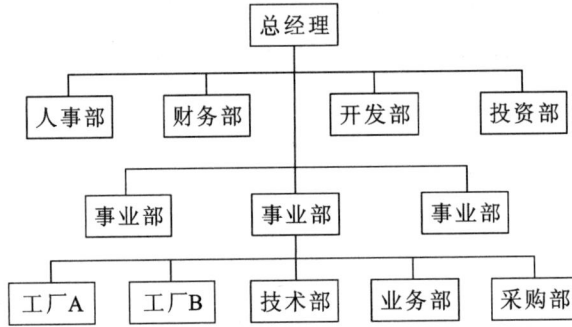

图 2-3　事业部制组织结构图

导方式在分权的基础上有适当的集中,增强了企业的协调性和灵活性。

（4）扁平型组织结构模式

扁平型组织结构模式是指港口企业对原有以功能为导向的组织结构,向以过程为导向的组织结构转变,其组织结构如图 2-4 所示。在扁平型组织结

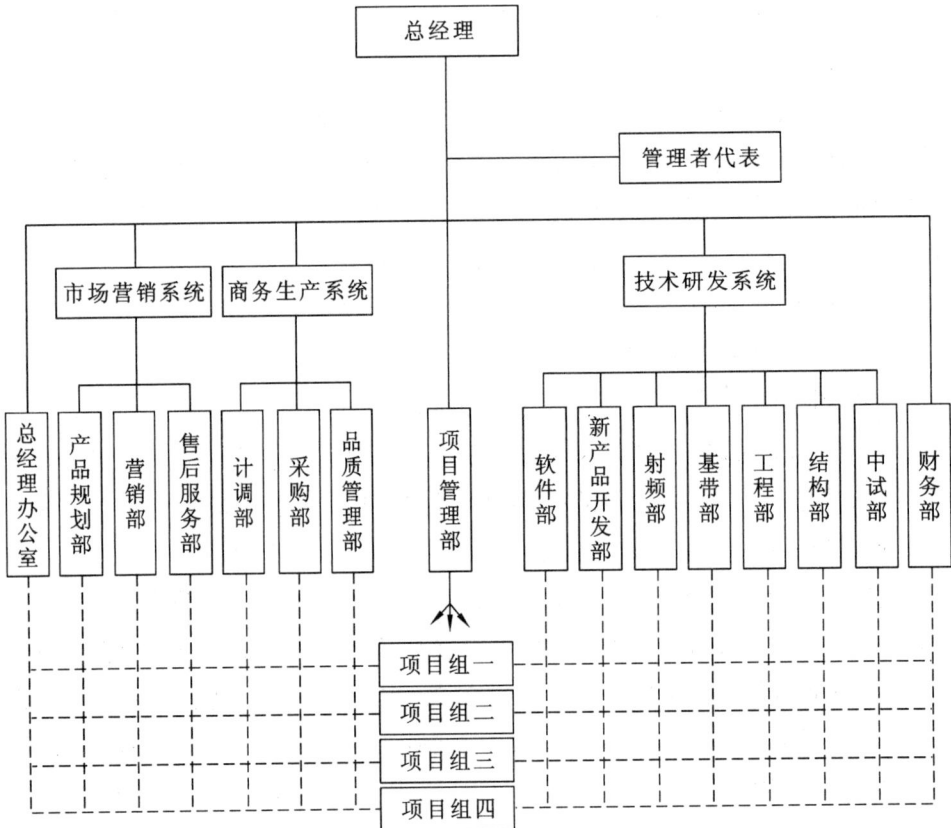

图 2-4　扁平型组织结构图

构模式中,港口企业的物流服务以物流团队的形式出现。作为一个过程管理者,在明确了团队的总体目标后,带领团队共同设计、组织全过程的物流服务。相对于直线职能制的功能型组织,扁平型结构能极大地缩短物流响应时间,为客户完全打造个性化的服务,是适应现代物流发展的一种有效组织形式。但扁平型模式也存在其自身的弊端:当过程管理越来越多时,企业组织就不可避免地出现重复投入、人员冗余的现象,并且由于扁平型模式是对原有组织形式的彻底打破,所以实现起来比较困难。因此,一般对于物流企业规模不大的港口,采取扁平型组织结构模式才更有利于其物流发展。

(5) 矩阵制组织结构模式

矩阵制组织结构模式又称"规划-目标结构",它是把按职能划分的部门和按产品(或项目、服务等)划分的部门结合起来组成一个矩阵,是同一员工既同原来职能部门保持组织与业务上的联系,又参加产品或项目小组的工作。为了保证完成一定的管理目标,每个项目小组都设有负责人,在组织的直接领导下进行工作。如图 2-5 所示。

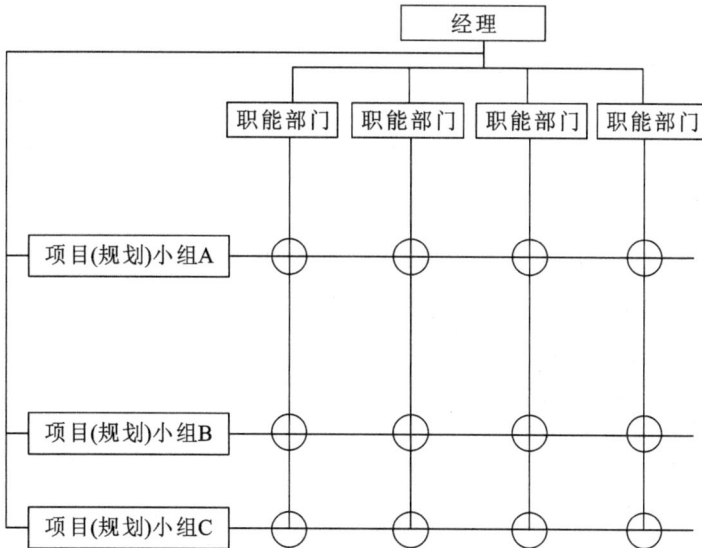

图 2-5 矩阵制组织结构图

矩阵制组织结构模式出现在第二次工业革命以后,当时科学技术得到了迅猛发展,世界经济一体化进程进一步加快,在市场和技术两方面的压力下,企业为了提高自身的竞争能力,必须调整自己的战略机构,矩阵制组织结构模式便应运而生了。

这种组织形式打破了传统的"顶头上司"的命令原则,使一个员工可能同时隶属于两个甚至更多的部门。其优点是：加强了各职能部门的横向联系，具有较大的机动性和适应性，实现了集权和分权的优化组合，有利于发挥专业人员的潜力，有利于各类人才的培养。缺点是：这种组织形式实行纵向横向双重领导，容易产生意见分歧，造成工作扯皮和管理矛盾；同时组织关系比较复杂，对项目负责人要求较高；由于这种组织具有临时性，容易导致人心不稳。

（6）网络组织结构模式

随着市场和技术的进一步发展，社会化大生产终于由产业经济时代迈向知识经济时代，企业生产经营中的知识含量逐渐增加，企业的技术权力逐渐向第一线和基层转移。这样，企业逐渐将各个作业点演变成决策单元，在现代电子技术的催化下，这种演变最终形成了在电子计算机连接下，以每个作业点为终端的网络组织结构。

在网络组织结构模式中，信息是重要的神经中枢，企业为了获得更多的市场机会，制定详细的经营目标和行动方案，使企业的触角渗透到市场的各个角落，提高企业快速占领市场前沿阵地的反应能力，取得绝对性的竞争优势，企业运用网络组织的快速适应能力使企业的经营高效、灵敏。

在网络组织结构中，严格的等级制形式的命令链由知识网络形式的沟通所取代，由传统的命令沟通方式变为协调式的沟通方式，从而使组织高效智能、柔性而开放。

网络性组织结构模式强调协调，它使得职位权威逐渐过渡到知识权威，使得序列活动逐渐过渡到同步活动，使得纵向交流逐渐过渡到横向交流，使得团队成员在严格的等级制度中的不信任和服从过渡到信任和诚实，使得管理边界由精确严格过渡到模糊柔软。

网络组织结构强调建立学习型组织，强调团队协作，强调知识能力，强调虚拟任务，强调以人为本。它的最大特征是对环境的快速反应和对战略的充分理解。战略资源决定企业的发展方向，核心稀缺资源决定企业组织结构的形式。在以信息化为主要特征的知识经济时代，网络结构是企业必须面对的一种组织结构选择。

（7）柔性组织结构模式

知识经济使得企业的价值观念、管理机制、作业方式、营销手段、利益分享原则遭到前所未有的挑战，因此给企业提出了最新的管理课题，即新的经济形式需新的游戏规则与之相适应。当企业拥有大量相关知识人员后，就具有应付不同形势的能力,这种适应变化的能力和特性称为柔性。而这种建立在知识经济基础上适合不断变化的环境的能力的组织结构就是柔性组织结构。

柔性组织是指组织单元可以在一段时间之内完成不同的工作任务,快速适应需求变化,具有组织韧性和抗干扰、抗冲击的能力。柔性组织结构的特点是使企业走向虚拟经营,管理达到"无为而治"的境界。柔性组织结构对资源配置的理念由"资本中心"过渡到"知识中心"。

创新是柔性组织结构模式的灵魂,是组织存在的内在动力。柔性组织结构中群体融合、分工合作、共担风险和共同合作,是"1+1>2"管理原则的具体体现。柔性组织结构具有"海绵功能",具有极强的吸水性能和强大的生命力、凝聚力,是不容易破坏的一种组织形式。柔性组织通过组织成员的知识学习、心智修炼、能力提升、自我超越,使企业及时摆脱组织困境。柔性组织结构既要为员工创造有利于创新的环境,又不至于造成混乱;既要员工参与决策又使员工专心于自己的工作;既要集权又要分权;既要庞大又要精干;既要有制度约束又要有创新的行为空间。

这种柔性组织结构是建立在由核心能力所构筑的竞争优势基础上的。因此,构筑企业有别于其他企业的核心能力是选择和建立柔性组织结构的关键。

2.3.2 港口企业组织模式改革的主要途径

港口物流企业组织模式的选择,对于港口企业的发展有十分重要的意义。改造港口企业(包括主业经营机制和组织模式),整合现有企业资源和外部资源,提升物流要素,是拓展现代物流的重要手段,是港口企业脱胎为现代企业组织的主要途径。

(1)提高物流组织部门和信息部门在港口企业管理层的地位

在计划经济环境中,生产调度部门是港口企业的核心部门。在市场经济下的传统物流环境中,业务和揽货部门成为港口企业的核心部门。在现代物流环境中,物流策划、物流组织和物流信息部门应该成为港口企业的主导部门。

(2)加强组织结构调整,努力建设知识型港口

顺应知识管理的浪潮,重视调整港口的组织机构,将港口建设成知识型港口。实施知识管理首先要打破原先的设计,建立起能适应知识经济要求的知识型港口的组织结构,使得任何一名普通职工的信息、意见或建议都可以通过简化了的组织机构直接传输到港口的高层领导。同时制定严格的民主管理与民主决策的程序,充分尊重职工的意见和建议,努力做到公开、公正、

公平,最大限度地增强决策的民主化和透明度,使职工找回自己是港口主人的感觉,并使之有强烈的归属感。这是知识管理模式对港口组织结构模式提出的要求。

(3)按照现代物流的特性改造生产系统

对于传统的港口生产业务系统进行物流化改造是完全必要的。物流化改造可以从以下几个方面进行:一是在业务部门内建立物流链管理系统,对建立在港口主业基础上的不同的物流链确立专人专项管理,确保物流链的有效衔接和畅通。二是在业务部门内建立主要船公司和货主的专人专项管理系统,为每个主要船公司和货主固定专门业务人员,解决这些船公司和货主在本港的各种需求和物流服务,从而实现"全天候"和"全方位"服务。三是减少管理层次,采用扁平化管理模式,业务经理直接对应管理若干条物流链,以提高物流服务中的时效性和应变能力。四是在港口企业内建立物流规划、物流设计和物流咨询的专门机构,不仅加强对主业实施物流化改造,而且要帮助货主、引导货主依托港区开辟现代物流。总之,按照现代物流的理念改造主业,才能更好地发展主业;主业发展了,才能促进各类依托港口的物流企业和物流业务的兴旺发达,而兴旺发达的各项物流企业和物流业务又能使港口这一物流平台得到进一步的发展。

由于我国现代物流起步较晚,物流企业多采用与生产或销售企业类似的垂直型组织模式,导致运作成本较高、反应灵敏度低和物流效益低下,不利于塑造企业的核心竞争能力。现代物流的发展要求企业对物流活动实行一体化管理,建立以市场拓展为驱动的一条龙服务。增强管理系统的快速反应能力,减少管理层次,组织形式由职能化向过程化转变,由垂直化向扁平化转变。开展港口综合物流,要求港口根据自身所处的发展阶段和物流业务的运作特点,认真分析各种物流组织模式的优缺点,选择正确的组织创新方向和具体形式。

2.4 案 例

2.4.1 荷兰鹿特丹港物流中心经营模式

鹿特丹原来是坐落在鹿特丹小河与马斯河交汇处的一个渔村(与我国的上海相仿),1283年修堤防洪,开垦围地得名鹿特丹;14世纪荷兰崛起,成为航海强国,始辟鹿特丹为港口,16 世纪 70 年代就开通了印度航路,是英国和德国过境运输港,也是西欧至北海、北冰洋换船的休整地和起航点。到 19 世纪,由于出海口河道泥沙淤积,港口濒临瘫痪。1863 年开挖了通往北海的 31.5 千米新航道,港口才开始复苏。第二次世界大战期间法西斯德国入侵,港口受到极大摧残,战后才重新修复。1958 年西欧共同体成立,减少了国界屏障,鹿特丹港才得以迅速发展。

鹿特丹港的崛起有自然、经济等客观因素的影响,如莱茵河得天独厚的建港条件、腹地经济的发达富庶、港口高度发达的集疏运系统等,也得益于一些主观因素的影响,如管理体制、经营模式、服务意识、法律制度等。

就鹿特丹港的经营模式而言,主要有如下特点[9~11]:

(1) 政府统一规划、建设、管理,企业自主经营

港务局对港区内的土地、码头、航道和其他设施统一开发,并以租赁的方式由私营企业经营,企业只需要投资码头上部的机械设备、堆场和其他配套设施。

(2) 配套设施完备齐全,生产率较高

鹿特丹港配套设施完备,码头、堆场、仓库、道路、环保设施、支持保障系统非常完善。信息化与管理水平高,港口管理者、经营者从业时间长,经验丰富,文化、业务素质较高,港口管理设备和操作手段高度现代化。港口运输非常便利,各种运输方式或者直接与集装箱码头相连,或在码头附近,并由铁路服务中心以及班列提供便捷的铁路运输。

(3) 专业化、大规模物流中心

港区以及后方设有 Eemhaven、Boltek 和 Massvlakte 三个专业、大型物流中心。Eemhaven 物流中心面积为 35 万平方米,主要提供大宗产品如木材、钢材等的储存和配送服务。Boltek 物流中心面积为 86 万平方米,是石油、化工产品专业配送中心。Massvlakte 物流中心面积为 125 万平方米,靠近港口码头,中心入驻计划在欧洲建立配送中心和加强供应链控制的大型企业。这些物流中心的位置一般靠近港口码头以及铁路、公路、内河等运输设施,建设有与码头间的专用运输通道,提供物流运作的必要设备、场地,采用最先进的通信与信息技术,有充足的熟练、专业的劳动力,并提供增值服务以及海关的现场办公服务。

(4) 与港口后方工业形成物流链

港口工业已成为鹿特丹港经济的重要组成部分,鹿特丹港约有 50% 的增

加值来自于港口工业,港口工业雇员高达 2 万人。鹿特丹港已形成炼油和化工工业的重要基地,全球著名炼油及化工企业如壳牌、埃索、科威特石油公司都在鹿特丹港落户,港区拥有 4 个世界级的精炼厂、30 多个化学品和石化企业、4 个工业煤气制造商、12 个主要罐存和配送企业。食品工业是另一个非常重要的工业,贸易、存储、加工以及运输公司全集中在港区,像联合利华、可口可乐等是其中的一些代表。鹿特丹港务管理局的传统任务是发展、建设、管理并经营港口和工业园区,实施高效、安全、便捷的船务运输管理。现在,面对新的挑战,鹿特丹港务局正扮演着一个商业企业的合作伙伴的角色,对物流链进行战略性投资,以巩固鹿特丹港和工业园区的地位[9~11]。

2.4.2　日本名古屋港口物流组织模式

始建于 1907 年的名古屋港,建在面向太平洋的伊势湾北岸。在日本五大港口中,名古屋港的总吞吐量、外贸吞吐量均排第一位。来自该港口官网上所公布的数据显示,2010 年总吞吐量达到 1.857 亿吨(连续 9 年居日本港口第一位),2009 年集装箱吞吐量达 212.6 万标准箱。而我国是名古屋港最大的集装箱货物进口国家。

名古屋港务当局(全称为名古屋港口管理组合)由爱知县和名古屋市政府联合成立于 1951 年,其职责就是加强名古屋港口的码头经营管理、企业策划和发展建设。目前的名古屋港口当局的最高执行官是总裁,轮流由爱知县或者名古屋市担任,任期两年。最高港务决策机构是名古屋港议会,总共拥有 30 名议员,爱知县和名古屋市各占一半(15 名),名古屋港议会内设专议会秘书长一名。

现在的名古屋港务当局总部共有 611 名成员,其中有总裁 1 名,专职承担港口管理日常事务的副总裁 1 名,其他副总裁 2 名(分别由爱知县副县长和名古屋市副市长兼职)。下设四个部门,即企划合作部(内设调整合作、长期规划、规划实施、统计中心、环境保护等 5 个处室),总务部(内设总务处理、防灾管理、行政管理、人事管理、财务管理、会计管理等 6 个处室),港口经营部(内设港口经营、港口促销、财产管理、集装箱管理、东区港口管理 7 个处室),建设部(内设港区管理、项目管理、总体发展、技术管理、工程管理、东部港区公共总务管理、西部港区公共总务管理、港口设施事务与维修保养等 8 个处室)。

此外,名古屋港务当局还设立会计管理者和监察委员,专门用来对名古屋港的经营管理、发展规划和经济效益实施全方位监督。这两个部门的日常工作直接向名古屋港务当局总裁负责,并且接受名古屋港务当局的直接领导[12]。

思 考 题

(1) 相比于港口的传统业务,现代港口物流管理所涉及的对象及其特点。

(2) 结合荷兰鹿特丹港的案例,阐述港口的治理模式对港口发展物流的影响。

3　港口物流服务模式

3.1　港口物流服务模式

3.1.1　港口物流服务模式概述

生产性服务业是从工业经济分离出来的,作为服务于生产者的一类产业,它在提高国民生产总值,增强区域竞争力,提升企业创新能力,增加就业等方面起着越来越重要的作用。信息、金融、物流、专业服务等生产性服务业领域逐渐成为发达国家的主导产业,成为发达国家经济增长的亮点。随着物流业的蓬勃发展,物流已经逐渐成为生产性服务业的龙头行业,拉动经济增长,推动产业升级和结构调整。

港口企业,作为生产性服务业的代表之一,其传统的服务范围包括:码头和其他港口设施的经营;港口旅客运输服务经营;在港区内从事货物的装卸、驳运,仓储的经营和港口拖轮经营等。如前面章节所述,随着世界经济一体化和贸易自由化进程的加快以及运输集装箱化和现代信息系统的产生,作为全球综合运输网络关键节点的现代港口,其功能朝着提供全方位增值服务的方向发展。发展现代物流成为港口企业的一个必然选择和方向。

港口企业所从事的"事务"、所提供的"物品",以及港口企业人员服务过程中在社会公共群体中所留下的"事像""物像"和"人像"的总和,构成了社会对于某特定港口及其企业的普遍印象,即所谓的"港口企业形象"。依据商业实践的常识,独特的客户服务是企业塑造自己的产品、树立自身形象、保持客户的忠诚度、提高销售和提高利润的主要方法之一。作为生产型服务企业,港口企业通过提供物流服务,塑造企业形象,推动品牌战略的实施,最终谋求长期的竞争优势。从市场竞争的角度看,激烈的竞争要求港口企业具有比竞争对手更加卓有成效地从事物流经营,提供物流服务活动的能力。

现代物流服务需要考虑的问题不仅包括从生产者到消费者的货物配送问题,还包括供应商及生产商的原材料采购,以及生产制造商内部在产品生产制造过程中的运输、保管和信息等厂内物流的各个方面,即需要综合考虑并权衡提高经济效益和提高运作效率等多方面问题。由此可见,现代物流是以满足最终消费者的需求为目标,而综合考虑制造、运输、销售等市场情况的一种战略措施。这与传统物流把它仅看作是"后勤保障系统"和"销售活动中起桥梁作用"的概念相比,物流服务的含义在深度和广度上又有了更深的拓展。

所谓物流服务模式,是指物流企业在向服务对象客户提供物流服务时,满足客户在不同方面和多个层次上的需求,结合自身的资源和优势,延伸并创新服务内容和方式,提高物流服务的附加值,向客户提供全面而完善的服务。最常见的做法之一,即在提供最基本的配送中心物流服务的基础之上,物流服务提供者可以通过提供简单的产品流通加工服务满足客户的需求,或者基于供应链整合的理念结合物流服务与金融服务等本来属于不同领域的业务方式,对物流服务进行创新与拓展,不断延伸物流服务的内容及其模式。

物流在港口服务中的应用极大地改变了港口的传统服务模式,为港口的发展提供了更为广泛的发展思路。由于港口物流服务水平的高低在很大程度上决定了港口企业竞争能力的高低,因此,如何提升物流服务水平已成为港口企业迫切需要解决的问题。

结合我国港口的实际情况,港口物流企业应该从硬件和软件方面加强和改善客户服务。

(1)转变观念,树立顾客至上的服务意识

物流服务水平的提高不应只站在供给的一方考虑,而应把握顾客的要求,从产品导向转变为市场导向。由于产品导向型的物流服务是根据供方自身需要所决定,难以适应顾客的需求,容易造成服务水平设定失误,同时也无法根据市场环境的变化和竞争格局及时加以调整。而市场导向型的物流服务则是根据经营部门的信息和竞争企业的服务水平有针对性地加以制定,因而更加接近客户的需求,并能对其及时进行控制。

(2)提供个性化服务

根据客户的需求提供特定的服务,即提供个性化服务。市场和客户的需求无时不在变化。工业经济时代下的标准化产品策略并不一定适应于当前经济社会的发展趋势。港口企业应该准确把握甚至主动挖掘和引导其客户的个性化服务特点,不断地开拓物流服务模式。在港口物流中心建立符合客户需求的专门物流存储区域和流通加工区是一种常见做法。德国最大的咖啡进出口港——汉堡港设有一个咖啡物流中心。考虑到德国人喜欢喝咖啡，咖啡豆有许多产地和品种，不同产地和品种的咖啡可以配制成许多种口味的咖啡，分别适应不同的消费者，所以汉堡港建立咖啡物流中心。除了装卸、堆存外，汉堡港的咖啡物流中心还提供熏蒸除虫、筛选和剔除垃圾、抽样质量检查，按照不同厂家的配方要求通过电脑配置，将所需的咖啡豆在恰当的时间送到生产商手里。这就是港口企业对客户的需求进行跟踪调查，为客户提供特定个性化服务的实例[13]。

（3）建立高效率的用户反应系统

在信息化时代，企业所面临的竞争环境发生了根本转变。企业间的竞争是在以全球企业为平台，且信息传递无障碍和无时滞的条件下进行的，因此相对较短的响应时间就成了企业第一位和最核心的竞争要素。依托核心节点港口而建立起来的供应链物流管理，其最终目标是建立一个拥有快速反应能力，并以客户需求为基础的系统。高效率的用户反应系统充分体现了信息技术在物流拓展服务内容与形式中的必要性，也体现了信息技术在物流发展策略各个环节中的应用价值。

（4）降低港口服务质量的不确定性

港口物流运输面临的环境日益复杂，运输实现方式也呈现多样化。厂商原料延迟到达会导致连锁反应，即会迫使管理者增加库存以预防缺货损失，进而引起厂商的存货成本增加。另外，供应链联盟的环节越多，这种不确定性就越高。不同的企业和组织有各自相对的目标，这也增加了此类互相独立或地理位置相隔遥远的公司一致为同一目标运行时所产生的不确定性。港口供应链的设计者最根本的目标是要尽量减少港口环节在供应链中的不确定性，进而减少由其承担的整条供应链管理的不确定性，以减少用户的库存风险和成本。

（5）提供个性化供应链管理方案设计和咨询

港口物流企业可以以方案提供商的方式提供物流创新服务。即针对客户的个性化需求，提供相应的供应链管理方案设计和咨询服务。为此，要求港口物流基地或中心的业务操作系统具备较好的弹性，并可以根据客户生产特点而设计不同的供应链模式，根据客户的不同需求提供差别化的咨询服务。此外，港口物流企业可通过物流培训服务向货主提供相关服务，进而保持并提高客户的忠诚度，培养货主与物流中心经营管理者的利益共同意识。

3.1.2 港口物流的基本服务功能

（1）装卸搬运功能

港口物流中心应该配备专业化的装载、卸载、提升、运送、堆垛码垛等装卸搬运机械，以提高装卸搬运作业效率，减少作业对商品造成的损毁。这是为了加快商品在物流中心的流通速度必须具备的功能。

（2）运输功能

港口物流中心的运输功能包括道路运输、水路运输，以及不同运输方式之间的转运功能。具有竞争优势的港口不应只是一个点上的服务，而是一个对港口腹地具有辐射服务能力的网络化服务。因此，港口物流中心首先应该具有能满足客户需要的不同运输方式的工具及其网络连接，然后具体组织网络内部的运输作业，按照客户的要求将货物运至目的地。在港口物流平台上履行运输功能的是各种运输工具的经营公司，如船公司、汽车运输公司、铁路运输公司和多式联运公司等[14]。

（3）堆场功能

通过港口陆域的堆场堆存集装箱、大宗散货和各种杂货物品。集装箱运输已经成为海上运输的主流，因此集装箱码头成了现代港口的主要部分。集装箱堆场的服务主要包括空箱堆存和重箱堆存。空箱堆存是指港口集装箱堆场作为船公司的备用箱储存管理点和货主提箱及还箱点。重箱堆存是指装有货物的进口集装箱拆箱前的存放和集装箱门到门运输前的临时存放业务，有时也作为进口集装箱货物的查验场所[14]。

（4）仓储功能

港口的仓储服务包括转运仓储和库存仓储。转运仓储是指货物从公路运输转水上运输及相反（"公—水"中转），或从铁路运输转水上运输及相反（"铁—水"中转），或从内河运输转海上运输及相反（"水—水"中转），或从散货运输转集装箱运输（"散改集"）等不同运输方式之间转运时临时在港区内仓库存放的业务。

（5）拆拼箱功能

货物的集装箱化有两种实现形态：整箱货和拼箱货。拼箱货一般涉及几个发货人或几个收货人。拼箱货出口，来自不同发货人的货物在仓储中心拼箱后成整箱出口；拼箱货进口，在配送中心拆箱，再将箱内货物交接给不同的收货人。

（6）物流信息处理功能

当前物流中心的运作一般基于计算机、互联网等基础设施,因此将在各个物流环节的各种物流作业中产生的物流信息进行实时采集、分析、传递,并向货主提供各种作业明细信息及咨询信息,物流信息处理功能也因此构成了港口物流中心的核心功能之一。

3.1.3　港口物流的特殊服务功能

（1）存货管理功能

存货管理功能主要是针对库存仓储而言的。作为制造企业或者产品分销企业的原材料、半成品和产成品的后勤储存中心,物流中心需要为所服务的企业提供进货管理、出货管理、存货的分类储存,以及进货、出货和存货的数量统计,报表信息管理等,甚至还有衍生的需求预测、产品订购及订单管理等功能服务[14]。

（2）包装和组装加工功能

包装是为了在物流环节中保护产品、方便储运、促进销售。一般分商业包装和工业包装两大类。物流中心包装业务的目的不仅在于通过对商品包装进行组合、拼配、加固等,形成适于物流和配送的组合包装单元,而且要将处于运输包装状态的货物向商品包装状态转变。

因产成品和产品零部件的进口关税以及进口数量限制的不同,许多进口贸易商和产品分销商经常采用以产品零部件的形式进口,然后在进口港组装、加工成完整的商品。另一种情况是,为了满足消费者不同的个性化需求,许多商品的部件构成是由消费者自行组合订购的,这就需要在物流中心将产品零部件按照不同消费者的要求组装成完整的商品出售给消费者。

在港口物流中心的这种组装加工功能涉及海关对进口商品的监管问题,因此在国外的自由贸易区（Free Trade Zone,简称 FTZ）或自由贸易港（Free Port）内可以进行这项服务功能,而在我国只有在保税区内可以进行相关操作。事实表明,在我国的许多港口都有相应的保税区设置,形成“区港一体化”的联动趋势,使得在港口开展产品的组装加工服务更具优势[14]。

（3）流通加工功能

根据《中华人民共和国国家标准物流术语》的定义,流通加工是物品从生产地到使用地的过程中,根据需要施加包装、分割、计量、分拣、刷标志、拴标签、组装等简单作业的总称。流通加工可以提高原材料利用率,方便客户,便于流通,提高货物附加值,同时降低物流成本。

港口流通加工的基本形式包括:①实现流通的加工,如水产品、肉类食品的冷藏加工与精制加工,对大物件或大包装分拣与分包等;②改善运输的流通加工,将卸船后的石油液化气球罐减压导入槽车运输,将散装化肥、粮食加工成袋装;③衔接产需类流通加工,如堆场原木的裁制加工、煤炭的除矸加工、煤浆加工、配煤加工、煤矿的选矿等;④生产延伸类流通加工,如利用港口仓库增加出口机电、轻纺产品的外包装唛头,进行检验等;⑤提高增值类流通加工,如大宗零配件的选配及装配、粮油食品的深加工、钢材的剪板、薄板的切断、型钢的熔断、厚钢板的切割、线材切断等集中下料、线材冷拉加工等。

利用港口条件,港口流通加工可以更方便地满足用户对物品的个性化需要和多样化选择,发挥和完善港口物流服务的优势,同时,通过流通加工可提高各种运输手段的运作效率,使物品更能适应各种运输工具,从而加快货物周转,减少物品损耗,节省运输费用。此外,通过港口的流通加工,可以根据市场变化,通过加工增加或改变商品的一些功能,使其具有适应性、更富竞争力,促进商品的销售和增值。

(4)分拣功能

货物在物流配送中心保管时,一般是按货物的种类、规格的不同来分区存放;为了提高保管效率,相同的货物种类、规格,有时还根据其包装方式(集装单元和零星包装)的不同来分区存放。但物流配送中心在配送时,货物需按用户的需求进行分类、暂存,然后装车、配送。

(5)配送功能

在贸易全球化时代,现代化高效港口配送已成为促进贸易发展必要和有力的工具。港口成为发挥仓储配送优势的一个至关重要的因素。配送功能与库存仓储、存货管理服务是一体的。新型的配送不是一项纯粹的物资流通活动,而是与信息流通紧密结合在一起的。货物和信息虽然是两个相互独立的因素,但通过配送使两者联系在一起。而且,一些港口的配送中心开始越来越多地提供诸如包装、再包装、定价、贴标签、产品组装、修理、退货处理等流通加工服务,而不再是单纯的配送过程。

(6)其他所需的特殊服务

物流服务可以理解为除生产厂商核心经营活动(生产制造)以外的所有辅助业务,只要生产厂商需要并且愿意,都可以由物流企业来完成。这里所指的特殊的物流服务主要有产品质量检验,产品简单维修,(化学)产品的检测、配制等。

　　港口企业作为提供物流服务的物流企业,物流服务就是企业的产品,其产品内容就是物流服务的内容。物流企业的服务要满足货主企业向其客户提供物流服务的需要,无论是在服务能力上,还是在服务质量上都要以货主满意为目标。在能力上满足货主需求,主要表现在适量性、多批次、广泛性(场所分散)等方面;在质量上满足货主需求,主要表现在安全、准确、迅速、经济等方面。

3.2　配送中心服务模式

3.2.1　配送中心服务模式

　　配送是物流中一种特殊的、综合的活动形式,是商流与物流紧密结合,包含了商流活动和物流活动,也包含了物流中若干功能要素的一种形式。从物流来讲,配送几乎包括了所有的物流功能要素,是物流的一个缩影或在某小范围中物流全部活动的体现。一般的配送集装卸、包装、保管、运输于一身,通过这一系列活动完成将货物送达的目的。特殊的配送则还要以加工活动为支撑,所以包括的方面更广。但是,配送的主体活动与一般物流不同,一般物流是运输及保管,而配送则是运输及分拣配货,分拣配货是配送的独特要求,也是配送中有特点的活动,以送货为目的的运输则是最后实现配送的主要手段,从这一主要手段出发,常常将配送简化地看成是运输的一种。

　　配送不同于一般送货。配送是一种“中转”形式。配送是从物流节点至用户的一种特殊送货形式。从送货功能看,其特殊性表现为:从事送货的是专职流通企业,而不是生产企业;配送是“中转”型送货,而一般送货尤其从工厂至用户的送货往往是直达型;一般送货可以是一种偶然的行为,而配送却是一种固定的形态,甚至是一种有确定组织、确定渠道,有一套装备和管理力量、技术力量,有一套制度的体制形式。一般送货是生产什么,有什么送什么;配送则是企业需要什么送什么。配送是“配”和“送”有机结合的形式。配送与一般送货的重要区别在于:配送利用有效的分拣、配货等理货工作,使送货达到一定的规模,以利用规模优势取得较低的送货成本。如果不进行分拣、配货,有一件运一件,需要一点送一点,这就会大大增加动力的消耗,使送货并不优于取货。

在电子商务中,物流配送服务提供者对上游、下游的物流配送需求的反应速度越来越快,前置时间越来越短,配送时间越来越短,物流配送速度越来越快,商品周转次数越来越多。它除强调物流配送服务功能的恰当定位与完善化、系列化,还强调物流配送作业的规范化、配送流程自动化及配送手段现代化。除了传统的储存、运输、包装、流通加工等服务外,还在外延上扩展至市场调查与预测、采购及订单处理,向下延伸至物流配送咨询、物流配送方案的选择与规划、库存控制策略建议、货款回收与结算、教育培训等增值服务;在内涵上提高了以上服务对决策的支持作用。物流配送着重于将物流与供应链的其他环节进行集成,包括物流渠道与商流渠道的集成、物流渠道之间的集成、物流功能的集成、物流环节与制造环节的集成等。为了保证对产品促销提供快速、全方位的物流支持,新型物流配送要有完善、健全的物流配送网络体系,网络上点与点之间的物流配送活动保持系统性和一致性,这样可以保证整个物流配送网络有最优的库存总水平及库存分布,运输与配送快捷、机动,既能铺开又能收拢。分散的物流配送单体只有形成网络才能满足现代生产与流通的需要。

配送中心被定义为主要用于在货品从生产地到消费地的过程中执行接收,暂时存储,修补和个性化的定制,配送货物等任务的设施结点,它们经常是给货物附加价值的场所[15]。港口配送中心具有三方面特征:

(1)强调货物的快速配送

其目的在于通过货物的快速配送流通,从而达到不断降低库存和运输成本的目的。因此,作为一类存储设施的配送中心必须使库存中的货物保持在一种流动的状态之中。在实践中,可通过物品跟踪技术和设备的使用,对库存物品周转流通的过程进行管理,使整个配送过程具有灵活性。

(2)突出个性化的客户服务

现在越来越多的零售商和批发商,要求产品在包装、贴标签、运送等方面要满足其特定的标准,因此,港口配送中心便自然成为许多产品生产加工的末端环节。货物必须按照客户的要求进行定制和处理。

(3)强调服务增值特性

依靠配送中心的各种生产和服务设施,按照客户的不同要求以及货物本身的特点,为客户提供各类定制化的装配、包装等个性服务,提高产品货物的附加值,为配送中心的物流服务实现增值。

3.2.2　配送中心的类型

对配送中心的适当划分,是深化及细化认识配送中心的必然,从理论上和配送中心的作用上,可以有许多理想的分类,这里仅就已在实际运转的配送中心类别概述如下。

（1）按配送中心配送对象的专业性划分

① 专业配送中心

专业配送中心大体上有两个含义,一是配送对象、配送技术是属于某一专业范畴,在某一专业范畴有一定的综合性,综合这一专业的多种物资进行配送,例如多数制造业的销售配送中心。我国目前在石家庄、上海等地建的配送中心大多采用这一形式。专业配送中心的第二个含义是,以配送为专业化职能,基本不从事经营的服务型配送中心。

② 柔性配送中心

柔性配送中心是在某种程度上和第二种专业配送中心对立的配送中心。这种配送中心不向固定化、专业化方向发展,而向能随时变化,对用户要求有很强适应性,不固定供需关系,不断向发展配送用户和改变配送用户的方向发展。

（2）按配送中心的经营模式划分

① 供应配送中心

供应配送中心是专门为某个或某些用户组织供应的配送中心。供应配送中心其配送的用户有限并且稳定,用户的配送要求范围也比较确定,属于企业型用户;配送中心集中库存的品种比较固定,计划性较强。这种类型的配送中心一般都建有大型的现代仓库和存储一定数量的商品。例如,为大型连锁超级市场组织供应的配送中心;英国斯温登的 HONDA 汽车配件配送中心、美国洛杉矶的 SUZUKI 汽车配件中心;代替零件加工厂送货的零件配送中心,使零件加工厂对装配厂的供应合理化;我国上海地区六家造船厂的钢板配送中心,也属于供应型配送中心。

② 销售配送中心

销售配送中心是以销售经营为目的,以配送为手段的配送中心。这种类型的配送中心的用户一般是不确定的,而且用户的数量很大,但购买数量少,属于消费型用户。销售配送中心可大体细分为:生产企业为本身产品直接销售给消费者的配送中心,在国外,这种类型的配送中心很多;流通企业作为本身经营的一种方式,建立配送中心以扩大销售,我国目前拟建的配送中心大多属于这种类型,国外的例证也很多。

(3) 按配送中心覆盖领域的大小划分

① 城市配送中心

城市配送中心是以城市范围为配送范围的配送中心,由于城市范围一般处于汽车运输的经济里程,这种配送中心可直接配送到最终用户,且采用汽车进行配送。所以,这种配送中心往往和零售经营相结合,由于运距短,反应能力强,因而是一种适于多品种、少批量、多用户的配送方式。《物流手册》中介绍的"仙台批发商共同配送中心"属于这种类型。

② 区域配送中心

区域配送中心是以较强的辐射能力和库存准备,向省(州)际、全国乃至国际范围的用户配送的配送中心。这种配送中心配送规模较大,配送批量也较大,而且往往是配送给下一级的城市配送中心,也配送给营业所、商店、批发商和企业用户,虽然也从事零星的配送,但不是主体形式。这种类型的配送中心在国外十分普遍,如美国马特公司的配送中心,"蒙克斯帕配送中心"等就属于这种类型。

(4) 按配送中心的经济功能划分

① 储存型配送中心

储存型配送中心是有很强储存功能的配送中心。一般来讲,在买方市场下,企业成品销售需要有较大库存支持,其配送中心可能有较强储存功能;在卖方市场下,企业原材料,零部件供应需要有较大库存支持,这种供应配送中心也有较强的储存功能。大范围配送的配送中心,需要有较大库存,也可能是储存型配送中心。

② 流通型配送中心

流通型配送中心是基本上没有长期储存功能,仅以暂存或随进随出方式进行配货、送货的配送中心。这种配送中心的典型方式是,大量货物整进并按一定批量零出,采用大型分货机,进货时直接进入分货机传送带,分送到各用户货位或直接分送到配送汽车上,货物在配送中心里仅做少许停留。前面介绍的阪神配送中心,中心内只有暂存,大量储存则依靠一个大型补给仓库。

③ 加工配送中心

加工配送中心具有加工职能。这种配送中心并不是很多,其主要功能是对商品进行清洗、下料、分解、集装等加工活动,以流通加工为核心开展配送活动。

3.2.3　配送中心的职能

配送中心是一种多功能、集约化的物流据点。作为现代物流方式和优化销售体制手段的配送中心,它把收货验货、储存保管、装卸搬运、拣选、分拣、流通加工、配送、结算和信息处理,甚至包括订货等作业有机地结合起来,形成多功能、集约化和全方位服务的供货枢纽。具体说,配送中心有如下六种基本功能。

(1)储存功能

为了顺利而有序地完成向用户配送商品(货物)及更好地发挥保障生产和消费需要的作用,配送中心通常都要兴建现代化的仓库并配备一定数量的仓储设备,储存一定数量的商品。某些区域性大型配送中心和开展"代理交货"配送业务的配送中心,不但要在配送货物的过程中储存货物,而且它所储存的货物数量更大、品种更多。

(2)运输功能

在现实中,物品的转移或者运输都是必不可少的,运输的主要功能就是产品在价值链中的来回移动。为了按照客户指定的时间地点要求把货物送到,配送中心还须具备一定的运输能力,通过运输消除产品生产地和消费地之间的空间差异,创造出空间价值。

(3)分拣功能

作为物流节点的配送中心,物流中心服务对象是为数众多的企业。而这些为数众多的客户彼此之间存在着很多差别:不仅各自的性质不尽相同,而且其经营规模也不一样。据此,在订货或进货的时候,为了有效地进行配送,配送中心必须采取适当的方式对组织进来的货物进行拣选,并且在此基础上按照配送计划分装和配装货物。这样,在商品流通实践中,配送中心除了能够储存货物、具有储存功能外,它还有分拣货物的功能,能发挥分拣中心的作用。

(4)集散功能

在物流实践中,配送中心凭借其特殊的地位和其拥有的各种先进的设施和设备,能够将分散在各个生产企业的产品集中到一起,经过分拣、配装,向多家用户发运。与此同时,配送中心也可以做到把各个用户所需要的多种货物有效地组合在一起,形成经济、合理的货载批量。配送中心在流通实践中所表现出的这种集散功能,可以提高卡车的满载率,使物流成本得以降低。

（5）衔接功能

通过开展货物配送活动,配送中心能把各种工业品和农产品直接运送到用户手中,客观上可以起到衔接生产和消费的作用。这是配送中心衔接功能的一种重要表现。此外,通过集货和储存货物,配送中心又有平衡供求的作用,由此能有效地解决季节性货物的产需衔接问题。这是配送中心衔接功能的另一种作用。

（6）流通加工功能

为了扩大经营范围和提高配送水平,目前国内外许多配送中心都配备了各种加工设备,由此形成了一定的流通加工能力。这些配送中心能够按照用户提出的要求和根据合理配送商品的原则,将组织进来的货物加工成一定的规格、尺寸和形状,由此而形成了加工功能。配送中心积极开展加工业务,不但大大方便了用户,省却了后者不少的繁琐劳动,而且也有利于提高物质资源的利用效率和配送效率。

3.2.4 虚拟配送中心

虚拟配送中心是指把虚拟组织的组织形式应用于配送中心,就形成了虚拟配送中心,即配送中心的虚拟化。它是未来配送企业的一种非常有吸引力的实现形式。虚拟配送中心是一种网络化的配送中心,它通过网络连接若干家企业,共同完成与传统配送中心相似的业务。由于组成虚拟配送中心的各个成员分处在不同的地理位置,它的运转必须由功能强大的国际网络配送信息系统来支持。所以,虚拟配送中心的核心就是它的信息中心。

虚拟配送中心是以盟主企业为核心,通过若干物流企业联合起来执行配送任务的,每个企业执行配送作业的一个或几个环节,其目标就是最大限度地利用社会资源,以最低的成本、最快的速度把货物安全、准确地送到客户手中,并通过扩大服务网络覆盖地域范围和增加服务内容为客户提供"一站式"服务。

从传统配送中心的矩形组织结构向虚拟配送中心的网络化的组织结构转换,反映了配送中心的"虚拟化"的过程。虚拟组织作为一种新型组织模式,由于其活性节点的网络连接结构、信息流驱动特征、协作创新机制,加之有效的运作管理,使其能更好地应对复杂、不确定、持续变化的环境,是信息时代组织的理想模式。

虚拟配送中心与传统配送中心的区别主要表现在以下八个方面:

（1）虚拟配送中心的价值链的各个环节分布在组成虚拟配送中心的企

业中。

（2）由于虚拟配送中心中没有一个专门的配送中心仓库，它的存储业务由价值链两端的生产商和客户承担。所以，虚拟配送企业的价值链从生产商的产品存储开始，结束于客户的存储和生产商的售后服务。

（3）虚拟配送中心不存在某些辅助的组织机构，比如虚拟企业的人力资源直接来自于成员企业。

（4）虚拟配送企业突出强调了配送调度活动以及运用于调度的信息系统。

（5）在虚拟配送中心中，正式的层次命令和控制组织结构被非正式的电子网络，即虚拟的组织所取代，虚拟配送中心的组织与管理就是组成成员间的协调。

（6）企业管理更加强调可以快速重组的单元，能够自治并享有充分自主权的团队工作使企业的管理更加灵活。

（7）虚拟配送中心的核心是一种从必要的配送过程或资源（人或配送设备）中综合出来的新的配送自平衡力。相对于传统配送中心，其物理位置不再重要。

（8）虚拟配送中心通过最大价值原则组建虚拟工作团队，通过虚拟工作团队的合作达到最大配送效益。

3.3　产品流通加工服务模式

3.3.1　产品流通加工服务模式的内涵

产品流通加工作为物流领域作业的一项基础环节，最初指物品在从生产地到使用地的过程中，根据需要实施的包装、分割、计量、分拣、刷标志、拴标签、组装等简单作业的总称。流通加工是为了提高物流速度和物品的利用率，在物品进入流通领域后，按客户的要求进行的加工活动，即在物品从生产者向消费者流动的过程中，为了促进销售、维护商品质量和提高物流效率，对物品进行初级和简单的加工。

3.3.2　港口产品流通加工的作用

开展流通加工模式能使得物品的流通过程不但充分满足客户的需求而且能加速货品流通速度，提高其安全性，对于港口物流的意义越来越大。

（1）提高原材料利用率及生产效率

通过流通加工进行集中下料，将生产厂商直接运来的简单规格产品按用户的要求进行下料。例如将钢板进行剪板、切裁，零件的打孔，钢筋或圆钢裁制成毛坯，木材大小、形状的加工等。集中下料可以优材优用、小材大用、合理套裁，明显地提高原材料的利用率，有很好的技术经济效果。通过流通加工可以弥补大量生产所带来的不足，有利于生产者或供应商提高生产效率、增加产品多样性，从而享受更快捷的加工作业。

（2）进行初级加工，方便用户

用量小或满足临时需要的用户，不具备进行初级加工的能力，通过流通加工可以使用户省去进行初级加工的投资，方便了用户。

（3）提高设备利用率

在分散加工的情况下，加工设备由于生产周期和生产节奏的限制，设备利用时松时紧，使得加工过程不均衡，设备加工能力不能得到充分发挥。而流通加工面向全社会，加工数量大，加工范围广，加工任务多。这样可以通过建立集中加工点，采用一些效率高、技术先进、加工量大的专门机具和设备，一方面提高了加工效率和加工质量，另一方面还提高了设备利用率。

（4）提高物流效率与服务质量，更好地满足客户需求

流通加工可以提高物流效率与服务质量，可以使商品满足用户个性化、多样化的需求。这种模式的运用可使港口物流功能得以完善和提高，使港口物流服务更趋完善，为港口物流带来特色品牌效应。

3.3.3　产品流通加工的合理化

产品流通加工合理化的含义是实现流通加工的最优配置，也就是对是否设置流通加工环节、在什么地方设置、选择什么类型的加工、采用什么样的技术装备等问题做出正确抉择。这样做不仅要避免各种不合理的流通加工形式，而且要做到最优。

（1）不合理流通加工形式

① 流通加工地点设置不合理

流通加工地点设置即布局状况，是决定整个流通加工是否有效的重要因素。一般来说，为衔接单品种大批量生产与多样化需求的流通加工，加工地点设置在需求地区才能实现大批量的干线运输与多品种末端配送的物流优势。如果将流通加工地设置在生产地区，一方面，为了满足用户多样化的需

求,会出现多品种、小批量的产品由产地向需求地的长距离的运输;另一方面,在生产地增加了一个加工环节,同时也会增加近距离运输、保管、装卸等一系列物流活动。所以,在这种情况下,不如由原生产单位完成这种加工而无须设置专门的流通加工环节。

另外,一般来说,为方便物流的流通加工环节应该设置在产出地,设置在进入社会物流之前。如果将其设置在物流之后,即设置在消费地,则不但不能解决物流问题,又在流通中增加了中转环节,因而也是不合理的。

即使是产地或需求地设置流通加工的选择是正确的,还有流通加工在小地域范围内的正确选址问题。如果处理不善,仍然会出现不合理。比如说交通不便,流通加工与生产企业或用户之间距离较远,加工点周围的社会环境条件不好等。

② 流通加工方式选择不当

流通加工方式包括流通加工对象、流通加工工艺、流通加工技术、流通加工程度等。流通加工方式的确定实际上是生产加工的合理分工。分工不合理,把本来应由生产加工完成的作业错误地交给流通加工来完成,或者把本来应由流通加工完成的作业错误地交给生产过程去完成,都会造成不合理。

流通加工不是对生产加工的代替,而是一种补充和完善。所以,一般来说,如果工艺复杂,技术装备要求较高,或加工可以由生产过程延续或轻易解决的,都不宜再设置流通加工。如果流通加工方式选择不当,就可能会出现生产争利的恶果。

③ 流通加工作用不大,形成多余环节

有的流通加工过于简单,或者对生产和消费的作用都不大,甚至有时由于流通加工的盲目性,同样未能解决品种、规格、包装等问题,相反却增加了作业环节,这也是流通加工不合理的重要表现形式。

④ 流通加工成本过高,效益不好

流通加工的一个重要优势就是它有较大的投入产出比,因而能有效地起到补充、完善的作用。如果流通加工成本过高,则不能达到以较低投入实现更高使用价值的目的,势必会影响它的经济效益。

(2)实现流通加工合理化的途径

① 加工和配送结合

加工和配送结合就是将流通加工设置在配送点中。一方面按配送的需要进行加工,另一方面加工又是配送作业流程中分货、拣货、配货的重要一环,加工后的产品直接投入到配货作业,这就无须单独设置一个加工的中间环节,而使流通加工与中转流通巧妙地结合在一起。同时,由于配送之前有必要的加工,可以使配送服务水平大大提高,这是当前对流通加工做合理选择的重要形式,在煤炭、水泥等产品的流通中已经表现出较大的优势。

② 加工和配套结合

"配套"是指将使用上有联系的产品集合,然后成套地供应给用户使用。例如,方便食品的配套。当然,配套的主体来自各个生产企业,如方便食品中的方便面,就是由其生产企业配套生产的。但是,有的配套不能由某个生产企业全部完成,如方便食品中的盘菜、汤料等。这样,在物流企业进行适当的流通加工,可以有效地促成配套,大大提高流通作为供需桥梁与纽带的能力。

③ 加工和合理运输结合

我们知道,流通加工能有效衔接干线运输和支线运输,促进两种运输形式的合理化。利用流通加工,在支线运输转干线运输或干线运输转支线运输等这些必须停顿的环节,不进行一般的支转干或干转支,而是按干线或支线运输合理的要求进行适当加工,从而大大提高运输及运输转载水平。

④ 加工和合理商流结合

流通加工也能起到促进销售的作用,从而使商流合理化,这也是流通加工合理化的方向之一。加工和配送相结合,通过流通加工提高了配送水平,促进了销售,使加工与商流合理结合。此外,通过简单地改变包装加工形成方便的购买量,通过组装加工解除用户使用前进行组装、调试的难处,都是有效促进商流的很好例证。

⑤ 加工和节约结合

节约能源、节约设备、节约人力、减少耗费是流通加工合理化的重要考虑因素,也是目前我国设置流通加工并考虑其合理化的较普遍形式。

3.4 金融服务模式

3.4.1 金融服务模式的含义

物流金融发展起源于物资融资业务,是指在面向物流业的运营过程,通过应用和开发各种金融产品,有效地组织和调剂物流领域中货币资金的活动。金融物流是物流服务和金融服务相结合的产物,它不仅能提升第三方物流企业的业务能力及效益,还可为企业融资及提升资本运用的效率。对于金融业务来说,物流金融的功能是帮助金融机构扩大贷款规模,降低信贷风险,在业务扩展服务上能协助金融机构处置部分不良资产、有效管理客户,提升质押物评估、企业理财等顾问服务项目[16]。从企业行为研究出发,可以看到物流金融发展起源于"以物融资"业务活动。物流金融服务伴随着现代第三方物流企业而生。在金融物流服务中,现代第三方物流企业业务更加复杂,除了要提供现代物流服务外,还要与金融机构合作一起提供部分金融服务。

金融物流包括金融服务功能的物流服务,在港口物流中主要指港口物流为上下游企业提供的一种金融与物流集成式的创新服务,其主要服务内容包括物流、加工、融资、评估、资产处理、金融咨询等。金融物流不仅能为客户提供高质量、高附加值的物流服务,还可为客户提供间接或直接的金融服务,以提高供应链整体绩效和客户的经营及资本运作效率。在物流金融中涉及三个主体:物流企业、客户和金融机构,物流企业与金融机构联合起来为资金需求方企业提供融资,物流金融的开展对这三方都有非常迫切的现实需要[16]。

国际上,最全面的金融物流规范体系在北美(美国和加拿大)以及菲律宾等地。以美国为例,美国的金融物流体系是以政府为基础的,其金融物流的主要业务模式之一是面向农产品的仓单质押。仓单既可以作为向银行贷款的抵押,也可以在贸易中作为支付手段进行流通。相对于发达国家,发展中国家的金融物流业务开始得较晚,业务制度也不够完善。非洲贸易的自由化很早就吸引了众多外国企业作为审查公司进入。这些公司以银行、借款人和质押经理为主体,设立三方质押管理协议,公司往往作为仓储运营商兼任质押经理的职位。国外金融服务的推动者更多是金融机构,而国内金融物流服务的推动者主要是第三方物流公司[17]。

3.4.2　港口开展物流金融服务模式的作用

物流活动不仅伴随着资金流动,而且受资金流制约。现代物流发展离不开金融服务的支持。当前国内金融服务发展较慢,这在一定程度上影响了现代物流发展,一方面使得物流企业不能为广大客户,特别是一些中小型企业提供物流与金融集成化的综合服务;另一方面使得企业物流资金周转率低下,原材料、半成品或产品不能"物畅其流",影响了企业物流运作的效率。港口开展金融服务不仅有利于中小企业融资和银行金融业务的创新,也是提高自身竞争力的重要手段。开展港口物流金融模式的作用主要体现在以下三个方面。

（1）提高港口物流的竞争力,为港口物流带来新利润源

目前我国物流公司所占的市场份额不是很大,港口物流为了生存和发展,为了提高竞争力,需要进一步拓展为企业服务的能力,而在物流活动中开展融资服务就是适应社会和企业的需求。物流企业竞争的结果导致物流服务的利润下降,迫使物流企业开辟新的服务领域,金融服务就成为一项提高企业竞争力、增加利润的重要业务。对运输、货代和一般物流服务而言,激烈的竞争使平均利润率下降到只有 2% 左右,已没有进一步提高的可能性。而对于供应链末端的金融服务来说,由于各家企业涉足较少,目前还有较大空间,因此可以在港口物流服务中增加一项金融服务,将其作为争取客户、增加利润的一项重要举措。

物流金融提高了港口的服务能力、经营利润,并且可以协助企业拓展融资渠道,降低融资成本,提高资本的使用效率,满足了中小企业融资的需求。通过供应链各方的协作,物流金融可以降低企业的融资成本,拓宽企业的融资渠道,降低企业原材料、半成品和产品的资本占用率,提高企业资本利用率,实现资本优化配置。

（2）提高港口核心竞争力

在港口的经营活动中,原材料和流动产品占用了大量的资金。金融服务解决了在物流过程中的融资问题,使企业能够把有限的资金用在产品开发和快速扩张方面,有效地盘活物流过程中的资金沉淀,提高企业核心产品的市场占有能力。同时,由于物流企业通过金融服务更加有效地融入企业的供应链中,有利于企业集中主业、提高企业的核心竞争力。

（3）给银行带来新利润空间

当前银行的贷款资产质量不高,如何提高贷款质量、控制贷款风险、发展新的业务成为银行关注的首要问题。中小企业虽然有大的融资市场,但由于中小企业自身的原因,银行不可能简单地满足中小企业的融资需求。于是,物流企业通过与银行合作开展面向中小企业的仓单抵押、信用担保,就成为银行新的利润源泉。

3.4.3　物流金融的类型

随着对信贷金融服务需求的增加,物流运营中物流与资金流的衔接问题日益凸显。结算类及中间业务是由于现代物流业资金流量大,特别是现代物

流的布点多元化、网络化的发展趋势更要求银行能够为其提供高效、快捷和安全的资金结算网络以及安装企业银行系统,以保证物流、信息流和资金流的统一。随着现代金融和现代物流的不断发展,物流金融的形式也越来越多。按照金融在现代物流中的业务内容,物流金融分为物流结算金融、物流仓单金融、物流授信金融[16]。

物流结算金融是指利用各种结算方式为物流企业及其客户融资的金融活动。目前主要有代收货款、垫付货款、承兑汇票等业务形式。

代收货款业务是物流公司为企业(大多为各类邮购公司、电子商务公司、商贸企业、金融机构等)提供传递实物的同时,帮助供方向买方收取现款,然后将货款转交投递企业并从中收取一定比例的费用。其业务流程如图 3-1 所示。

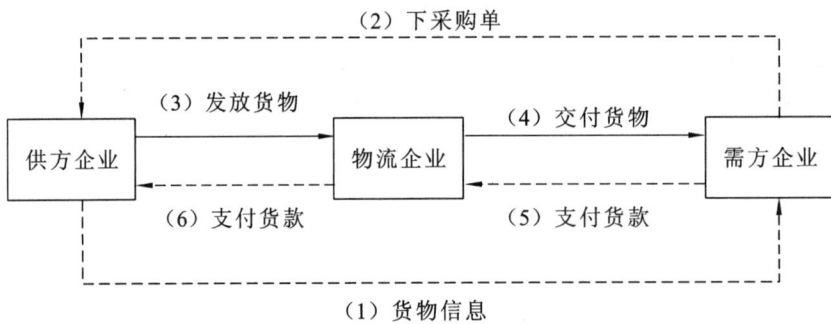

图 3-1 代收货款模式业务流程图

垫付货款业务是指当物流公司为发货人承运一批货物时,物流公司首先代提货人预付一半货款,当提货人取货时则交付给物流公司全部货款。垫付货款的另一种模式是发货人将货权转移给银行,银行根据市场情况按一定比例提供融资,当提货人向银行偿还货款后,银行向第三方物流企业发出放货指示,将货权还给提货人。其业务流程如图 3-2 所示。

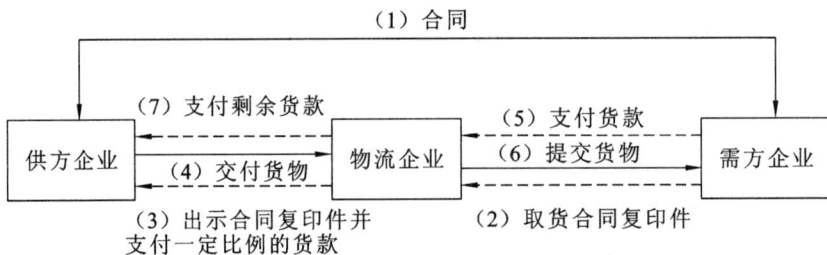

图 3-2 垫付货款模式业务流程图

承兑汇票业务也称保兑仓业务。所谓承兑,简单地说就是承诺兑付,是付款人在汇票上签章表示承诺将来在汇票到期时承担付款义务的一种行为。承兑行为只发生在远期汇票的有关活动中。汇票的承兑,只对定日付款、出票后定期付款和见票后定期付款的汇票适用。见票即付的汇票不需要提示承兑,也就不存在承兑行为。同时,出票人与付款人为同一人的对己汇票,也不需要进行承兑。商业承兑汇票是出票人签发的,委托付款人在指定日期无条件支付确定的金额给收款人或持票人的票据,由银行以外的付款人承兑的即为商业承兑汇票。商业承兑汇票既可由收款人出票,付款人承兑,也可由付款人出票并承兑。

物流仓单金融主要是指融通仓融资,其基本原理是:生产经营企业先以其采购的原材料或产成品作为质押物,并据此获得协作银行的贷款,然后在其后续生产经营过程中或质押产品销售过程中分阶段还款。第三方物流企业提供质押物品的保管、价值评估、去向监管、信用担保等服务,从而架起银企间资金融通的桥梁[17]。随着现代物流和金融的发展,物流仓单金融也在不断创新,出现了多物流中心仓单模式和反向担保模式等新仓单金融模式。多物流中心仓单模式是在仓单模式的基础上,对地理位置的一种拓展;反向担保模式对质押主体进行了拓展。

物流授信金融是指商业银行向非金融机构客户直接提供资金,或者对客户在有关经济活动中可能产生的赔偿、支付责任做出的保证,包括贷款、贸易融资、票据融资、融资租赁、透支、各项垫款等表内业务,以及票据承兑、开出信用证、保函、备用信用证、信用证保兑、债券发行担保、借款担保、有追索权的资产销售、未使用的不可撤销的贷款承诺等表外业务。授信与授权相比,最本质的区别是它们所指的对象不同。授信的对象是银行客户,授权的对象是银行下级行。授信不能等同于贷款。授信是一种风险控制的总的概念。贷款是银行或其他信用机构向借款人所作的借款,须在一定期限内归还,并支付利息。客户对银行的需求不仅包括贷款,还有票据、信用证等。授信包括银行的表内、表外业务,开信用证也要授信。物流授信金融是指金融机构根据物流企业的规模、经营业绩、运营现状、资产负债比例以及信用程度,授予物流企业一定的信贷额度,物流企业直接利用这些信贷额度向相关企业提供灵活的质押贷款业务,由物流企业直接监控质押贷款业务的全过程,金融机构则基本上不参与该质押贷款项目的具体运作[17]。

3.4.4　港口物流金融模式的主要类型

对于中小企业、银行以及第三方物流企业本身，在物流过程中开展金融服务都具有重要意义。大力推广物流过程中的金融服务，可以有效地提高企业的资金利用效率，使资金流和物流结合更加紧密、物流环节更加畅通，还将有利于物流业乃至整个经济社会的健康、高效、快速发展。港口物流开展金融服务的模式多种多样，但是归结起来有四种基本模式[18]。

（1）质押模式

仓单质押在我国刚刚兴起，它的最大特点是既可解决融资难题，又能获取比传统的融资更低的成本。它是指仓储公司签发给存储人或货物所有权人的记载仓储货物所有权的唯一合法的物权凭证，仓单持有人随时可以凭仓单直接向仓储方提取仓储货物。

仓单质押贷款是指银行与借款人（出质人）、保管人（仓储公司）签订三方合作协议，以保管人签发的借款人自有或第三方持有的存货仓单作为质押物向借款人办理贷款的信贷业务。仓单质押是现代物流发展的一个延伸业务，同时它也被看成是一种金融产品，是物流业与金融业的有机结合。从广义上说，仓单质押其实只是"物流银行"的一种模式。"物流银行"业务是以市场畅销、价格波动幅度小、处于正常贸易流转状态而且符合要求的产品抵押作为授信条件，运用物流公司的物流信息管理系统，将银行的资金流与企业的物流进行结合，向公司提供融资、结算等银行服务于一体的银行综合服务业务。

仓单质押贷款，是制造企业把商品存储在物流企业仓库中，物流企业向银行开具仓单，银行根据仓单向制造企业提供一定比例的贷款，物流企业代为监管商品。开展仓单质押业务，既可以解决货主企业流动资金紧张的困难，同时保证银行放贷安全，又能拓展仓库服务功能，增加货源，提高效益。对于制造企业而言，利用仓单质押向银行贷款可以解决企业经营融资问题，争取更多的流动资金周转，达到实现经营规模扩大，提高经济效益的目的。对于银行等金融机构而言，开展仓单质押业务可以增加放贷机会，同时由于有了仓单所代表的货物作为抵押，贷款的风险大大降低。对于港口物流服务者而言，一方面可以利用能够为货主企业办理仓单质押贷款的优势，吸引更多的货主企业进驻，保有稳定的货物存储数量，提高仓库空间的利用率；另一方面又会促进自身不断加强仓储基础设施的建设，完善各项配套服务，提升自身的综合竞争力。仓单质押的效力，主要包括仓单质押担保的效力范围、仓单质押对质权人的效力、仓单质押对出质人的效力及仓单质押对仓储物保管人的效力。图3-3为质押监管基本模式业务流程图。

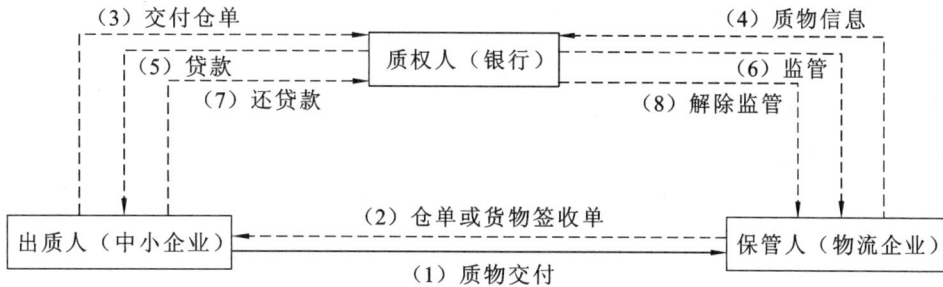

图 3-3 质押监管基本模式业务流程图

仓单质押贷款的主要方式包括现有存货质押贷款、异地仓库监管质押贷款、买方信贷等。现有存货质押贷款是指货主企业把质押品存储在港口物流企业的仓库中,然后凭借仓单向银行申请贷款,银行根据质押品的价值和其他相关因素向客户企业提供一定比例的贷款。在这一过程中,港口物流方负责监管和储存质押品。异地仓库监管质押贷款是在仓单质押的基本模式上,对地理位置的一种拓展。港口物流企业根据客户不同,或利用遍布全国的仓储网络,或整合社会仓库资源,甚至利用客户自身的仓库,就近进行质押监管,极大降低了客户的质押成本;买方信贷或称保兑仓,它相对于企业仓单质押业务模式的特点是先票后货,即银行在买方客户交纳一定的保证金后开出承兑汇票,收票人为生产企业,生产企业在收到银行承兑汇票后按银行指定的仓库发货,货到仓库后转为仓单质押。这一过程中,生产企业承担回购义务。

仓库和银行、货主企业之间都存在着委托代理关系,一种是作为银行的代理人,监管货主企业在仓库中存储货物的种类、品种和数量等;另一种是作为货主企业的代理人管理仓库中货主企业的货物,包括管理货物的进出库,确保仓储货物的安全、防潮、防霉等。正是由于存在这种三方的代理关系,仓储企业实施仓单质押业务有许多潜在风险。因此实行仓单质押时要关注客户资信风险和提单风险,注意质押商品的种类,加强仓单的管理及对质押货物的监督管理。

(2) 授信融资模式

统一授信是指商业银行对单一法人客户或地区统一确定最高综合授信额度,并加以集中统一控制的信用风险管理制度,包括贷款、贸易融资、贴现、承兑、信用证、保函、担保等表内外信用发放形式的本外币统一综合授信。换言之,统一授信就是银行把贷款额度直接授权给物流企业,再由物流企业根据客户的需求和条件进行质押贷款和最终结算。金融机构根据物流企业的规模、经营业绩、运营现状、资产负债比例以及信用程度,授予物流企业一定的信贷额度,物流企业可以直接利用这些信贷额度向相关企业提供灵活的质押贷款业务;由物流企业直接监控质押贷款业务的全过程,银行基本上不参与该质押贷款项目的具体运作;质押贷款由物流公司发放,程序更加简单,形式更加灵活,节省了银行与供方企业的费用,因而节省了物流企业承担价值评估的中介服务费用。港口物流企业要先向银行按企业信用担保管理的有关规定和要求提供信用担保该模式有利于企业更加便捷地获得融资,减少原先质押贷款中一些繁琐的环节;也有利于银行提高对质押贷款全过程的监控能力,更加灵活地开展质押贷款服务,优化其质押贷款的业务流程和工作环节,降低贷款的风险。

图 3-4 为授信融资模式业务流程图。

图 3-4　授信融资模式业务流程图

(3)反向担保模式

随着现代物流和金融的发展,出现了多物流中心仓单模式和反向担保模式等新仓单金融模式。多物流中心仓单模式是在仓单模式的基础上对地理位置的一种拓展,即第三方物流企业根据不同客户,整合社会仓库资源甚至是客户自身的仓库,就近进行质押监管,极大降低了客户的滞留成本。反向担保模式对质押主体进行了拓展,它不是直接以流动资产交付银行作抵押物而是由物流企业控制质押物,这样极大地简化了程序,提高了灵活性,降低了交易成本。反向担保是第三人为债务人,在向债权人提供担保的同时,又反过来要求债务人(借款人)对自己(担保人)提供担保的行为,可称为担保之担保,即为担保人提供的担保。反向担保的目的是确保第三人追偿权的实现。

如果借款企业直接以寄存货品向金融机构申请质押贷款有难度,可由港口物流公司将货品作为反担保抵押物,通过物流公司的信用担保实现贷款。也可以组织企业联保,由若干借款企业联合向物流公司担保,再由物流公司向金融机构担保,实现融资。甚至可以将物流公司的担保能力与借款企业的质押物结合起来,直接向金融机构贷款。

图 3-5 为反向担保模式业务流程图。

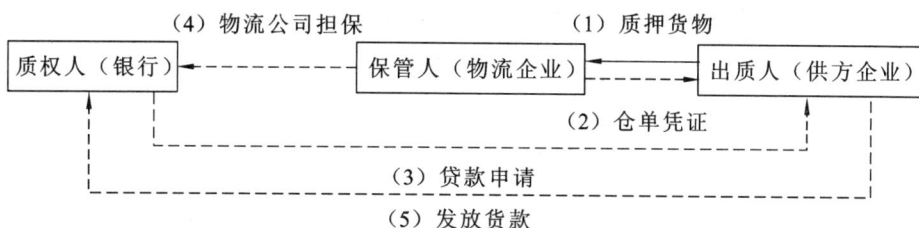

图 3-5 反向担保模式业务流程图

反向担保模式和质押监管模式非常相似,区别在于供方企业依旧是通过流动资产抵押实现融资,只是不直接以流动资产交付银行作质押物而是由物流企业控制质押物。对于银行来说,这种贷款类似于传统业务的担保贷款业务,银行无须支付物流企业的中介服务费用。

(4)保兑仓业务模式

保兑仓业务模式下需方企业、供方企业、物流企业、银行要先签订保兑仓协议书。物流企业提供承兑担保,需要采购材料的需方企业向银行申请开出承兑汇票并交纳一定比率的保证金,银行再开出银行承兑汇票。在保兑仓模式中,需方企业在采购某货物的时候不一定有足够的流动资金,或者不希望把企业有限的流动资金用于大笔采购,通过向银行申请承兑汇票实际上是获得了间接融资,可缓解企业流动资金的紧张状况。供方企业在承兑汇票到期时兑现即可获得银行的支付,不必等待确认买方是否向银行付款。银行为买方企业开出承兑汇票需收取一定金额的服务费。

图 3-6 为保兑仓模式业务流程图。

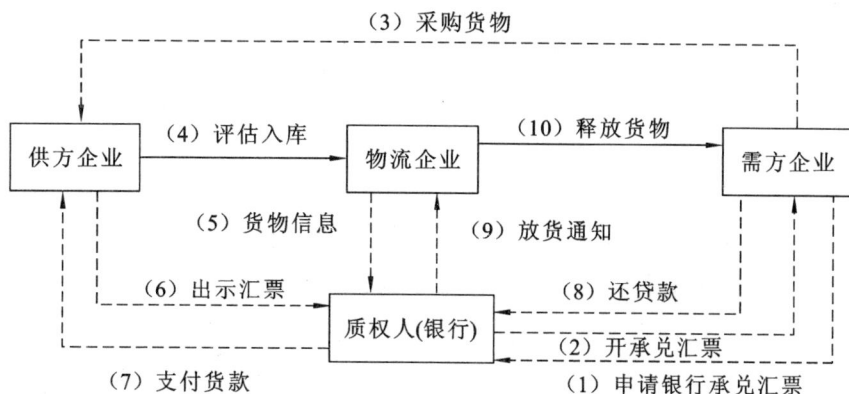

图 3-6 保兑仓模式业务流程图

开展物流金融时存在一定的风险：由于提供多元化的服务，相对地扩大了运营范围产生的运营风险；物流企业提供金融服务时，因缺乏完善的价值评估系统等技术而引起的技术风险；针对库存质押物的保值能力，包括质押物市场价格波动，金融汇率造成的变现能力改变等产生的市场风险；质押物在库期间产生的安全风险；还有法律风险和由于货物的合法性，客户的诚信度引发的信用风险。现在的货款现象，已经令整个物流金融陷入一种信任危机中。因此，在实施中要注意风险规避问题。例如加强对客户的信用管理，建立灵活快速的市场商品信息收集和反馈体系，严格执行合同条款，物流企业与客户、金融机构建立长期的合作伙伴关系。

3.5　案　　例

（1）东洋码头大井蔬菜水果中心

东洋码头株式会社作为日本码头、仓储业界的最大物流企业，创业70多年来一直在不断地适应多样化的市场需求，扩大服务网络，提高创新服务水平。2003年3月，该公司在东京大田区大井码头新建了大井仓库（即大井蔬菜水果中心）。该仓库主要保管蔬菜、水果和食品，库内设有恒温设备、熏蒸设备和流通加工设备，功能齐全，作业精度高，速度快，同时由于引进了岛津艾斯·迪株式会社的PHS无线网络控制系统，并与卡车诱导系统相结合，取得了十分明显的运营效果。

由于蔬菜、水果本身新鲜度的要求，它必须在商品周转速度快、出库商品单位数量小、品种多样的流通型仓库中进行保管。日本农林水产省和厚生劳动省规定，从国外进口的食品必须进行检疫和熏蒸，以驱除虫害。在商品通关过程中，日本财务省也有繁杂的手续。因此，在进口货物数量增加的情况下，为了做到快速周转和流通，该公司引进了无线网络控制系统，以实现仓库作业的高效、省力和准确化。为进一步提高系统的质量水平，公司还采取了如下措施：一是实时掌握作业进度，完善事故应急体制；二是各个作业人员的作业量以数据化方式掌握，按作业成绩计算报酬；三是提升计算机软件档次，实现对整个仓库货物保管状态的全面分析与控制，加快商品周转，提高保管作业效率。公司所引进的"使用PBX的PHS无线网络控制系统"由两部分构成，一部分为利用无线终端进行出入库数据传递并实时收集作业数据的主体系统，另一部分为能够对卡车司机发货预约并自动引导卡车停靠的卡车诱导系统,两部分有机结合,高效运转。其特点体现在以下几点:①条形码库内作业管理;②利用无线终端进行出入库指标和作业信息传递;③卡车司机的提货预约及车位诱导;④高效率的装货作业。大井蔬菜水果中心引进新系统后,比之前的作业省力达20%~30%,大大降低了成本,收到了明显的投资效果[19]。

(2) 天津港拓展物流金融服务的实践创新

天津港是综合性的枢纽港,除了煤炭、焦炭、矿石等大宗货物较适合进行质押贷款外,其他如钢材、废纸、废铜、锌锭、小麦、大豆、汽车等货类都具有不同的特性,这就需要结合实际不断创新港口物流金融产品。公司将与银行、货主共同合作探索创新物流金融服务的新模式,将物流金融服务拓展到天津港物流的各个环节。

天津港所提供的"港口物流金融服务"是一种金融与物流集成式的创新服务,其主要服务内容包括物流、流通加工、融资、评估、监管、资产处理、金融咨询等方面,业务模式多种多样,包括货物质押、仓单质押、集中授信、未来货权开证业务、未来货权融资业务(仓储监管模式)、保兑(备用信用证)业务等。物流金融服务不仅能为客户提供高质量、高附加值的物流与加工服务,还可为客户提供间接或直接的金融服务,提高供应链整体绩效以及客户的经营业绩和资本运作效率。

根据天津港四大产业战略发展要求,以不断提升港口核心竞争力为目的,以完善的物流管理体系及丰富的港口资源为基础,以散货交易市场建立的第四代交易平台为载体,以港口物流公司、客户及银行形成的"信用共同体"为纽带,积极推进物流金融服务各项工作的探索与实施。在物流金融服务的构建与实施中,着力抓好实施前期的策划,充分进行风险分析及其对策的研究。物流金融专营公司采取多种形式进行物流金融服务的市场开发及服务功能的推介。通过物流金融服务的拓展,扩大了港口的服务功能,提升了港口综合竞争力。

组建专业的港口物流金融服务公司是天津港拓展物流金融服务的主要做法之一。2007年12月,天津港散货交易市场有限责任公司正式成立,并作为天津港开展质押监管业务的专营单位。天津港散货交易市场有限责任公司的客户采取会员制,客户作为交易市场会员,由此可以减少中间贸易环节、降低物流成本、加速货物周转率,提高资金使用效率和资金收益率,提高货物和资金的安全保障、杜绝恶意欺诈行为。因此,该项目具有良好的经济效益和社会效益。

　　天津港在开展港口物流金融服务的过程中主要有三个创新点:第一,利用天津港完善的物流管理体系及丰富的港口资源,对质押监管货物实施有效监管,为银行监控风险。第二,利用交易市场公司建立的第四代电子交易平台,可以迅速地将存在风险的质押监管货物及时变现,为金融机构解除融资客户无法偿还贷款且货物变现困难的后顾之忧,从而规避了物流金融业务的行业风险。第三,采用"信用共同体"物流金融服务模式,即筛选有意向、有资质、守信誉的客户组建"信用共同体",交易市场公司作为实际掌控人,为其成员制订融资方案,并在融资过程中对风险进行预警和监控。合作银行给予"信用共同体"的客户贷款利息下浮、用款期限灵活、审批手续简便、放款快速等优惠政策。此项业务的开展受到了客户的广泛好评。通过这三个创新点的实施,公司成功建立起客户企业在银行进行动产融资的桥梁[20~22]。

思 考 题

　　(1) 现代物流的发展背景下,港口如何开展增值性物流服务?

　　(2) 以煤炭港口和钢铁产业的工业港口为例,调查并了解港口开展物流配送和流通加工等服务的具体形式与做法。

　　(3) 港口物流领域开展金融服务创新的类型及其具体案例。

4 港口物流发展模式

4.1 港口物流发展的典型模式

综合国内外港口物流的发展状况,当前港口物流发展的思路主要有两大类,一是内向型发展战略模式,另一类是外向型发展战略模式。

顾名思义,内向型物流发展模式主要立足于港口内部,即从港口内部存量资源的充分优化与利用着手,重新整合和优化配置内部资源,在各种资源高效利用的基础上健全港口的物流功能,其运营理念侧重于管理。港口的内向型物流拓展发展模式包括改造主业、发展品牌物流、发展港口第三方物流。

相比之下,外向型发展模式则不局限于港口内部的发展,而是基于系统开放的理念,从港口涉及的关系对象着手,充分重视港口物流发展过程中的纵向联系和横向联系,通过纵深发展港口物流所处的外部环境来实现港口物流的持续发展,其运营理念侧重于经营。其中,外向型发展战略模式又可细分为国际航运中心模式、港口区域物流体系模式、港口供应链战略联盟模式、以区港联动和保税港区为主的港口保税物流模式、港口物流网络经营模式等五种主要类型。

本章将针对上述港口物流的发展模式作具体介绍。

4.1.1 内向型拓展物流发展模式

在本质上,港口的内向型拓展物流发展模式可归纳为"改造主业,系统剥离"。其中,"改造主业"是指运用现代物流理念和运营模式,改造港口现有的经营机制和组织模式,把提高货物通港效率作为港口建设和运营的主要指标,以提高港口所在物流链的核心竞争力[23];"系统剥离"是指将港口系统的自理物流作业剥离出来,集中起来形成一个物流部门独立运作,在向利润中心转变的过程中逐渐变为完全独立的以提供"供应物流服务"为主的第三方物流服务[24]。实现内向型物流发展主要有三种途径。

（1）改造主业

在现代物流发展中,港口可以选择对传统的装卸生产主业进行改造,加强装卸功能,追求零库存,建立综合的运输体系和提高港口的信息化程度;同时对港口现有的组织模式进行改造,以适应现代物流的发展要求和利于物流服务的开展。经济全球化背景下港口之间的竞争正在逐步演变为物流链之间的竞争,改造主业成为一种必然选择。

加强装卸功能是指整合港内各种交通运输工具、装卸搬运机械、自动化作业设备、信息处理设备和其他一些港口资源,满足物流服务所要求的快捷、准确、安全等要求,并要特别重视装卸效率和换装环节的衔接,以适应物流服务的开展。

现代物流系统提倡的是"零库存",即"及时提货",只有为了增值活动,才让货物在港口作必要的仓储。因此港口应衔接好到港货物的及时提取,对仓储的货物也应主动为货主提供设计服务开展增值加工活动。

现代港口的运输不仅仅是港区内的运输,还要有与其腹地相连的便捷的运输网络。因此港口应致力于运输过程由单一性向多样化发展,建立综合运输体系。同时重视港口的软件建设,提高信息化程度,因为现代物流对港口企业的要求是必须拥有与航运、经贸、口岸信息网络相连接,可以供物流畅通无阻,可以供规范的物流企业操作的信息平台。此外,港口需要根据现代企业组织的要求来改造设计港口企业组织,以适应现代物流发展的要求。因为通常企业的组织构建是随着企业的经营发展方向而变化的,在企业成长的不同时期会有不同的组织形式。当港口企业的经营管理理念随物流的介入而发生变化时,原有的组织机构必然以物流发展为中心而构建,为新的组织结构模式所取代。

（2）发展品牌物流

作为生产性服务企业,港口服务水平的高低是衡量港口物流服务能力的重要依据之一。同时,企业的品牌服务是争取客户信赖的重要手段。抓好服务,就等于抓住了港口物流的精髓,也是港口物流的最大利润源,港口应该从港口从业人员的素质着手并加以强化。在现代物流发展过程中,港口要以客户需求为中心,规范服务,提高核心服务质量,增强服务的特色,树立超出一般的品牌形象,赢得客户信任,建立竞争优势。港口要在激烈的市场竞争中胜出,必须强化港口物流服务理念,从装卸品牌发展为物流服务品牌。

（3）发展港口第三方物流

一般而言,港口是所在国家或地区的稀缺性战略资源。考虑到港口及港区附近的物流资源比较丰富,而且仓储、运输公司一般都在围绕着港口的核心业务来开展自己的业务。港口完全可以利用自身的主导地位来掌控其所在的整条物流服务链,结合港口外围物流企业的利益,积极开展第三方物流服务。例如,港口可以整合目前自己的船代和货代公司,围绕自身集疏运的主要货种,组建提供物流服务的、独立的第三方物流公司,完善港口物流网络[25]。

改造主业、发展品牌物流和第三方物流是内向型物流发展模式的三种主要途径。由于内向型发展模式要受港口自然条件、区位优势、气候、货物吞吐量、泊位、后方陆域、航线状况、物流园区、服务的水平、口岸环境、港口规划、货代、物流信息网络、物流管理与业务开发水平和物流人才等诸多要素的制约,因此港口选择内向型物流发展模式时,需要充分考虑港口拓展物流服务的上述诸多环境因素。

4.1.2　国际航运中心模式

（1）国际航运中心的概念及主要特征

当代的国际航运中心是指以港口为依托,以航运为纽带,具有航线稠密的集装箱枢纽港、深水航道、集疏运网络等硬件设施和为航运业服务的金融、贸易、物流、信息等软件功能的港口城市。

国际航运中心需要港口、港口城市经济与腹地经济相辅相成,协调发展。国际航运中心不等于港口本身,也不等于港口城市,它必须以腹地经济的发展为基础。港口、港口城市经济再发达,如果离开发达的腹地经济,也无法形成国际航运中心。国际航运中心一般以国际贸易中转港为标志,航运要素齐全并已形成规模,处于全球海运干线网络的重要节点,具有时代先进特征,依托区域经济中心城市,融国际贸易、金融、经济中心于一体,在经济区域的港口城市群中居核心的航运枢纽地位。

（2）国际航运中心必须具备的主要条件

国际航运中心总是与国际经济、贸易中心和物流中心密切相关,世界典型国际航运中心均是以面向海洋、航运业发达的国际大都市作为依托。目前,世界主要国际航运中心城市为伦敦、纽约、鹿特丹、新加坡、香港等。纵观这些国际航运中心城市及港口,一般来说,国际航运中心要具备七个主要的条件[26]：

① 优越的自然条件和良好的基础设施。港口的自然区位条件主要包括优越的地理位置、便利的交通条件、天然良港和良好的水文气候条件等。国际航运中心所在港口，都拥有完善的港口设施及深浅配套、功能齐全的码头泊位、相应的装卸设备和堆存设施以及适应现代船舶大型化趋势的深水航道。现代国际海运船舶的大型化对港口航道的吃水条件要求很高，因此，国际航运中心所在港口必须拥有满足第五代、第六代集装箱船舶自由进出的航道。

② 完善的后方集疏运系统。国际航运中心必须拥有畅通的后方集疏运系统。航运中心的特征不仅表现在它拥有一套完善的海运系统，而且还必须具有高度发达的集疏运网络系统，包括铁路、公路、沿海、内河及航空等集疏运系统。国际航运中心除了具备完善的硬件设施以外，还需要不断改进服务与管理系统，包括能够提供一流服务的海关、边检、卫检、动植检和港务监督等口岸检查检验机构，修造船服务、海难救助、保险、邮电通信、航运信息与咨询机构、航运经纪与中介机构等。此外，国际航运中心还必须建立电子数据交换系统。

③ 强大的腹地经济。在众多的港口城市中，一个城市要在激烈的竞争中脱颖而出，成为举世瞩目的国际航运中心，同腹地经济的发展是密不可分的。无论是伦敦、纽约、鹿特丹等欧美国际航运中心的形成和发展，还是东京、香港、新加坡等亚太国际航运中心的崛起都充分证明国际航运中心的形成离不开腹地经济的发展。国际航运中心必须在所在区域的涉外性经济活动中具有很强的集聚性与辐射性。这种集聚性与辐射性的形成，与该地区经济腹地的支持密不可分。因为国际航运中心所在城市的总体经济实力、交通集疏网络、资源配置格局和政策法规体系等因素可以直接影响其经济腹地的空间范围；同时，经济腹地的发展水平、产业结构和运输体系等因素也可以影响航运中心的形成与发展。

④ 良好的法律环境以及积极扶植的政策体制条件。国际航运中心一般会设立有利于航运业发展的各种特别经济区域（如保税区、自由贸易区）和按国际惯例办事的法规制度，为旅客、货物、船舶的进出和资金融通提供最大的方便。港口所在地区的市场体系、法律制度、政策状况等方面的条件对港口的发展具有重要作用，主要表现在国际化、自由化和稳定性。国际化是指在形成完整的市场体系的基础上，市场的组织、运作规范应当同国际接轨，能在

体现本地、本国特色的基础上从容处理国际性事务;自由化是国际航运中心共同的重要的条件,这是保证航运中心追求集散效率的关键因素;稳定性也是国际航运中心的必要标志和号召力所在。如新加坡和香港实行低税的自由港政策,在通关手续、海关商检、转运手续和监督、作业程序、库场存储等方面均给予尽可能的方便,并在各种收费项目方面实行减免政策。

⑤ 港口城市的经济及技术条件。国际航运中心一般都位于国际经济和贸易中心城市,其地理位置一般位于国际主干航线上,或者本身就是国际主干航线的起点,是国家或区域性进出口贸易的航运枢纽。国际航运中心的形成依托于腹地经济的快速发展和对外贸易的剧增。要建设和造就一个国际航运中心,必须由港口所在城市在经济、生产、贸易、交通、法律、人才和服务等多种资源要素上予以支撑和保证,同时港口城市产业结构与经济发展必须以国际航运为核心纽带,而这绝不是仅靠港口单方面能解决的,所以说经济条件对形成国际航运中心具有重要作用。国际航运中心的技术条件主要是指支持港口高效率运作的技术条件及支持把技术作为一项商品有效转移、配置的技术。如将海上运输及相关的理论成果转化为实用技术,将高技术含量生产工艺分拆改造成适用技术等。

⑥ 充沛的集装箱物流。集装箱物流量已成为代表当代物流水平的重要标志,因此,全球性和洲际性国际航运中心都拥有巨大的集装箱物流,即拥有巨大的集装箱枢纽港。著名的国际航运中心香港、新加坡、鹿特丹、纽约等港口的集装箱吞吐量都处于世界前列。

⑦ 发达的国际航运市场。其中包括拥有国际运输船舶、提供运输劳务的供给方,拥有国际运输货源、需要运输劳务的需求方,拥有供需双方的代理人、经纪人,它们在公平竞争的环境中从事各种形式的航运交易行为。

(3) 发展国际航运中心的基本模式

在世界主要的国际航运中心中,基本模式主要有三种:其一是以市场交易和提供航运服务为主的航运中心模式;其二是以为腹地货物集散服务为主的航运中心模式,即腹地型的国际航运中心,如鹿特丹国际航运中心;其三是以中转为主的航运中心模式,即中转型的国际航运中心,如香港国际航运中心和新加坡国际航运中心。

中转型国际航运中心的主要特征是:在服务范围上,它们以海外腹地作为主要经济腹地,将这些国家和地区的国际贸易货物作为主要服务对象;在服务内容上,港口的主要功能是从事货物的转运。

腹地型国际航运中心的主要特征是:在服务范围上,它们是以本国或本地区腹地作为主要经济腹地,以该地区的国际贸易货物为主要服务对象。从发展轨迹考察,我们发现国际航运中心的发展无论在服务范围上还是在服务内容上都呈现从中转型向腹地型转变的变化规律。

从三种国际航运中心的比较可以看出,国际航运中心基本模式的选择随着历史的变迁呈现出一定的稳定性,如鹿特丹港和纽约港始终是以腹地型为主,而新加坡港又始终以中转型为主。这一事实说明,在国际航运中心模式的选择上,所在港口的区位条件过去是,现在仍然是重要的决定因素之一。中转型的国际航运中心除了地理位置上的优势条件外,发达的转口贸易和自由港政策也是重要的促进因素。

4.1.3　港口区域物流体系模式

区域物流是在某经济区域内,物资从供方向需方的物质实体流动过程,是国际物流体系的基本组成部分。港口区域物流是指在港口城市所辐射的经济区域内,物资实体的流动过程。

港口区域物流体系可以采用"临港物流园区—物流中心—配送中心"的基本模式,来构建分层次的区域物流节点体系。对它进行有效规划,确保良好运作,将会对我国中型港口物流产业的发展起重要推动作用[27]。

(1) 港口区域物流体系的整体规划思路

港口区域物流体系建设可以从三方面进行统筹规划、协调发展。

① 首先是基础设施类,包括机场、铁路、道路与航路网络、管道网络、仓库、物流园区、物流中心、配送中心、站场、港口与码头、信息网络设施等。

② 其次是设备类,包括物流中心、配送中心内部的各种运输工具、装卸航运机械、自动化作业设备、加工设备、信息处理设备及其他各种设备。

③ 再次是标准类,包括物流术语标准、托盘标准、包装标准、卡车标准、集装设备标准、货架标准、商品编码标准、商品质量标准、表格与单证标准、信息交换标准、仓库标准、作业标准等。

(2) 发展港口区域物流体系的基本模式

港口区域物流体系可以采用以港区为中心,以港口辐射的经济区域为依托建设"临港物流园区—物流中心—配送中心"的发展模式,即在邻近港区内建立物流园区,沿港口辐射腹地的主要交通枢纽地区、内地大城市周边或邻近大型企业建立物流中心,在中小城市和中小企业周边建立配送中心,来构建分层次的区域物流节点体系。其中一个关键的环节是要在三者之间建立起业务或者产品供应链关联。

① 物流园区

物流园区是对物流组织管理节点进行相对集中建设与发展的、具有经济开发性质的城市物流功能区域;同时,也是依托相关物流服务设施降低物流成本,提高物流运作效率,改善与企业服务有关的流通加工、原材料采购、便于与消费地直接联系的生产等活动,具有产业发展性质的经济功能区[28]。从宏观经济的角度考虑,物流园区应仅仅存在于经济中心城市、交通枢纽和工业、商业组织的中心地区。从区域经济关系及经济组织特点、物流的发展趋势和物流园区的总体功能考虑,中心城市应需要相应的物流组织功能区,即规模化的物流园区。

物流园区往往伴随着枢纽港口、机场、铁路货站(场)、公路运输主枢纽进行布局,或直接与运输枢纽合二为一,最大限度地利用运输组织枢纽在货源集中和运输便利上的优势,以便减少装卸、搬运作业环节和降低相关环节的费用,提高物流作业效率。由此可以看出,选择在港口城市发展物流园区,即建设临港物流园区是最恰当的选择。

物流园区作为物流作业集中的地区,在几种运输方式衔接地,将多种物流设施和不同类型的物流企业在空间上集中布局,是一个有一定规模的和具有多种服务功能的物流企业的集结点。作为城市物流功能区,物流园区包括物流中心、配送中心、运输枢纽设施、运输组织及管理中心和物流信息中心,以及适应城市物流管理与运作需要的物流基础设施;作为经济功能区,其主要作用是开展满足城市居民消费、就近生产、区域生产组织所需要的企业生产和经营活动。

物流园区的功能主要体现在两方面,即物流服务组织与物流运作管理功能和经济开发功能。物流园区的物流服务组织与物流运作管理功能包括物流活动所必须具备的存储、运输、装卸、简单流通加工等功能,但与传统货物运输组织中心所不同的是组成园区的各个要素要具有高科技、高效率特征。物流园区的物流组织与管理功能一般包括货物运输、储存保管、分拣包装、集疏中转、市场信息、货物配载、业务受理等,而且多数情况下是通过不同节点将这些功能进行有机结合和集成而体现的,从而在园区形成了一个社会化的高效物流服务系统。园区的经济开发功能主要是物流基础设施项目的经济开发功能和新建设施的开发功能。

根据国内外与物流园区功能相同或相当的物流基础设施开发建设的经验,临港物流园区在发展模式上可能的选择将有四种,即经济主体企业引导模式、工业地产商模式、开发区模式和综合运作模式。

② 物流中心

物流中心是指处于枢纽或重要地位、具有较完善的物流环节,并能实现物流集散和控制一体化运作的物流据点。物流中心的主要功能是大规模集结、吞吐货物,因此必须具备运输、储存、保管、分拣、装卸、搬运、配载、包装、加工、单证处理、信息传递、结算等主要功能,以及贸易、展示、货运代理、报关检验、物流方案设计等一系列延伸功能。《中华人民共和国物流术语标准》给物流中心下的定义是:"从事物流活动的场所或组织,应符合下列要求:主要面向社会服务;物流功能健全;完善的信息网络;辐射范围大;少品种、大批量;存储、吞吐能力强;物流业务统一经营、管理。"

物流中心是各种物流节点的总称。物流中心有公共型物流中心和自用型物流中心。自用型物流中心是只供自己使用的物流中心,而公共型物流中心面对的客户更加广泛,供应链中的任何成员均可成为客户。不同的供应链成员的物流服务需求是很不相同的,并且无论从物流服务需求方来说还是从提供方来说,对提供的每一项物流服务都要用专业水准来衡量,这就决定了公共型物流中心经营管理的复杂性。港口物流中心就属于此类。它是港口区域物流的二级体系,是商业配送物流和加工配送物流的主要载体,是临港物流园区的上下游供应链。

③ 配送中心

配送是物流中一种特殊的、综合的活动形式,是商流与物流紧密结合,包含了商流活动和物流活动,也包含了物流中若干功能要素的一种形式。配送中心是区域物流的三级体系,是对物流中心的必要补充。配送中心是以组织配送性销售或供应,执行实物配送为主要职能的流通型节点,因此也具有集货中心、分货中心的职能。为了更有效、更高水平地配送,配送中心往往还有比较强的流通加工能力。

港口区域物流体系是以最大限度地增强港口对腹地物流的吸引力,建立方便快捷的物流供应链,满足客户需求为最高目标。根据现代物流的功能对港口资源、临港物流园区进行重新整合,通过功能多元化、标准国际化、布局合理化、管理现代化、运行高效化的改造,使港口功能适应国际集装箱多式联运和国家物流网络节点的要求,以全面提升港口竞争力。

4.1.4　港口供应链战略联盟模式

（1）港口供应链战略联盟模式的产生背景

20 世纪 50 年代，一种新的海运方式——集装箱船运输问世。以载运集装箱能力和吨位等数据为划分标准，集装箱船船型从第 1 代已经发展到第 6 代。第 1 代集装箱船的载运能力仅为 750～1500 标准箱，吨位不超过 14000 GT（Gross Tonnage，总吨位）。20 世纪 80 年代后期，集装箱更新换代的间隔时间大幅缩短，第 3 代与第 4 代间隔长达 16 年，而第 4 代和第 5 代间隔缩短到 7 年，随后仅间隔 2 年时间，就出现了以 8000 标准箱为代表的第 6 代集装箱船。世界集装箱运输业的强劲发展，有力刺激了各大船公司的订船欲望，导致近年来世界大型集装箱船舶保有量快速增长。1988 年，世界第 1 艘超巴拿马型集装箱船（即 post PANAMAX container vessel）下水，标志着国际集装箱船运市场进入高速成长期。1995 年海运联盟的出现，更是掀起集装箱船舶大型化发展的浪潮。据统计，1995 年全世界共有超巴拿马型集装箱船 32 艘，2006 年年底已多达 783 艘，占全球集装箱总运力的 48.6%，而这种大型化趋势更体现在近几年的交船和未来几年的订单上。

按目前的发展趋势看，集装箱船大型化进程还在继续，全球集装箱运输网络正在逐步形成，集装箱运输更加趋于成熟，船公司规模与经营领域不断扩大。特别是近年来全球货运需求量的强势增长，运输干线和集装箱枢纽港的出现以及航运技术的不断发展，使超巴拿马型集装箱船及比其更大的船型受到越来越多承运人的青睐，集装箱船大型化的趋势日益明显。目前世界各大船公司的战略重点主要集中在发展战略联盟、提高用户服务水平、开展全方位物流系统服务、降低成本开支和加强信息系统建设等方面，这对各班轮公司和全球集装箱港口都会产生深远影响[29]。

船舶大型化对港口自然条件和技术装备的要求大为提高。港口必须满足这些要求，才能成为集装箱装卸中心。船舶越大，在港时间越长，在港成本也随之增加。大型船的规模经济能否实现主要取决于船舶在海上航行时间与在港停泊时间的比例。因此，大型船的挂靠港明显减少，这将改变目前枢纽港、支线港与喂给港的结构。随着海上运输船舶的大型化，需要港口具备一流的集疏运条件和堆存能力[30]。

为确保多式联运物流系统的连续性与稳定性，班轮公司的港口发展战略正在向战略伙伴、租赁合同和自建码头方向发展。港口本身可以逐步建设发展,但问题是能否吸引承运船舶挂靠,能否成为集装箱装卸中心,因为目前世界上大多数港口都或多或少地面临着岸边空间、陆地领域、集疏运能力、港口水深和资金等问题。同时,规模不断壮大的班轮公司又在致力于发展自己的专用码头。

由此可见,航运结构已经发生了显著变化,各种形式的联盟和轮船公司之间的合并、收购与兼并纷纷出现。这种全球联营体的一个重要特点是将其联营范围从海上延伸到港口及陆上设施,继续延伸到了整个物流供应链的各个环节。合并与联营体的发展不但增加了船公司的规模,改变了物流运输市场的格局,而且对港口物流的发展产生了重大影响。这将使得船公司挂靠港口、码头使用更加合理化,并要求大型装卸中心与配套集疏运系统更加完善。

航运市场的这些变化使港口间物流业的竞争日趋激烈,新一轮港口物流业的竞争,归根结底是港口企业核心竞争力的竞争。同时,港口物流业随着国际贸易的急速增长,迈进了产业生命周期的快速成长期,产业扩张带来了港口物流供应链之间的激烈竞争和不断整合。随着船公司和货主实力的增强,航运、港口运营巨头不断拓展国际市场,不断完善全球范围的物流配送网络,并购和联盟是整个产业竞争的重要手段,港口物流市场也在并购与联盟中不断发展。而港口物流服务是一个庞大的系统工程,孤军奋战是很难完成全部物流服务任务的,所以说发展战略联盟是提升港口核心竞争力的重要战略。发展长期的战略联盟合作关系,实现物流供应链全过程的有机融合,降低企业的风险、相关交易成本及物流费用,同时通过多家企业的共同努力来增强自身的竞争力,共进退、同发展,才有可能立于不败之地。

(2)港口供应链战略联盟模式的理念及特点

联盟是介于独立的企业与市场交易关系之间的一种组织形态,是企业间由于自身某些方面发展的需要而形成的相对稳定的、长期的契约关系。供应链联盟是以供应链为合作基础的企业战略联盟,它是指两个或多个企业之间,为了实现其战略目标,通过各种协议、契约而结成的优势互补、风险共担、利益共享的网络组织。企业之间有共享的利益是供应链联盟形成的基础。国际互联网技术的广泛应用使跨地区的供应链联盟成为可能。

供应链联盟的形成,使原有的企业生产组织和资源配置方式发生了质的变化。供应链联盟以及供应链管理思想,强调塑造自己的核心竞争力去和其他企业建立战略合作关系,而每一个企业都集中精力去巩固和发展自己的核心竞争力和核心业务,利用自己的资源优势,通过技术程序的重新设计和业务流程的快速重组,做好本企业能创造特殊价值的、长期控制的、比竞争对手更擅长的关键业务。供应链联盟管理的基本理念就是在满足期望的服务水平的同时,使得系统成本最小,链中各环节相互联系成为一个整体。供应链管理是全过程的战略管理。

港口经营的联盟,包括通过港口分工或资本联合达到共用码头,扩大港口服务范围,形成干支线集装箱运输网络,统一费率及投资政策,共建 EDI 系统,相互开发技术,联合开发市场等。美国的纽约和新泽西、洛杉矶和长滩,比利时的根特和奥斯坦德等港口合并是很好的例证。港口战略联盟是港口企业在保持自身独立性的基础上通过一系列的契约关系而建立的长期而又较为稳定的合作伙伴关系,并在相关业务领域采取协作行动[31],实现"双赢"或"共赢"的目的。这种联盟超越正常的市场交易但又未达到合并的程度,其联盟的方式包括供应协定、营销协定和合资企业等。

港口供应链模式形成的是一种"合作与竞争"的关系,强调各港口集中资源发展其核心业务和核心竞争力,而非核心业务通过外包等与其他企业协作的方式完成。港口如果形成港口供应链发展模式,将不再把其他港口看作是竞争对手而是当作合作伙伴,为实现最终顾客满意的目标进行协同生产,生产活动按整个供应链实行优化而不是像过去那样仅仅考虑自身的利益。通过建立港口战略联盟,实现业务流程的重组,并在最优流程的基础上实现流程作业的合理化、高效化。

战略供应链模式追求以培育核心竞争力为基础的资源全面优化和协同发展,以战略联盟的方式建立稳定的具有竞争优势的价值链体系,既不是仅仅强调市场效率,也不是一味追求稳定和控制的一体化,而是强调分工合作,企业致力于自身核心能力的发展。港口物流企业建立战略联盟后,通过资源共享可以扩大企业经营范围,提高资源利用率,实现规模经济效应;通过联盟合作,加强企业的技术创新,促进行业技术标准的建立,实现技术上的互补融合,加快技术创新;企业通过"纵向联合",促进企业成功实现多元化经营的同时,可以使企业获得所需的关键资源与能力,弥补自身在跨行业经营中的不足,对经营范围的拓展无疑也赢得了市场机会。因此,港口可以拓展自身的物流服务方式、提高服务质量和降低服务成本,达到提升自身的竞争力的目的。

（3）港口供应链战略联盟模式的形式

可将战略联盟分为水平型的横向联盟和垂直型的纵向联盟。港口战略联盟中,因港口与港口之间合作而建立的战略联盟属于横向联盟;与上下游物流供应链之间建立的联盟属于纵向联盟。

① 横向联盟

横向联盟是指同一行业内业务相似或者相近的不同企业之间的联盟。组建横向一体化的物流联盟能够使分散的物流产业获得规模经济和集约化运作,降低成本,并且能够减少社会重复劳动,并有助于降低企业的经营风险和竞争压力。

横向联盟主要表现为港口群的协同发展,当前特别表现为集装箱港口的联盟发展[32]。港口物流横向联盟的优势在于资源共享与合理利用,有利于正确、客观地处理好港口的合理分工与功能定位(如码头专业化分工,支线港、干线港职能分工等);有利于深水深用、浅水浅用的岸线合理规划原则;有利于公平竞争、优势互补,保持港口间良好的公共关系,实现双赢。联盟体内包括双方人员、机械、信息等都可以实行内部培训、交换;简化操作程序,节省时间和精力,降低管理成本;对于集装箱运输,还可最大限度地减少空箱的调遣费用,从而为用户降低成本,参与方的竞争力和抵御市场风险的能力都由此得到加强。

关于合作的形式,一是可以结成港口性利益共同体,即通过参股、合资合作等形式进行结盟。例如上海港已在武汉、南京、重庆、江阴等长江沿岸港口投资,又投巨资开发洋山深水泊位,结成了"长江战略"联盟,大连港、青岛港相继也在威海港进行投资,这是很有意义的尝试。二是跨港口布点编织港口物流网络,主要是针对港口运营巨头,利用其成熟的港口运营管理模式和雄厚的资金做后盾,跨港口甚至是在全球范围内独资或者合作构筑物流网络,从而通过网络效应、规模效应最大限度地挖掘物流领域的"黄金"。

② 纵向联盟

纵向联盟指上游物流企业和下游物流企业发挥各自的核心能力,发展良好的合作关系,对从原材料采购到产品销售的全过程实施一体化合作,形成物流战略联盟。纵向联盟即垂直一体化联盟,能够按照最终客户的要求为其提供最大价值的同时,也使联盟总利润最大化。但这种联盟一般不太稳固,主要是在整个供应链上,不可能每个环节都能同时达到利益最大化。联盟企业间应尽量减少物流的中间层次,尽量实现无缝隙连接。在物流联盟方式下,联盟企业之间应该实现物流信息共享,例如供货信息、交通运输信息、市场信息、物流控制和物流管理信息等,及时了解物流的整体运作状况,调整物流计划。

港口纵向联盟包括港货联盟、港航联盟、港区联盟。

(a) 港货联盟:港口与货主联盟和物流供需双方的压力有关。就需求方而言,企业物流外包倾向不断加大。其主要目的在于集中精力于核心业务,降低物流运营成本,加快产品流通速度,提高物流服务专业水平以及减少固定资产占用资金等;从港口方面来看,使传统的港口装卸、运输功能的利润空间不断下降,促使港口寻求、挖掘更大的发展空间成为现实。港货之间结成联盟,既是港口自身稳定货源的需要,也是作为港口综合物流的服务宗旨。从长远看,港口综合物流的服务领域还将进一步扩展,甚至成为客户销售体系的一部分,它的生存与发展必将与客户企业的命运紧密地联系在一起。

(b) 港航联盟:随着我国经济的快速发展,港口对经济运行的作用大大提升,而且港口产业的收益稳定、风险较小。港口与航运公司特别是集装箱班轮公司在物流领域有着广泛的合作前景,且合作方式多种多样。比如,双方共同参股及经营某内河航运及码头运作,不但扩张了业务范围,同时保证了支线港对于干线港的喂给;或是港口让出股份,允许班轮公司参股共同经营,实现联盟各方的资产互补和共享,避免组织失灵,提高交易效率,节约组织费用等。一些大船公司如 Maersk(即马士基)、P&O Nedlloyd(即铁行渣华)等出于全球承运人的发展战略考虑,投资港口经营以分散运力过剩造成的国际航运主业风险;同时也把从事港口投资和经营作为向第三方物流商转化的起步点,借此整合物流链,降低物流成本。船公司投资港口,可以确保自己的运输链、物流链不会受到阻碍,对码头有优先的使用权和控制权,从而使船公司的货物顺畅。另一方面,港口是公共设施,船公司可以从港口的收益里赚钱,从某种角度来讲等于是船公司本身业务的自然延伸。而对港口来讲,船公司投资港口,就会最大限度地把干线船和货物争揽过来,形成利益共同体,达到"双赢"。港航联盟企业与货主合作,还可以组成一条高效率的物流链。依靠这条物流链,港口实现了原来凭借自身实力不可能达到的效率,并和其他企业共同分享了创造的成果,实现联盟"多赢"的目的。

(c) 港区联盟:临港工业园区、物流园区是现代港口联盟创新的重要阵地。港口是物流的集散中心。临港工业是生产要素的最佳结合点,最合乎物流逻辑。由于物流业及临港工业对港口的依赖性,在港口内或邻近地区,合理安排物流园区与临港工业园区的规划布局,投资建设各类库场和配套设施,完善船代、货代、信息、陆上运输等配套功能,吸引国内外物流企业租用各种设施开展物流业务,扩充物流服务内容,优化物流结构,为货主提供方便快捷的物流服务,实现以物流促进临港工业,以临港工业带动港口物流的良性循环。大型港口具有优越的地理位置和腹地条件,有足够的实力将其服务延伸到顾客身边,建设临港物流园区似乎理所当然,可以看作是供应链中的核心企业。而众多的中小港口也在时刻关注物流的发展态势,但是很难具备这种实力。根据供应链管理理论,中小港口同样可以开展现代意义上的综合物流服务,其运作模式是基于信息技术按照综合物流服务的要求与其他物流体系中的其他节点进行跨区域、功能互补组合形成港口供应链联盟,协同运作[34]。

（4）港口供应链战略联盟模式发展的制约因素

在港口供应链战略联盟模式的发展过程中,存在一些阻碍和影响其顺利发展的制约因素,具体表现在信息缺乏共享、内部缺乏信任、地位实力失衡及组织文化各异等四个方面。

① 供应链联盟企业缺乏有效的信息共享

合作伙伴之间缺乏有效的信息共享是导致供应链联盟企业合作效率低下、供应链联盟关系无法健康发展的一个关键因素。供应链战略联盟企业之间必须通过积极有效的沟通,尽可能保持本企业发展目标与合作目标的高度一致,使企业战略联盟能够对瞬息万变的市场环境做出迅速的反应,充分把握市场机会,实施战略联盟的任务。

② 供应链战略联盟内部缺乏相互信任

供应链联盟各方在参与合作的过程中,担心由于联盟而将企业机密暴露给对方,导致自身在未来市场竞争中失去优势,因而为了保守各自的商业机密,会采取一些保护和防范措施。同时却希望对方能毫无保留地进行合作,以使自己在联盟中获得最大的效益。这就造成企业最终从自身利益出发,有保留地进行合作,导致盟友间的信任与亲密程度降低,使联盟的效果受到极大的影响。因此,在既有竞争又有合作关系的供应链战略联盟内部,各成员企业要想灵活地适应环境,就必须在相互依赖与各自独立之间找到平衡。彼此的依赖要求成员企业相互信任、彼此忠诚、信守承诺,从而为供应链联盟的长久生存和成员企业的共同发展建立坚实的基础[35]。

③ 实力地位的失衡破坏联盟双方的平等交流与协作

企业联盟得以维持的一个重要条件,就是联盟各方地位和实力的平衡。然而随着联盟双方技术、资源、能力的交换与更新,可能导致一方的竞争地位上升,而另一方的竞争优势衰退,双方竞争地位的平衡格局逐渐被打破,强大的一方往往视盟友为累赘,从而造成彼此间沟通与合作困难,使供应链联盟面临分裂的危险。而竞争地位的高低取决于企业战略资源的状况。因此,为了避免由于竞争地位差距太大而造成联盟失败,在建立供应链联盟之时,企业就要对彼此的战略资源和竞争地位进行衡量,在此基础上确定联盟对象;在联盟建立之后,联盟各方也要密切关注对方的发展状况和趋势,加强自身在战略资源上的建设,尽量与联盟体内的企业在战略资源建设的方向、水平和速度上保持一致[36]。

④ 组织文化缺乏融通点,导致供应链战略联盟名存实亡

每个企业都有各自的企业文化和经营理念,若企业之间在组织文化、经营理念上存在较大差异或分歧,就会使双方在战略上缺乏兼容性。尤其是在跨国战略联盟中,做好文化的管理与整合,增强员工之间的心理磨合,因地制宜地调整经营战略,适应不同的社会经济文化的特点,都显得尤为重要。因此,需要创造新的战略联盟文化。

4.1.5 港口保税物流发展模式

4.1.5.1 保税物流体系

(1) 保税物流的概念及特点

关税是进出口商品经过一国关境时,由海关代表国家向进出口商征收的一个税种。关税是国家财政收入的重要组成部分,与其他税收一样,具有强制性、无偿性和预定性。征收关税,一方面可以增加本国财政收入,另一方面可以保护本国的工业生产和国内市场。

保税是指经海关批准,对进口货物暂不征税,而采取保留征税予以监管的一种状态。保税货物是指进口时还不能确定该货物是否一定在国内消费,经过海关暂时不办理纳税手续,待该货物最后在国内消费或者复运出境时,再对其征税或免税,办理纳税结关手续。保税制度是一种国际通行的海关制度,是指经海关批准的境内企业所进口的货物,在海关监管下在境内指定的场所储存、加工、装配,并暂缓缴纳各种进口税费的一种海关监管业务制度。保税制度始创于英国,由于企业暂时免交税赋、减少企业资金占用与利息支出、降低贸易成本,有利于促进国际贸易的发展,从而在全世界推广开来。保税不等于免税,目前我国的保税制度适用于三种情况:未办清手续(暂免纳税)、复运出口(Re-export)和加工制造[37]。

　　海关对国际物流的管理,可以分为两大类,即口岸物流和保税物流。口岸物流是指利用口岸货物集散的优势,以先进的物流服务基础设施、设备为依托,以进出口贸易和转口贸易为支撑,以现代信息技术为手段,以优化物流资源整合为目标,强化口岸周边物流辐射功能的综合物流形态。口岸物流的最大特点是换载、接驳货物。口岸物流是国际物流链中的必经环节,所以口岸的运作模式和工作效率直接影响一个国家或地区的贸易和投资环境。保税物流是随着跨国公司的全球运作,制造业的升级换代,国际配送的发展,运输方式、生产方式、营销方式的创新,应运而生的物流管理模式。保税物流可定义为:货物在进出口过程中处于保税状态,在海关的监管下进行的运输、存储、加工等物流活动。

　　保税物流与一般的物流系统没有本质区别,追求降低运营成本、提高运作效率与反应速度。正是由于保税物流是在物流的基础上叠加了海关监管与保税制度,而海关监管的严格性与物流运作的效率性存在"二律背反",使得保税物流在实际运作中难度提高[37]。保税物流符合物流科学的一般规律,但同时具有不同于其他物流类别的典型特点,具体如下。

　　① 系统边界交叉:国内物流的边界是从国内的任意地点到口岸(装运港),国际物流的边界为从一国的装运港(港口、机场、场站)到另一国的目的港。保税物流货物从地理上看是在一国的境内(领土),从移动的范围来看应属于国内物流,但保税物流也具有明显的国际物流的特点,例如保税区、保税物流中心及区港联动都是"境内关外"的性质,所以可以认为保税物流是国际物流与国内物流的接力区。

　　② 物流要素扩大化:物流的要素一般包括运输、仓储、信息服务、配送等,而保税物流除了具有这些基本物流要素之外,还包括海关监管、口岸、保税、报关、退税等关键要素,两者紧密结合构成完整的保税物流体系。

　　③ 管理程序简化:一般贸易货物的通关基本程序包括申报、查验、征税、放行,是"逐点式"的管理;而保税货物是从入境、储存或加工到复运出口的全过程,货物入关是起点,核销结案是终点,简化了中间管理过程。

　　④ 瓶颈性:在海关的监管下进行物流运作是保税物流不同于其他物流的本质所在。海关为了达到监管的效力,严格的流程、复杂的手续、较高的抽查率必不可少,但这与现代物流便捷、高效率、低成本的运作要求相背,在保税需求日益增长的情况下,海关的监管效率成为保税物流系统效率的"瓶颈"。

　　⑤ 平台性:保税物流是加工贸易企业的供应物流的末端,是销售物流的

始端,甚至包括了生产物流。保税物流的运作效率直接关系到企业正常生产与供应链正常运作,构建通畅、高效率的保税物流系统是海关、政府相关部门、物流企业、口岸等高效协作的结果。完善的政策体系、一体化的综合物流服务平台必不可少,例如汇集商品流、资金流、信息流的物流中心将是保税物流的主要模式之一。

（2）各层次保税物流形式介绍

① 综合保税区:综合保税区整合了海关特殊监管区域的所有功能政策,集保税区、出口加工区、保税物流区、港口的功能于一身,可以发展国际中转、配送、采购、转口贸易和出口加工等业务,是目前国内功能最全的海关特殊监管区域。

② 保税港区:指经国务院批准设立,在国家对外开放的口岸港区和与之相连的特定区域内,具有口岸、物流、加工等功能的海关特殊监管区域。保税港区是海关按照我国国情实际需要,借鉴发达国家海关的先进管理经验,与国际通行做法相衔接,适应跨国公司运作和现代物流发展需要的新兴监管区域,是我国目前港口与陆地区域相融合的保税物流层次最高、政策最优惠、功能最齐全、区位优势最明显的监管区域。

③ 保税物流园区:是在保税区的基础上,为推动保税物流发展而设立的。在保税区与邻近港区之间开辟直通道,将其联结在一起开展“港区联动”,实现保税区的政策优势和港区的区位优势互补,实现保税区与港口的一体化运作,充分发挥保税区的保税物流功能。

④ 保税区:是海关监管的特定区域,实行封闭管理。具有“保税仓储、出口加工、转口贸易”三大功能,海关对保税区实行封闭管理。

⑤ 保税物流中心(B型):指经海关批准,由我国境内一家企业法人经营,多家企业进入并从事保税仓储物流业务的海关集中监管场所。

⑥ 保税物流中心(A型):指经海关批准,由我国境内企业法人经营,专门从事保税仓储物流业务的海关监管场所。按照服务范围可分为公用型物流中心和自用型物流中心。

⑦ 出口加工区:指一国或地区为了利用外资、引进技术、赚取外汇的需要,经国家批准,在港口、机场附近等交通便利的地方建立的一块接受海关监管、专门用来发展出口加工业的特殊封闭区域。国务院规定,我国出口加工区只能设在国家级经济技术开发区内,面积严格控制在23平方千米内。区内实行“境内关外”政策和封闭式的区域管理模式,海关对进、出加工区的货物

及区内相关场所实行 24 小时监管。

⑧ 保税仓库:指经海关核准的专门存放保税货物的专用仓库。保税仓库分公用型和自用型两类。

⑨ 出口监管仓库:指经海关批准设立,对已办结海关出口手续的货物进行存储、保税物流配送、提供流通性增值服务的海关专用监管仓库。出口监管仓库分为出口配送型仓库和国内结转型仓库两类。

(3)我国保税物流开展历程

我国的保税制度最早可追溯到 1888 年,由江海关批准设立的类似保税仓库性质的上海招商局保税客栈。当代的保税制度是从 20 世纪中期,随着"三来一补"(即来料加工、来件装配、来样加工、补偿贸易)发展起来的加工贸易而产生的,在改革开放后,保税业务迅速复苏。经过一段时期的实践,海关适应形势发展需要,设立了以存放加工贸易进口料件为主的保税仓库企业自用保税库和公共保税库,以及存放出口产品的出口监管仓库。1990 年以来,国家为了扩大对外开放,国务院先后批准设立了上海外高桥、天津、深圳等 15 个保税区。随着改革开放的深入和扩大,我国加工贸易高速发展,由此带来保税业务的迅猛发展,企业要求适应国际市场运作,如零库存、网络订单、全球采购、即时生产、快速交货等的需要,为此国家批准设立了符合形势发展的各类海关特殊监管区域。

表 4-1 列出了各类不同海关监管和保税监管形式的具体情况(截至 2011 年 9 月 30 日)。

表 4-1 各类不同海关监管和保税监管形式的具体情况

监管类型	开始设立时间	总数	具体名称	监管类型说明
保税区	1990 年 6 月	12	即上海外高桥保税区、天津港保税区、大连保税区、宁波保税区、厦门保税区、福州保税区、深圳盐田港保税区、深圳福田保税区、深圳沙头角保税区、广州保税区、珠海保税区和汕头保税区	
保税仓库/出口监管仓库	改革开放以后	约 700	主要是公共保税仓库、企业的备料保税仓库、寄售维修仓库和出口监管仓库等,是现代海关管理制度中不可缺少的组成部分,海关根据形势变化和发展的需要,不断进行改进和完善	主要满足广大进出口企业的需要

监管类型	开始设立时间	总数	具体名称	监管类型说明
出口加工区（A型）	2000 年	51	以加工贸易为服务对象	
出口加工区（B型）	2000 年 4 月	9	即南京出口加工区南区、无锡出口加工区 B 区、常熟出口加工区 B 区、上海松江出口加工区 B 区、大连出口加工区 B 区、西安出口加工区 B 区、天津出口加工区 B 区、嘉兴出口加工区 B 区、南昌出口加工区 B 区	
保税物流园区	2003 年 12 月	5	即上海外高桥保税物流园区、天津保税物流园区、厦门保税物流园区、深圳盐田保税物流园区、广州保税物流园区	即实施保税区和港区间的"区港联动"
保税物流中心	2004 年 5 月	30	苏州工业园区保税物流中心、苏州高新保税物流中心、南京龙潭保税物流中心、北京空港保税物流中心、天津经济技术开发区保税物流中心、上海西北物流园区保税物流中心、东莞保税物流中心、中山保税物流中心、广州空港保税物流中心、江阴保税物流中心、太仓保税物流中心、杭州保税物流中心、青岛保税物流中心、日照保税物流中心、厦门火炬（翔安）保税物流中心、营口港保税物流中心、西安保税物流中心、成都保税物流中心、长沙金霞保税物流中心、南昌保税物流中心、山西方略保税物流中心、武汉东西湖保税物流中心、南宁保税物流中心、沈阳保税物流中心、宁波栎社保税物流中心、连云港保税物流中心、深圳机场保税物流中心、河南保税物流中心、北京亦庄保税物流中心、淄博保税物流中心	含 A 型和 B 型两类，分别满足专业国际物流公司和跨国企业的需要

续表

监管类型	开始设立时间	总数	具体名称	监管类型说明
保税港区	2005 年 6 月	14	即上海洋山保税港区、大连大窑湾保税港区、天津东疆保税港区、海南洋浦保税港区、宁波梅山保税港区、广西钦州保税港区、厦门海沧保税港区、青岛前湾保税港区、广州南沙保税港区、深圳前海湾保税港区、重庆两路寸滩保税港区、张家港保税港区、烟台保税港区和福州保税港区	区域级的战略性资源,侧重口岸功能
综合保税区	2006 年 12 月	18	即苏州工业园综合保税区、天津滨海新区综合保税区、北京天竺综合保税区、海口综合保税区、广西凭祥综合保税区、黑龙江绥芬河综合保税区、上海浦东机场综合保税区、昆山综合保税区、重庆西永综合保税区、广州白云机场综合保税区、苏州高新技术产业开发区综合保税区、成都高新综合保税区、郑州新郑综合保税区、潍坊综合保税区、西安综合保税区、阿拉山口综合保税区、武汉综合保税区和沈阳综合保税区	直接服务于周边加工制造业

上述各类海关特殊监管与保税监管区域一起构成了我国的保税物流监管体系,即以综合保税区与保税港区为龙头和先导,以保税区、保税物流园区、出口加工区、保税物流中心(A,B 型)为骨干和枢纽,以出口监管仓库、公共型和自用型保税仓库为基础和网点的三个层次、多元化的保税物流监管体系,如图 4-1 所示。

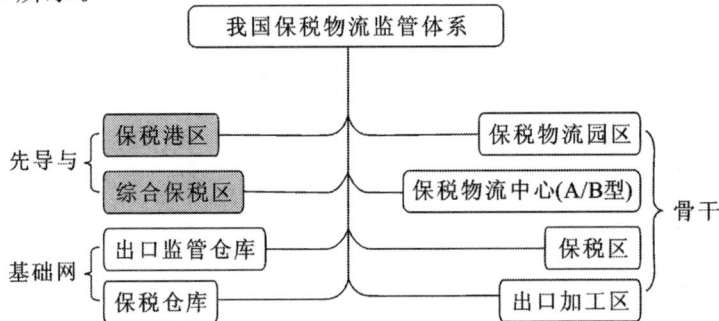

图 4-1　我国现行保税物流体系

4.1.5.2　港口开展保税物流的具体模式

纵观世界港口城市的发展,都把港口经济与自由贸易区或保税区的功能加以配套。港口经济与以提供关税和优惠待遇为基本特征的自由贸易区或保税区,在发展中彼此依存、紧密配合、互相促进,形成息息相关的利益共同体。随着保税业务的发展逐步建立的各保税区域,都属于海关的特殊监管或保税监管区域,承担着相应的保税功能,但由于区位不同、开放程度不一,被赋予的功能和政策也有所区别。港口在发展保税物流的实践中,主要采取了保税物流园区、保税港区和自由港等模式。

下面针对港口发展保税物流的具体模式作简单介绍。

(1) 保税物流园区(即"区港联动"的实施载体)

① "区港联运"的实施背景及其含义

我国保税区和港口是推动对外贸易、参与国际经济竞争的重要功能区域。这两个区域长期以来处于一种既有联系又有区别,各成体系,各有侧重的相邻领域。随着我国加入世界贸易组织所做承诺的逐步兑现,外贸经营权的放开、关税的逐步下调、服务贸易领域的不断开放等,都使得保税区政策和功能的比较优势相对弱化。由于体制上的原因,我国保税区一般都与港口分开,区、港功能没有得到合理的协调开发,货物通关不畅、管理手续比较繁琐、企业运输费用增加等问题日益突出,保税区与国际接轨对海关管理模式的改革提出了强烈而又迫切的需求,区港联动是解决这一问题的良策。

"区港联动"是指保税区与邻近港口合作,在港口划出特定区域(不含码头泊位),实行保税区的政策,该区域是以发展物流业为主,按"境内关外"定位,实行封闭管理的海关监管特殊区域。在该特殊区域内,海关通过区域化、网络化、电子化的通关模式,在全封闭的监管条件下,最大限度地简化通关手续。港口与保税区之间相关手续简便,实行"无缝对接",多种运输方式有效组合,货物快速流入流出[38]。"区港联动"的实施载体是保税物流园区。

区港联动进一步整合保税区的政策优势和港口的区位优势,进一步简化手续,加快货物流通,将保税区的特殊政策覆盖到港区,促进港航产业、仓储产业和物流产业发展,实现区域联动、功能联动、信息联动、营运联动,拓展并提升保税区和港口的功能,形成保税区与港口良性互动发展的局面,带动港航产业联动发展。开展港区联动是实现保税区经济和港口经济共同发展的客观要求,是保税区和港口两个子系统整体协同的组织过程。

②"区港联运"的主要政策优势

在"区港联动"区域除享受保税区免征关税和进口环节税、海关监管等方面的政策外,还叠加了出口加工区的政策,即实现国内货物入区视同出口,办理报关手续实行退税,从而改变了保税区现行的"货物实行离境方可退税"的方式,大大降低了企业的运营成本。区内享受"境内关外"的待遇,货物在区内可以自由流通,不征增值税和消费税。区港联动区域实行封闭管理,参照出口加工区的标准建设隔离设施,专门发展仓储和物流产业,区内不得开展加工贸易业务。

在"区港联动"区域集成了四大国际功能:一是国际中转,即对国际、国内货物在园区内进行分拆、集拼后,转运至境内外其他目的港。国际中转是世界各大自由港的主体功能产业,也是航运中心实力的体现。二是国际配送,即对进口货物进行分拣、分配或进行简单的临港增值加工后,向国内外配送。国际配送为保税物流园区发展增值服务提供了一个重要平台。三是国际采购,即对采购的国际货物和进口货物进行综合处理和简单的临港增值加工后,向国内外销售。四是国际转口贸易,即进口货物在园区内存储后不经加工即采取转口贸易方式直接出口到其他国家和地区[38]。

③"区港联动"区域的快速通关模式

"区港联动"区域是享有国家特殊政策的经济区域,实行"封关运作、监管合一、高效透明"的管理模式。为提高通关效率,满足区内企业快速通关的要求,监管模式实现了高效率的动作模式:

第一,一次性的通关模式,即一次申报、一次查验、一次放行。大力简化物流园区货物进出境手续,园区和港区之间开辟海运直通式。设立自动判别体系,自动生成管理数据,自动实货放行,实施"分批出区、集中报关"的快速通关模式。

第二,一体化的监管模式,即园区管理、卡口管理、港区管理融为一体,实行航、港、区联动综合管理,达到规范运作和防范风险的目的,促进区内企业健康发展。

第三,统一的运作模式,即信息流与货物流相统一,通关管理与园区仓储联网相统一,关区代码与贸易方式相统一。

第四,自动化的信息共享模式,即通过网络技术在园区构建海关、港区、物流园区、贸易企业信息集成平台,实现 EDI 无纸报关、无人自动卡口放行、无 EDI 事后交单。

④ 开展"区港联动"的意义

开展区港联动具有多方面的意义,主要体现在以下几个方面:

一是增加港口中转量。实行区港联动后,保税物流园区被赋予完全的国际中转业务功能,会引来更多国际、国内航线停靠,吸引国内外的货物来这里聚散。原来因国内港口不能进行分拆和集拼等业务,而转到其他自由港的货物,将会选择在国内相关港口操作,这必将促使港口的国际中转量大幅度增长。

二是进行优势互补,推进港口自身的建设。将保税区在税收海关监管等方面的政策优势与港区在航运、装卸等交通便利的区位优势相结合,实现港、航、区一体化运作。区港联动的开展,逐步推进港口与国际物流接轨,促进港口向深水化、大型化、专业化发展。同时,为适应中转贸易、仓储物流等的发展,将会建设与之相配套的现代化仓库、集装箱中转站、商务中心、政府监管服务平台及先进的软件设施等,提高港口的综合服务能力。

三是实现功能集成、资源整合,促进港口物流信息化的发展。通过保税区和港区在形态和资源上的整合、集成,促进货物在国内外快速集拼、流动运转,带动商流、信息流和资金流的快速流转。现代物流是商流、信息流、资金流的高度集成统一。国际间要实现货物快速、准确、实时的流动,没有物流的信息化是难以想象的。区港联动将推进港口通过网络技术在物流园区、贸易企业、海关及其他有关政府部门之间建立物流信息平台,采用 EDI 数据传输等,实现资源的共享。

四是带动中转国际贸易。区港联动将会吸引国际知名船公司和著名物流企业入驻,集聚一批面向全球市场的采购、中转、分拨、配送等方面的物流企业,引进先进的物流管理技术和服务理念,通过航运中转量的扩大带动中转国际贸易。与之相应的仓储、配送、第三方物流及其他的物流业务也随之兴旺,将促进港口物流业的高速发展。

五是扩大临港工业规模,带动临港服务业。借助区港联动的政策优势,依托港口原有的区位优势,扩大临港工业规模,形成产业聚集效应,吸引海内外的原材料到港口加工,再运往国外和国内各地。同时,实施区港联动还可带动临港服务业,如国际商品展示、展览、展销等现代化服务业等。

来自海关的数据显示,我国总共在 10 个港口的保税物流园区批准实施"区港联动",具体情况如表 4-2 所示。

表 4-2　我国当前开展"区港联动"的情况介绍

序号	批复时间	保税物流园区名称	规划面积/平方千米	保税物流园区说明
1	2003-02-08	上海外高桥保税物流园区	1.03	国务院批准的首家区港联动试点项目
2	2004-08-16	天津港保税物流园区	1.5	园区位于保税区东北侧,与港口集装箱码头相连,具有广阔的经济腹地,与环渤海区域具有广泛、密切的经济联系,在东北亚地区占有重要地位
3	2004-08-16	厦门保税物流园区	0.7	园区位于保税区与东渡港区之间,其中一期为0.26平方千米,于2005年12月启动运作
4	2004-08-16	深圳盐田港保税物流园区	0.96	实施盐田港保税区和盐田港的"区港联动",于2005年12月30日封关运作。园区是在原盐田港保税区基础上建立的,与世界十大集装箱港之一的盐田港港区浑然一体,在南片区以一条24小时开通的"绿色通道"与盐田港码头直接相连
5	2004-08-16	张家港保税物流园区	1.53	全国批准的区港联动的保税物流园区面积最大的一个,在2005年1月28日成为全国第三家正式封关运作的保税物流园区
6	2004-08-16	青岛保税物流园区	1	集码头作业、国际海运物流、保税物流等业务一体化运作的模式,实现口岸式园区。园区设有海关常设机构,园区企业可以在现场海关通关大厅内办理各项通关业务
7	2004-08-16	宁波保税物流园区	0.95	园区位于宁波港四期集装箱港区,所在的宁波港是国家确定重点开发的四大国际深水中转枢纽港之一和上海国际航运中心的重要组合部分

序号	批复时间	保税物流园区名称	规划面积/平方千米	保税物流园区说明
8	2004-08-16	大连保税物流园区	1.5	园区是继上海保税物流园区之后我国第二个经国务院批准,东北地区唯一的区港联动试点,位于大窑湾集装箱码头岸线腹地
9	2007-12-27	福州保税物流园区	1.2	第九个保税物流园区,实现福州保税区与江阴港区的区港联动
10	2008-09-24	广州保税物流园区	0.507	园区位于广州保税区内,目标是成为辐射珠三角的现代物流基地。园区与黄埔新港的联动将采用GPS、电子关锁等电子化监管手段,对进出区货物实现一次报关、一次查验、一次放行

(2) 保税港区

① 保税港区的概念

保税港区,简称为保税港,是指经国务院批准设立,在国家对外开放的口岸港区和与之相连的特定区域内,具有口岸、物流、加工等功能的海关特殊监管区域。保税港区是海关按照我国国情实际需要,借鉴发达国家海关的先进管理经验和国际上自由贸易区、自由港的成功实践,与国际通行做法相衔接,为加快国际航运中心和枢纽港建设批准而设立,适应跨国公司运作和现代物流发展需要的新兴监管区域,是我国目前港口与陆地区域相融合的保税物流层次最高、政策最优惠、功能最齐全、区位优势最明显的监管区域,是真正意义上的"境内关外",是在形式上最接近自由贸易港的政策模式[39]。

保税港区具备自由港特征。自由贸易港最重要的特点之一是对进出港区的全部或大部分货物免征关税,并且准许在自由港内开展货物自由储存、重新包装、整理、加工和制造等业务活动。除港口功能外,保税港区还具备国际中转、国际配送、国际采购、国际转口贸易和出口加工等业务功能,所以保税港也是走国际航运中心发展模式的港口所高度关注和积极探索的一种重要发展模式。

② 保税港区的功能及主要政策优势

保税港区享受保税区、出口加工区、保税物流园区、港区的政策。主要税收政策可概括为：境外货物入港区保税；国内货物入港区视同出口，实行退税；港区内企业之间的货物交易不征收增值税和消费税。与保税区相比，保税港区"区港一体"的优势得到充分发挥；与出口加工区相比，保税港区具有物流分拨等功能，使其与境外、区外经济联系更加紧密；与保税物流园区相比，保税港区允许开展出口加工业务，使其更具临港加工优势。保税港区将充分发挥保税区的政策优势和港口的区位优势，激发我国现代物流产业的潜能，从而提高我国物流产业的国际竞争力。

保税港区政策着眼于充分发挥区位优势和政策优势，发展国际中转、配送、采购、转口贸易和出口加工等业务，拓展相关功能[40]。

第一，国际中转功能。目前我国的贸易进出口已经得到迅猛发展，但在众多的港口城市当中没有具有成熟国际中转能力的港口，绝大部分的进出口货物都是通过周边国家进行输送，为了更好地参与国际间港口的竞争，首先就要拥有具有国际中转能力的枢纽港口。保税港区的建立首先就要担负起参与国际间港口竞争的功能，建设世界级的航运中心。

第二，国际配送功能。保税港区由于政策的支持和发展特点，已经具备了国际配送的要求。保税港区不但有现代化的港口，同时也拥有保税物流园区。在该园区内，世界各国的公司都可以开展国际配送的业务。

第三，国际采购的功能。目前保税港区的优惠政策规定，国内货物进入保税港区港口或区内卡口即可享受出口退税政策。采购进港口保税区内仓储物流园区的国内货物，可以进行出口集运的综合处理或商业性的简单加工，再向国外分销；采购进区的进口保税货物，同样可以在进行商业性的简单加工后，再向国外分销；需返销国内市场的货物，按规定办理进口手续。将来企业入驻后，不但可以发展进出口贸易，同样也可以发展区内企业之间的贸易，以及保税港区企业和境外企业之间的贸易。

第四，国际转口贸易功能。在我国许多个省市，众多港口开放城市当中，除了上海、天津、大连，目前还没有一个具有强大国际转口贸易功能的港口。现在保税港区的企业就可以从事转口贸易、交易、展示、出样、订货等经营活动。

第五，出口加工区功能。在保税港区陆上特定区域设立出口加工区，开展加工贸易。进口的原材料、零部件、元器件进港可予保税。保税货物和采购进区的国内货物可以在进口加工、装卸后出口。目前港区的众多优惠政策不是对现有的优惠政策简单叠加，而是从叠加中发挥更大的政策效应。

保税港区享受保税区、出口加工区相关的税收和外汇管理政策，其主要税收政策为：

一是国外货物入港区保税；二是货物出港区进入国内销售按货物进口的有关规定办理报关手续，并按货物实际状态征税；三是国内货物入港区视同出口，实行退税；四是港区内企业之间的货物交易不征增值税和消费税。

③ 我国设立保税港区的意义

第一，建立保税港区是国家打造国际航运中心的战略需要[39]。目前，全球货物运输80％以上依靠海运，我国的对外贸易90％依赖于海上远洋运输，建设世界级的国际航运中心是提升国家竞争力的重要因素。国务院批准设立上海洋山保税港区、天津东疆保税港区、大连大窑湾保税港区，都是着眼于建设世界级的国际航运中心。

第二，建立保税港区是推进海关特殊监管区域的有益尝试。海关部署按照"局部整合"和"全面整合"的思路，继续深化保税加工和保税物流监管制度改革，推进海关特殊监管区域整合。其中，"局部整合"旨在对现有各类特殊监管区域和场所进行功能整合，使其基本具备保税加工、保税物流两大功能。将具备港口条件的出口加工区、保税物流园区整合为保税港区，使其具备保税加工、保税物流和口岸通关作业的全面保税功能。"全面整合"旨在推进条件具备的海关特殊监管区域逐步形成与"自由港""自由贸易区"相仿，具有全面保税功能的大型综合性"海关保税监管区域"。保税港区是我国目前港口与陆地区域相融合的保税物流层次最高、政策最优惠、功能最齐全、区位优势最明显的监管区域。保税港区建设成功与否，对于各类特殊监管区域和场所"功能整合、政策叠加"具有示范和导向意义。

第三，设立保税港区对我国经济和对外贸易的发展意义非凡。港口是水陆运输的枢纽，是国内市场和国际市场的结合点，是我国进出口贸易的"桥头堡"。改革开放以来，我国在沿海开放城市天津、大连、深圳、上海、张家港、广州、厦门、宁波、青岛等已建立了一批保税区和保税物流园区。国家对保税区在关税、财政、金融、贸易等方面实行了特殊政策，保税区成为各地区经济发展的增长点、吸引外商投资的热土。保税港区将港口的物流功能和保税区的特殊政策完美结合，实行出口加工区、保税区和港区的"三区合一"，更能充分发挥区位优势和政策优势。建设保税港区，促进现代物流业的发展，推动我国进出口贸易的持续、快速增长，提升我国对外开放水平，这既是加快我国经济建设的需要，也是参与国际经济竞争的要求[38]。

自2005年6月上海洋山保税港区成立起，截至2011年9月30日，海关统计数据显示我国共建设有 14 个保税港区,具体情况如表 4-3 所示。

表 4-3　我国当前建设保税港区情况介绍

序号	批复时间	保税港区名称	规划面积/平方千米	保税港区说明
1	2005-06-22	上海洋山保税港区	8.14	我国第一个保税港区
2	2006-08-31	天津东疆保税港区	10	我国第二个保税港区,也是目前我国面积最大的保税港区。按照国际枢纽港、自由港及自由贸易区的运作模式和惯例,发展国际中转、国际配送、国际采购、国际转口贸易和出口加工等业务
3	2006-08-31	大连大窑湾保税港区	6.88	涵盖大连保税物流园及大窑湾区域集团所属的集装箱、汽车码头等多个专业化码头。保税港区将具备港口、物流、加工和展示 4 大功能
4	2007-09-24	海南洋浦保税港区	9.21	分三期建设,主要规划为港口作业区、仓储物流中转区、出口加工区和研发加工制造区 4 个基本功能区。其发展定位是:建成环北部湾地区面向东南亚最为开放的航运中心和石油、天然气、化工原料、浆纸、纸制品、公共货物保税仓储、中转交易的物流中心以及化工下游产品出口加工基地。规划布局包括码头作业区、物流仓储加工区和港口配套服务区
5	2008-02-24	宁波梅山保税港区	7.7	具有国际中转、配送、采购、转口贸易和出口加工等业务功能,规划布局包括码头作业区、物流仓储加工区和港口配套服务区
6	2008-05-29	广西钦州保税港区	10	钦州保税港区的设立和建设,将成为中国-东盟自由贸易区和泛北部湾区域经济合作的一个重要平台
7	2008-06-05	厦门海沧保税港区	9.5092	主要开展集装箱港口运输装卸、货物的国际中转、国际配送、国际采购、国际转口贸易和出口加工业务,以及与国际航运配套的金融、保险、代理、理赔、检测等服务业务

序号	批复时间	保税港区名称	规划面积/平方千米	保税港区说明
8	2008-09-07	青岛前湾保税港区	9.72	划分为码头作业、综合物流、国际物流、出口加工等4大功能区,具有港口作业、国际中转、国际配送、国际采购等功能,主要开展集装箱拆拼、临港增值加工、物流仓储、集装箱国际中转等业务
9	2008-10-18	深圳前海湾保税港区	3.71	功能包括国际中转、配送、采购、转口贸易和出口加工等业务
10	2008-10-18	广州南沙保税港区	7.06	设有码头作业区、物流仓储加工区、港口配套服务区等功能区
11	2008-11-12	重庆两路寸滩保税港区	8.37	唯一一个位于我国内陆地区的保税港区,第一个采取"水港＋空港"的保税港区
12	2008-11-18	张家港保税港区	4.1	江苏以及长江中下游沿线第一个保税港区,第一个位于县域口岸的保税港区
13	2009-9-16	烟台保税港区	7.26	全国第一家以出口加工区和临近港口整合转型升级形成的保税港区
14	2010-5-18	福州保税港区	10	集保税区、出口加工区、保税物流园区和港口功能于一身,具备港口作业、国际中转、国际配送、国际采购、转口贸易、出口加工、商品展示以及研发、检测和售后服务维修功能八大功能,服务于对台贸易合作

(3)自由港

① 自由港的内涵与海关政策

自由港(Free Port 或者 Free Trade Port)又称"自由口岸""自由贸易港",是指设在国家与地区境内、海关管理关卡以外的允许外国货物、资金自由进出的港口区。对进出港区的全部或大部分货物免征关税,并且准许在港区内进行货物自由储存、展览、拆散、改装、重新包装、整理、加工、制造和销售等业务活动。只有当货物转移到自由港所在国的课税地区时,才需缴纳关税[37]。自由工业区、自由加工、自由贸易区、保税港等都具有类似自由港的功能。

世界自由港的存在和发展,以1547年意大利的热亚那湾建立的第一个自由港为标志,迄今已有 450 多年的历史。据不完全统计,目前世界上有各类自由港 400 多个,分布在近百个国家和地区。这些自由港的分布,从所在国家看,有地域广大的国家,也有地域狭小的小国,有新兴国家,有发展中国家,也有发达国家;从地理位置看,遍及欧、亚、美各地;从功能看,自由港经历了从单纯的装卸转运、储存、保管转为对商品的再加工,从简单的重新包装、分类等发展到现代服装、电子、机械等加工和制造业,扩展到包括工业、贸易、运输、金融及旅游等多方面的综合目标,以促进转口贸易为主要功能之一。20世纪以来,自由港呈现出扩展在加快,功能在扩大的趋势,特别是对集装箱枢纽港的国际中转作业和国际物流的发展起着积极的推动作用。

　　自由港政策是海关政策的例外,它是在一定区域内以扩大开放度,而不是设立壁垒的形式来满足国民经济和对外贸易发展的需要,但超出这一区域界限,海关则必须加强其监管检查。海关政策在一个国家、一个地区内普遍发生作用,具有普遍性;自由港政策只是在一个特定的、有限的区域内发生作用,具有特殊性[37]。因此,自由港又是一个国家海关政策的补充。对封闭的自由港区必须实行海关监管,为尽可能降低监管成本,一个国家、一个地区设置自由港是有限的,不可能设置很多个自由港;自由港区域的大小也是有限的,不可能很大,如德国汉堡自由港为 16 平方千米。

　　设立自由港与一个国家对外贸易和海关政策的开放程度,以及国家的政治文化背景有着密切的关系,如法律制度的完善程度、关税的高低、社会和企业的信用机制等。从环境条件来看,自由港不仅要有良好的硬环境,各项基础设施、服务设施完善,能满足航运业的各种要求,陆上集疏运条件优越,信息现代化程度高,而且要求有良好的软环境,有一系列特殊政策和措施,并形成法规。要有高的办事效率和良好的文化生活环境,还应有各类适应外向型经济的专门人才。自由港允许全部或绝大多数外国商品豁免关税进出。外国商品可在自由港内不付关税进行储存、包装、分拣、加工或销售。外国商品从自由港进入所在国关税区时才纳税。外国船舶进出自由港时,仍须遵守主权国家的有关卫生、移民、治安等政策和法规。

　　从地理位置的角度看,处于大陆的终端港口,往往属于加工型自由港;而处于交通要道的港口设置自由港便于吸引货物,进行中转业务,属于中转型自由港。但目前中转型与加工型的港口往往结合在一起,成为综合型自由港[41]。因此,国际集装箱枢纽港大多实行自由港政策,如香港港、釜山港、鹿特丹港、汉堡港和新加坡港,是世界上著名的自由港。

因此,自由港的发展是国际贸易自由化、便利化的产物,是对海关政策的突破,成为港口吸引国际集装箱航线和货源的一种重要手段,也是国家利用港口,区位优势而做出的促进国际转运业务、发展本地区经济的一种选择。

虽然自由港政策对发展外贸确实极为有利,但综合考虑我国当前的外贸、经济运行态势,税收监管政策等因素,还不宜在全国范围内过快推进。当前保税港主要是作为航运中心的配套政策实施而建设发展[42],因此目前只有经过国家认定具备国际航运中心资质的沿海城市才可以申请并获得批准。对应三个保税港区,上海港定位为"国际航运中心",天津港定位为"北方国际航运中心",大连港定位为"东北亚国际航运中心"。

② 自由港的管理模式与特征

自由港的基本管理模式是"一线放开,二线管住,区内不干预"。这些已成为国际上自由港的通则。在自由港与国内地区连接处通常用防栅与其他地区隔开,即所谓关界,进出此边界要接受海关检查,使之成为一国政治管辖下的关税豁免区。

"一线放开"是指境外进入自由港区范围的货物,进口只需向海关申报验关放行;从自由港出口的自产产品,除国际配额凭证放行外,其余出口商品只需报关验放。非自由港自产产品经自由港出口,属于国有配额许可管理的商品,凭许可证验放;对于自由港的转口商品,可自由、不受海关监管地进出。国内货物出口进入自由港区,即视作已经出口,马上即可退税。

"二线管住"是指自由港与关境内的通道口,为二线口岸管理。二线管住是指从自由港区进入国内非自由港区(关境内)或货物从国内非自由港区进入自由港区(关境外)时,海关必须依据我国海关法赋予的使命,管住管严,以保护国内的关税收入,严厉打击走私。

"区内不干预"是指自由港区内货物可以进行任何形式的储存、展览、组装、制造和加工,自由流动和买卖,物流配送等,这些活动无须经过海关批准只需备案。但是不干预并不意味着不管理,在自由港区内进行任何工业、商业或服务业活动,应事先通知海关,并按海关当局的规定制作存货记录,存货记录应当使海关能够辨认货物并载有货物的流动情况。

自由港的特征主要有以下五点:

第一,自由港一定是"境内关外",一定是港口或者是港口的一部分,而自由贸易区、保税区则不一定有这样的限定条件,在非港口的地方也可以设立自由贸易区,如在内陆、边境区或远离港区的地方。

第二,自由港是"一线放开,二线管住",在二线以外的货物进出手续非常便利、简捷、快速,适用于国际贸易所需要的货物集散、中转、储存和简单加工等,有利于开展国际转口贸易、货物中转业务、国际配送业务,建立国际物流中心等。

第三,自由港要有现代化、高科技的港口设施支撑,要有现代化的计算机管理系统、通信手段和信息网络系统,规模完善的集疏运系统和口岸管理部门支撑。自由港的商务成本比较高。

第四,自由港是"区内不干预",表现为贸易自由,即没有贸易限制;金融自由,即外币自由兑换,资金自由转移和经营;投资自由,即没有行业限制;运输自由、货物进出装卸自由,即免办海关手续,船员可自由登岸等。

第五,自由港是一种国际惯例,即不论对哪个国家、何种海关制度,自由港模式都具有共同的特性。

③ 国际知名自由港的基本情况

国际知名港口大多是自由港和自由贸易区相辅相成[41]。

(a) 德国汉堡港(Hamburger Harbour)

汉堡港是欧洲经济自由区的典型,被称为"通往世界的门户"。2010年,汉堡港凭借总转运量1.21亿吨、集装箱800万标准箱的吞吐量,跻身于世界最大港口的行列。汉堡自由港依托汉堡港而建立,由一条被称为"关界围墙"(长23.5千米,高3米)的金属栅栏与其他港区隔开,进出自由港的陆上通道关卡有25个,海路通道关卡有12个。汉堡自由港是世界上规模较大的经济自由区之一,面积约16.2平方千米,拥有180多万平方米储存区,建有160万平方米的集装箱中心,并设有火车站。汉堡自由港可开展货物转船、储存、流通以及船舶建造等业务,享有以下主要优惠政策:第一,船只从海上进入或离开自由港驶往海外,无须向海关结关,船舶航行时只要在船上挂一面"关旗",就可不受海关的任何干涉;第二,凡进出或转运货物在自由港装卸、转船和储存不受海关的任何限制,货物进出不要求每批立即申报与查验,甚至45天之内转口的货物无须记录;货物储存的时间也不受限制;第三,货物只有从自由港输入欧盟市场时才需向海关结关,交纳关税及其他进口税。汉堡自由港并非不允许非监管性质货物通过,只要能提供有关单证证明,海关就可给予区别管理,视同在欧盟境内另一口岸已完成进入欧盟手续,到汉堡只是为了完成物流流程。汉堡自由港对进出的船只和货物给予最大限度的自由,提供自由和便捷的管理措施,贯穿于货物卸船、运输、再装运的整个过程中。这种自由和便捷程度,在世界上所有自由港和自由贸易区中是少见的。

(b) 荷兰鹿特丹港

荷兰鹿特丹港是世界上最重要的货物集散地之一。2010 年,鹿特丹港完成 4.3 亿吨、1100 万标箱的吞吐量,继续位居世界前列。鹿特丹港地处莱茵河三角洲,腹地覆盖欧盟半数国家。欧盟国家约 60％的内地货物通过该港运往其他地区。鹿特丹港的最大特点是储、运、销一体化,通过一些保税仓库和货物分拨配送中心进行储运和再加工,提高货物的附加值,然后通过多种运输方式将货物运往荷兰等欧洲国家。鹿特丹港拥有完善的海关设施、优惠的税收政策,保税仓库区域内的企业在海关允许下可进行任何层次的加工。对集装箱货物的仓储和配送来说,坐落在港区和各个工业区内的物流配送基地可以为其提供最完善的各种增值服务。就通关方式而言,海关可以提供 24 小时通关服务(周日除外),先存储后报关,以公司账册管理及存货数据取代海关查验,企业可以选择适合的通关程序,运作十分便利。

(c) 比利时安特卫普港(Port of Antwerp)

安特卫普港是世界海运网络的重要节点。2010 年,安特卫普港完成货物吞吐量 1.78 亿吨,集装箱 840 万标准箱,为欧洲第三大集装箱港。该港的港口运输量几乎全部是国际运输,按纯国际运输量计算是世界第四大港。安特卫普港具有领先于欧洲其他港口的货物装卸作业效率,拥有现代化的 EDI 信息控制与电子数据交换系统。港务局使用"安特卫普港信息控制系统(APICS)"计划安排船舶抵离港和掌握国际海运危险品的申报。考虑到开放式港口难以实行自由港制度,安特卫普港对整个港口实行更加灵活的管理制度,注重单证管理而非实物管理,并认为其港口操作与自由港相比弹性要更大一些。该港在邻近区域设有六种类型的保税库区,而且海关允许在一个仓库区里设立各种类型的保税仓库,物流企业的操作更加灵活。安特卫普港还实行一种叫做临时存储的管理方式。这种海关临时存储区也可以不设在港区内,只需要提前作简易申报即可进行临时存储,而不必得到海关批准。经过海运到达的货物,可以在海关指定位置暂时保存 45 天,而以其他方式进入的货物,保存期为 20 天。

同时,安特卫普港还存在叫做 Free zone 和 Free warehouse 的区域,这两个区域主要是服务于国际中转和转口贸易的需要,可以实现货物的长期保税中转存放。无论汉堡自由港,还是鹿特丹、安特卫普港保税仓库区,海关都代表国家对进出该地区的货物实行监管。所谓自由,是指在特定的区域内贸易和关税的自由。海关监管的出发点不是通过监管增加税收,而是通过监管和关税协调国家的整个经济发展,促进国际贸易和国际物流的开展。这些特定的区域都以不影响贸易运输活动的便利为原则,采取尽可能简便的手续,建立了一种极为自由灵活的监管系统。

(4) 港口相关的各种保税物流形式间的区别与联系(表 4-4)

表 4-4　港口相关的各种保税物流形式间的区别与联系

内容 ＼ 类别	保税港区	保税物流园区	保税区	出口加工区
集装箱港口功能	集装箱枢纽港在区域内	通过专门通道和卡口与港口联系	无	无
集装箱增值业务	国际航线汇集,区内可以开展集装箱拆拼箱业务和中转等增值业务,并无堆存时间限制	可开展集装箱拆拼箱等增值业务,中转条件有限,中转集装箱只能整箱进出,并要求 14 天必须报关	无	无
海关管理	一个海关统一监管	港口与区域分属两个海关监管,卡口通行涉及两个海关监管,卡口实现无人自动化管理	港口与区域分属两个海关监管,以转关方式实行监管衔接。卡口人工检查	港口与区域分属两个海关监管,以转关方式实行监管衔接
贸易与物流	有	有	有	无
加工制造	有	无	有	有
出口退税	国内货物入港区视同出口,进入保税港区就可以办理退税。港区内企业之间的货物交易不征增值税和消费税。境外货物入港区予以保税。货物出港区进入国内办理报关手续,并按货物实际状态征税	国内货物入园区视同出口,予以退税。园区内不征收增值税和消费税,出口报关完成即可打印退税联。一次出口报关,一次出境备案。境外货物入园区予以保税。园区内货物出区进入内地视同进口,办理进口手续并按实际状态征税	国内货物入区视为出口,但离境后才能办理退税。需要跟踪到货物出境后方可打印退税联。一次出口报关和一次进区报关共两次。两次出境备案。境外货物进入保税区保税	国内货物入区退税,境外进入出口加工区的原材料、元器件予以保税

内容 \ 类别	保税港区	保税物流园区	保税区	出口加工区
多式联运	具备直接的海铁联运、水水联运条件	间接和有限的水水联运	无	无
区域空间	大（介于 4～10 平方千米之间）	小（一般在 1 平方千米左右，最大的为 1.53 平方千米）	中（介于 0.2～5.5 平方千米之间）	小（一般在 2 平方千米左右）

4.1.6　港口物流网络经营模式

跨区域布点编织港口物流网络，也被称为"走出去"模式，主要是针对港口运营巨头，利用其成熟的港口运营管理模式和雄厚的资金做后盾，跨区域甚至是在全球范围内独资或合作构筑港口物流网络，从而通过网络效应、规模效应最大限度地挖掘物流领域的"黄金"。

港口物流网状布局模式，按其投资主体分主要有两种类型。第一种的投资主体具有船公司背景。如 AP 穆勒马士基集团（A. P. Moller-Maersk，简称 APM，马士基）。马士基公司是全球最大的集装箱航运公司，以航运起家，利用其全球航线网络逐步向港口营运渗透。目前马士基在世界各主要港口都拥有集装箱码头。

第二种投资主体有港口运营商背景，如和记黄埔港口（HPH）、新加坡港务集团（PSA）、迪拜世界港口公司（DP World）、招商局国际[China Merchants Holdings(International)]等。

一个港口的国际竞争力不仅与其所处的自然地理环境和社会经济环境有着十分紧密的关系，同时也与港口集装箱码头经营企业之间存在着更为直接和密切的联系。目前，号称全球四大港口经营集团的 HPH、PSA 公司、APM 以及迪拜世界港口公司四家跨国港口经营企业的经营能力已经达到了全世界港口集装箱市场 1/3 以上。从全球港口集装箱吞吐量的分布情况来看，不到 20 家的大型港口经营企业集团垄断着全球港口 70% 以上的集装箱吞吐量。港口企业的规模状况直接关系到港口的经营效率与生产能力。大型港口经营企业反映了一个国家和地区港口运行的基本规模和国际竞争实力。

全球国际海上运输大型化、干线化的发展过程中,现代港口也从传统的劳动密集型产业逐渐向技术密集型和资本密集型产业转变。港口不仅要满足航运企业大型化船舶的高效、快速的装卸服务需求,同时为了稳定货源渠道,港口必须同时满足货主对港口提出的快捷、低价的服务要求。为了最大限度地为客户——其中包括航运企业与货主提供最为安全、便捷和经济的港口服务,一些大型港口经营企业开始着手全球性港口经营网络的规划与布局。香港港所采取的网络经营就是一种很典型的做法。

经济结构的调整为香港地区的经济发展腾出了新的空间,大量的服务型经济如贸易、金融、航运等第三产业迅速发展,使香港成为区域性经济、金融中心和贸易、运输枢纽。但是随着大量加工产业的转移,香港面临着本地货源的结构性短缺问题。如果不尽快妥善地解决这个问题,香港港口的吞吐量就会受到严重影响。为了有效地解决港口资源型货源短缺的矛盾,香港港口经营采取了扩大境内港口投资,确保香港货源稳定的基本策略。多年来,香港资本通过对上海港、深圳港、宁波港、太仓港等沿海、沿江主要集装箱港口的资本投资,既获得了内地快速增长的港口集装箱产业利润,同时也为香港建立起稳定的干支线集装箱港口运输网络。目前,由香港资本控股的深圳港成为香港在珠江三角洲地区投资产业的主要贸易进出口通道,同时也起到了调节香港港口经营成本的有效功能。比如,大量的空箱堆存可以从成本极高的香港港口转移到毗邻的深圳港,大量的出口重箱能够通过水陆集疏运方式集中到香港港口。与此同时,太仓港由于受到长江口进出口航道水深条件的限制,难以开辟大型集装箱船舶的干线航线。香港港口经营企业就充分利用太仓港的有利区位优势,把太仓港作为长江三角洲地区乃至整个长江流域的集装箱江海联运枢纽港,通过太仓港集中货源,然后再通过沿海支线航班到香港进行国际中转。跨国资本正在日益成为削弱别国港口国际竞争力的重要工具。

除了香港港口经营企业之外,PSA、APM Terminals 以及铁行渣华等国际主要跨国港口经营企业都扩大了对我国沿海港口的战略投资。目前,新加坡港口经营企业 PSA 也已经在我国沿海港口完成了基本战略布局。北起大连港,南至广州港,PSA 在沿海港口和长江沿江港口都建立了合资码头,直接参与沿海港口的经营业务。大量的境外资本进入我国沿海港口基础设施领域,意味着我国港口及集装箱运输市场具有潜在的后发优势。

当前,我国沿海港口经营企业普遍存在着规模与经营管理方面的不足。

长期的政企合一管理体制,造成了港口经营企业对依靠行政性垄断经营的依赖性,不善于通过以资本为纽带,建立跨行业、跨地区的港口经营管理模式。在港口资源整合的同时,必须加快港口企业的做大做强。

4.2　案　　例

4.2.1　上海洋山港区与浙江港口联动发展模式

1995 年 12 月,党中央、国务院提出,把上海建成国际航运中心是开发浦东使其成为东亚经济中心,开发整个长江的关键。次年 1 月,江苏、浙江、上海两省一市负责人会议在沪召开,正式启动了以上海港为主体,浙江、江苏的江海港口为两翼的上海国际航运中心建设。

也就是 2007 年,上海港完成 4.92 亿吨货物吞吐量,连续 3 年保持全球第一;完成集装箱吞吐量 2615 万标准箱,同比增长 20.4%,成为全球第二大集装箱港口。它通达北美、欧洲、地中海、波斯湾、红海、非洲、大洋洲等世界 12 大航区,与 200 多个国家和地区的 500 多个港口建立了业务往来,吸引了国内外 65 家船公司加盟国际班轮航班营运,平均每月开出的国际国内航班达两千班,其中国际航班达 50%。

上海港的发展定位,思路清晰(2020 年,建成国际航运中心)。上海港,不仅是上海的,还是长三角的,也是长江经济带的,更是全中国对外开放的重要窗口,并将成为世界的重要航运中心。面对经济全球化深入发展,面对我国对外开放水平提升、区域经济协调发展、产业结构不断升级的迫切需求,上海港的作用与意义正得到全新的考验。

洋山深水港是我国首个在海岛建设的深水港,于 2005 年 12 月 10 日开港运作。上海港参与国际集装箱运输的综合竞争,对长江流域外贸货物的辐射作用进一步强化,有力推动了长江经济带的发展。2007 年四川、重庆、湖北和安徽四条航线的货物吞吐量与上年持平,为 0.33 亿吨,而集装箱运量完成 80.7 万标准箱,同比增加 30%,其中重庆航线外贸货物 100% 为集装箱运输。上海港将成为我国内陆经济与世界经济对接的平台,为我国参与经济全球化发挥越来越重要的作用。上海港口借助内外部资源使自己快速发展,例如上海洋山港区与浙江港口的联动合作,共同发展。

(1)洋山港区与宁波北仑港服务区域互补合作模式

近年来上海港和宁波港的集装箱吞吐量都得到了快速发展,上海港并没有因为具有港口规模的"马太效应"而将宁波港传统腹地的箱源吸引过去,宁波北仑码头也没有因为具有深水优势而使大型集装箱船都改靠宁波港。宁波港主要承担浙江省钱塘江以南的集装箱运输任务。作为上海深水港的补充,北仑港仍将是宁波市等原有腹地的集装箱主要吞吐港,仍然具有争取直达航线班轮挂靠的优势,在推动宁波市经济发展中发挥着重要作用。

当今世界著名大港几乎都是由众多相邻港口构筑成大型组合港,与这些大型组合港相呼应的直接经济腹地也是由众多相邻城市组成的特大城市群。洋山港区与宁波北仑港这两个相距不足 100 千米的相邻港口,各自发展成超百万标准箱的国际集装箱枢纽大港。上海港的直接经济腹地为上海市和江苏、浙江两省的长江三角洲地区,其中浙江省主要为杭、嘉、湖地区,间接经济腹地为长江流域的五省一市及我国西部广大地区。宁波港的直接经济腹地为浙江省的宁波、绍兴、杭州和台州以及金华等市,间接经济腹地为浙江全省、安徽南部、江西东部以及浙赣沿线和长江流域。洋山港区与宁波北仑港各有自己的直接经济腹地,表明它们的服务范围是不同的。两者在服务区域上呈现互补关系,可各自发挥其优势,从而优化港口资源结构,共同带动长江三角洲地区及长江流域乃至西部地区的经济发展。

(2)洋山港区与舟山港的资源互补联动模式

借助洋山港区的集聚辐射效应,舟山港开发建设原油、矿石、煤炭、天然气、粮食、木材等大宗散货中转,寻求与长江中下游沿线的钢铁、石化、建材及粮食等大型企业的紧密合作,为其开通江海联运业务及建立长期稳定的伙伴关系。舟山港有全国最大的矿石中转基地、最大的石油保税转运仓库,在运输进口原油、铁矿石这样的大宗散货方面,由于上海港的水深条件不够,20 万~30 万吨级的船舶先直达舟山港接卸,以其为中转港,再通过二程运输把货物发送到各口岸,这正好与洋山港形成优势互补。

洋山开发后,舟山的修造船业可充分利用大、小洋山开发的契机,与上海船舶工业实现资金、技术、人力等要素的优势互补及优化组合,将大大促进海岛修造船业和船舶交易的发展,扩展中介业务。2010 年洋山港区吞吐量超过500 万标准箱,这就必然会带来大批的集装箱递补量与维修量,也将给舟山带来机遇。

4.2.2 鹿特丹港物流模式

鹿特丹港位于莱茵河和马斯河入海的三角洲,濒临世界海运最繁忙的多佛尔海峡,是荷兰和欧盟的货物集散中心,有欧洲门户之称。目前,该港年吞吐量有超过 5 亿吨的纪录,当之无愧地占据着世界第一大港的地位。鹿特丹港口物流的发展经验与模式分析如下[5]:

（1）多样化的集装箱运输形式

鹿特丹港是欧洲最大的集装箱码头,它的装卸过程完全用电脑控制,集装箱装卸量已超过 320 万箱。鹿特丹的集装箱运输形式主要有公路集装箱运输、铁路集装箱运输和驳船集装箱运输。

（2）港城一体化的国际城市

鹿特丹作为重要的国际贸易中心和工业基地,在港区内实行比自由港还自由的政策,是一个典型的港城一体化的国际城市,拥有大约 3500 家国际贸易公司,拥有一条包括炼油、石油化工、船舶修造、港口机械、食品加工等部门的临海沿河工业带。

（3）现代化的港口建设

鹿特丹港以新航道为主轴,港池多采用挖入式,雁列于主航道两侧,按功能分设干散货、集装箱、滚装船、液货及原油等专用和多用码头,实行保税仓库区制度,构成由港口铁路、公路、内河、管道和城市交通系统及机场连接的集疏运系统。

（4）功能齐全的配送园区

鹿特丹港在离货物码头和联运设施附近大力规划建设物流园区,其主要功能有拆装箱、仓储、再包装、组装、贴标、分拣、测试、报关、集装箱堆存修理以及向欧洲各收货点配送等,发挥港口物流功能,提供一体化服务。

（5）不断创新的管理机制

鹿特丹港务管理局不断进行功能调整,由先前的港务管理功能向物流链管理功能转变,继续扩大港口区域,尝试使用近海运输、驳船和铁路等方式,促进对物流专家的教育和培训,建设信息港,发展增值物流。

4.2.3　新加坡港物流模式

新加坡不仅有优良的深水港,还兴建了 4 个集装箱码头,每年可装卸超过 1500 万个集装箱,是世界上第二大集装箱枢纽港。新加坡的远景目标是把该国发展成为集海、陆、空、仓储于一体的全方位综合物流枢纽中心。

新加坡港口采取了一系列新举措实现这一目标:一方面,调整港口管理策略并制定新措施,准备开放港口允许船舶公司以合资方式拥有自营码头,并欢迎国际上的港口经营集团到新加坡投资发展码头。另一方面,注重技术改造,通过挖掘内部潜力来提高生产力。其港口物流发展的经验与模式分析如下[3,43,44]:

(1) 政府支持"一条龙"发展物流

1997 年 7 月,新加坡物流倡导委员会制定发展纲领,同年新加坡贸易发展局联合 13 个政府机构,展开 1997 年物流业提升及应用计划,先后推出了 1999 年物流业提升及应用计划以及 2001 年物流业提升及应用计划,成功地将运输、仓储、配送等物流环节整合成"一条龙"服务。

(2) 物流与高科技的结合

新加坡物流公司基本实现了整个运作过程的自动化。新加坡政府启动"贸易网络"系统,实现企业与政府部门之间的在线信息交换,物流企业都先后斥资建成了电脑技术平台。

(3) 专业性强,服务周全

新加坡境内的物流公司专业化、社会化程度高,可以为某一行业的企业提供全方位的物流服务,也可以为各行业的客户提供某一环节的物流服务。物流企业以满足客户需要为出发点和最终归宿点,由物流公司和客户共同研究选择出一种或几种最理想的服务方式,最终找出能最大限度为客户提供低成本的解决方案。

4.2.4　香港港物流模式

香港港曾连续 7 年保持世界第一繁忙集装箱港的美誉,是世界最大的港口物流中心。其港口物流发展的经验与模式分析如下[44]:

(1) 发挥自身特点,利用独特的地理优势

香港以我国内地特别是经济发达的珠江三角洲为腹地并发挥自身特点,依托我国大陆,连接欧美,面向东南亚,重点做好占其港口吞吐量 83% 以上的转口贸易中的中转货运物流,把香港建设成为虚拟供应链控制中心,使香港物流业的覆盖面遍及整个内地。

(2) 建设基础设施,提供良好的发展条件

香港是世界最大的集装箱港口,其港口物流的基础设施建设投入大、起点高,先进的港口设备堪称世界一流,其物流运作的速度和效率在同行业中首屈一指。

(3) 政府扶持,创造优越的发展软环境

　　香港政府一直重视物流业的发展,提出要把香港建成国际及地区首选的运输及物流枢纽中心。香港成立了物流发展督导委员会和香港物流发展局,强化与港口物流相匹配的服务功能,健全法律制度,提供金融与保险等一系列物流援助或服务、快捷高效的海关通关服务等。

　　(4) 重视人才,提高物流管理水平

　　香港与教育机构合作,培养一流的港口物流操作管理人才,同时通过建立全球公认的公务员廉洁制度,提高港口物流从业人员全员素质,从而提供优质的物流服务。

　　从以上四大港口发展的状况和措施可以看出,向国际化、规模化、系统化发展形成高度整合的大物流,进一步拓展服务功能的增值物流,打造技术密集型的智能港以及发展虚拟物流链控制中心是当前港口物流发展的主要特点和趋势。

思 考 题

　　(1) 结合具体案例说明现代港口如何开展第三方物流服务。

　　(2) 结合上海国际航运中心的实例,了解港口建设和发展区域性(及以上)航运中心所需的条件及其发展思路。

　　(3) 以无水港和组合港的具体实践为例,了解现代港口融入供应链、实现港口供应链战略联盟的背景动力、实现方式及制约因素。

　　(4) 港口开展保税物流时,如何实现国际中转、国际配送、国际采购及国际转口贸易等基本业务? 请分别举例说明。

　　(5) 以知名港口集团为例,调查并了解港口如何通过资本运作布局全球性经营网络,实现国际化与全球化战略。

5 港口物流园区及其发展模式

5.1 港口物流园区概况

5.1.1 物流园区的内涵

物流园区是现代物流发展到一定阶段所产生的新生事物,是现代物流系统的重要组成部分。从目前相关物流园区的研究文献可知,不同学者对物流园区概念的理解不尽相同。归纳起来,主要有以下几种代表性的观点。

(1)国外

欧洲物流园区联合会在《2000 年物流园区研究报告》中对物流园区的含义给出了明确的界定。

① 业务范围:物流园区提供一切商品运输、物流和货物配送的服务,其业务范围包括国内物流和国际物流。

② 运营商:物流园区的运营商必须由中立的第三方责任机构构成,此机构可以是公共的或私人的,而不能由园区内建筑和设施(仓库、拆货中心、存货区、办公场所、停车场等)的拥有者或租赁者组成。

③ 所提供的物流设施设备:物流园区必须拥有完善的服务设施(包括全体雇员和用户服务的设施)以及满足多种运输形式的交通设施(如:公路、铁路、海运、内河航运、航空等)。

④ 物流园区内提供业务服务的原则:物流园区内的业务必须公开地提供给所有客户,以充分体现公平交易的原则。

在日本,物流园区被称为"物流团地(Distribution Park)",是政府为解决城市问题(城市功能紊乱、城市交通拥挤),顺应物流业发展趋势,实现货畅其流,在郊区或城乡结合区域主交通干道附近专辟的用地,以配备各项物流服务基础设施,提供各种优惠政策,吸引大型物流(配送)中心集聚此地,使物流团地获得规模效益,降低其整体物流成本,同时也消除了大型物流(配送)中心在市中心分布所带来的种种不利因素。

（2）国内

在我国，物流园区被称为"物流基地"或"物流中心"，其理论探索与实践始于 1998 年深圳平湖物流基地的提出。

王之泰教授在《中国需要物流基地》一文中这样定义"物流基地"："它是一种集约功能和综合功能都非常强，并且规模非常大的物流节点，是小物流节点的集约产物，同时也是不同物流线路的交汇点。"他认为，物流园区是一种能够提供一定品类、一定规模的综合物流服务的物流集结点，是一家或多家相关物流配送企业在空间上集中布局的区域。

牛慧恩教授（2000）认为，物流园区具有空间性，与工业园区、科技园区的概念一样具有产业一致性或相关性，是连片物流用地的空间集中[45]。

我国运输协会副会长王德荣（2002）认为，物流园区是多种物流作业的集中地和多种运输方式的衔接地，是多种物流设施和不同类型物流企业在空间上集中布局的区域，也是具有一定规模和多种服务功能的相关物流企业的集结点[46]。

国家发展和改革委员会综合运输研究所副所长汪鸣在《物流园区的建设及相关政策问题》一文中对物流园区这样定义：物流园区是对物流组织管理节点进行相对集中建设与发展的具有经济开发性质的城市物流功能区域；同时，也是依托相关物流服务设施进行与降低物流成本、提高物流运作效率和改善企业服务有关的流通加工、原材料采购和便于与消费地直接联系的生产等活动的具有产业发展性质的经济功能区[47]。

2007 年 5 月 1 日，我国正式实施的中华人民共和国国家标准《物流术语》（GB/T 18354—2006）对物流园区的概念作了解释：物流园区（Logistics Park）是为了实现物流设施集约化和物流运作共同化，或者出于城市物流设施空间布局合理化的目的，而在城市周边等各区域集中建设的物流设施群与众多物流业者在地域上的物理集结地。

综上所述，尽管各文献对物流园区的定义不尽相同，但其内涵都应包括以下几点：

① 物流园区是一个空间的概念。它是多种物流设施和多个物流经营企业或组织在空间实现集中布局的场所，是物流系统中的重要节点。

② 物流园区是具有经济开发性质的城市物流功能区域，与工业园区、科技园区等概念一样。

③ 物流园区是聚集物流服务基础设施的场所。物流园区的建设要充分

考虑对物流基础设施的投入,只有在基础设施完备基础上,才能提供更加全面、高效的物流服务。

④ 物流园区是区域物流网络中的重要节点。物流园区一般都处在方便物资中转的交通节点或枢纽地,能对区域物流业的发展起到重要推动作用。

⑤ 物流园区能够提供规模化的运输、仓储、装卸搬运、包装、流通加工、物流信息处理以及物流咨询、需求预测、物流培训、结算、维修和其他后勤服务等有效的增值服务,能够为多个物流组织和不同的专业化物流企业提供搭建公共物流信息运作平台的条件,通过其综合服务,依托其入驻企业客户最终完成物流活动和实现物流服务。

5.1.2 港口物流园区的概念

(1) 港口物流园区的形成

随着世界经济一体化的发展趋势,国际多式联运的发展与综合运输链复杂性的增加,基于系统整合和供应链思想,借助信息技术,传统运输向现代国际物流方向发展,现代港口正向第四代港口推进,港口服务功能多元化已成为综合性港口生存和发展的基本条件。由于港口在发展现代物流方面具有独特的优势,只要在管理和组织上进行适应港口物流活动的调整,使得港口区域物流活动得到集中控制、即时信息传递迅速、物流服务效率提高,那么港口区域就会逐步演变成为港口物流活动最为集中的港口物流园区。

联合国贸易与发展会议秘书处认为,港口的功能升级换代体现在三个方面:一是传统装卸业务;二是工业服务,如增值服务等;三是商务、信息和分运功能。这三个方面除传统装卸业务外,都要求在港区内或毗邻港区建立相应的专门服务区。而建设港口物流园区是港口发展物流,实现上述目标最常见的做法之一。

现代港口是水陆交通的集散地,本质上更是一个物流基地、物流枢纽和物流节点,它可以充分组织、协调、衔接各种物流活动,也可以拓展仓储、简单加工、包装、分拣、保税、通关等物流服务功能,根据港口区域商品流、资金流、技术流、信息流与人才流汇聚的特点,可在港口区域专辟用地建成港口物流园区,汇集各类物流及工商企业,依托港口及水陆运输条件,开展各项物流业务[48]。

(2) 港口物流园区的界定

港口物流园区是物流园区总概念下的一个以港口为依托,具有港口特征的物流经济区域,它能够充分发挥港口产业聚合效应,全面整合第三方物流资源,为专业化物流企业提供服务支撑,降低社会整体物流费用,推动现代港口物流产业的发展,从而带动港口腹地区域经济的增长。归纳起来,对港口物流园区定义的表述主要有以下几种代表性的观点。

Martin Garside 对于港口物流园区主要从规划、功能和适应贸易发展进行描述,认为其是能够提供集装箱终端服务和港口增值服务,有效带动当地区域经济发展,而又不会造成周边环境污染的大型物流园区[49]。

Jerry King 对于港口物流园区主要从选址、功能定位、提供服务、后续发展进行诠释,认为港口物流园区一般处于本区(不局限于洲和国家)国际贸易和运输的中心,不仅能够提供制造、国际中转、转口、加工、配送、维修等基本服务和物流咨询、培训、结算等增值服务,还能提供港口与内陆间的多式联运,并且还具有随港口和船舶发展而后续经营发展的空间和能力[50]。

顾亚竹(2004)认为,港口物流园区是以港口为依托的,由多个物流组织设施和专业化物流企业构成的,以降低物流成本,提高物流组织和运作效率,改善企业服务为目的的,具有装卸、仓储、运输、加工等基本功能,和与之配套的信息、咨询、维修等综合服务功能的规模化、功能化、信息化物流组织和经济运行区域[51]。

综上所述,尽管各文献对港口物流园区的定义不尽相同,但其内涵都应包括以下几点:

① 港口物流园区是物流园区总概念下的一个以港口为依托,具有港口特征的物流经济区域。它是多种物流设施和多个物流经营企业或组织在港口集中布局的场所,是物流系统中的重要节点。

② 港口物流园区能够提供集装箱终端服务、港口增值服务以及港口与内陆间的多式联运,具有转运衔接、货物集散、分拨配送、流通加工、物流活动管理等基本功能,货运代理、报关、信息服务、提供银行金融保险等港口物流配套服务功能,以及港口物流咨询、需求预测、港口物流培训、结算、维修和其他后勤服务等有效的增值服务功能。

③ 港口物流园区是集约多种设施,充分发挥港口产业聚合效应和港口基础作用的区域集合体,具有综合多种物流方式和物流形态的作用,在一定程度上能降低社会整体物流成本,改善生态环境(占地少、运力大、节能减排、运行安全等)。

(3) 港口物流园区的特征

① 集群化

港口物流园区是多种物流设施和多个物流经营企业或组织在港口的群集，宏观上有利于城市物流网络的合理布局，有利于城市物流资源整合和优势互补，推动现代港口物流产业的发展，从而带动港口腹地区域经济的增长；微观上，对于港口及港口物流园区内所有企业本身，由于具有不同功能的物流企业集聚在同一区域，功能上互补，港口物流中间环节减少，港口物流服务效率大大提高，从而提升了港口物流园区所服务客户的满意度，加速现代港口物流的发展。

② 信息化

由于全球经济一体化的趋势加剧，商品和生产要素在全球范围内以空前的速度流动。电子数据转换（EDI）技术与国际互联网的应用使得物流效率显著提高。现代港口物流信息化商品代码、港航信息服务平台、资源库在运输网络合理化和系统化的基础上，实现整个港口物流系统管理的电子化，从而使现代港口物流进入以网络技术和电子商务为代表的信息化阶段。

③ 系统协同化

港口物流将传统的仓储、运输的单一功能拓展为运输、仓储、包装、搬运、装卸搬运、流通加工、物流信息等多种功能，这些功能子系统通过组织、协调、合理规划，形成物流大系统。只有大系统中的各项功能子系统协同发展，港口物流园区内的各项港口物流业务才能顺利完成，港口物流的最优服务才能实现。

④ 一体化

港口物流发展到集约化阶段，向多功能化方向发展，形成以港口物流系统为核心，由港口物流企业直至消费者的港口供应链一体化物流。港口物流系统的一体化是港口物流业发展到高级和成熟阶段的产物，它能够保证整个港口物流系统运行的经济性、港口物流效率的提高和港口物流成本的降低。

（4）港口物流园区建设的意义

① 港口物流园区的建立能够吸引、汇集更多的商品流、资金流、技术流、信息流与人才流，快速实现港口物流园区内诸多功能，从而吸引更多更优秀的物流企业入驻港口物流园区，以保证港口物流供应的顺畅和反应的快捷，提升港口竞争力，另外，也可以为社会创造更多的就业机会。

② 港口物流园区的建立对促进临港工业发展和该地区产业结构调整具有重要作用。港口是水陆交通的集散地，许多依赖原材料进口的钢铁厂也特

别依赖港口,一般都建在港口地区,并且世界主要港口基本上都是重要的工业基地。另外,港口物流园区的建立也有利于该地区产业结构的调整,与港口物流相关联的产业得以快速发展,地区第三产业比重增大,产业结构趋于合理化。

③ 港口物流园区的建立有利于加快国际间货物的中转,从而缩短需求者的等待时间,提高物流企业服务效率。

④ 港口物流园区的建立为诸多原有仓储用地及配送中心的功能调整提供条件,对港口城区物流用地以及港口辐射城市用地功能布局调整起到推动作用。另外,港口物流园区的经济效应会带动港口及周边地区经济的全面提升。

5.1.3　港口物流园区的功能定位

港口物流园区是港口物流节点集中组织和管理的场所,其依托规模化的港口物流设施设备,对港口物流活动进行综合处理,从而达到降低港口物流运营成本、提高港口物流运作效率和水平的基本目的,是具有产业发展性质的经济功能区。港口物流园区从空间上积聚了产业链上下游企业,从功能上涉及生产、加工、销售、配送等供应链各个环节,通过合理的空间布局、有机的功能组合、优化的资源配置以及信息系统整合发挥其系统整体优势。

港口物流园区的功能主要包括 3 个方面,如图 5-1 所示。另外,不同港口物流园区具有不同的功能定位,所承担的物流业务也不尽相同。因此,港口物流园区所完成的物流作业应根据港口物流园区的功能定位、需求特征、地理位置等因素综合规划,对各种物流功能进行组合配置。

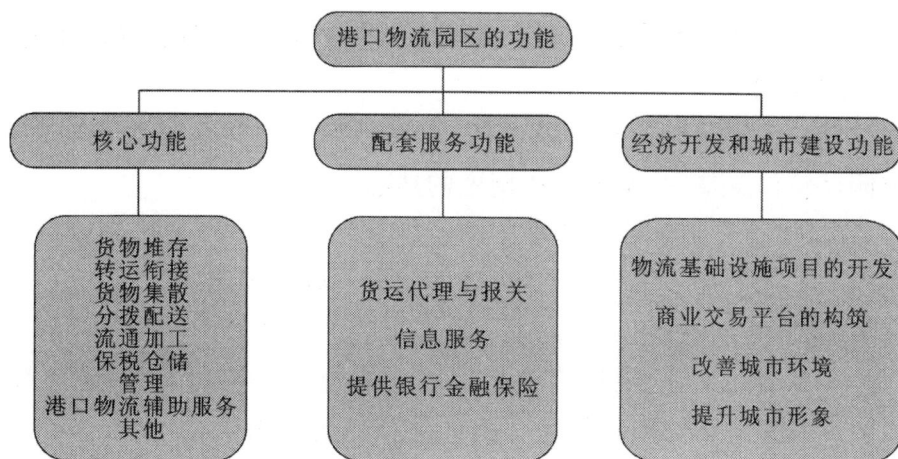

图 5-1　港口物流园区的功能

（1）核心功能

① 货物堆存功能

港口物流园区提供堆场和仓库,满足货物堆存的需要。另外对于一些港口陆域面积狭小的港口,港口物流园区成为港口的后方堆场,一些无法及时运走的集装箱和货物可在此堆存。

② 转运衔接功能

港口物流园区的功能应该体现在运输方式的衔接作用上,港口作为连接多种运输方式的枢纽,在物流园区承担着重要的货物装卸、转运功能,主要表现在要实现公路、铁路、河运、海运等多种不同运输形式的有效衔接。

③ 货物集散功能

港口物流园区的功能还体现在它是实现货物集散的场所,通过集装箱运输枢纽、零担货物运输场站、货运配载场站等,实现物流汇集、仓储、分拣、包装、运输等运作服务。

④ 分拨配送功能

港口物流园区通过相应的商业设施,包括会展中心、大型批发商场、配送中心等,实现物流的仓储、分拨和配送,为城市工业、商业等服务,能够有效拉动物流需求,降低物流成本。

⑤ 流通加工功能

流通加工是物流活动比较高级的形式,在港口物流园区实现简单的切割、分装、组装、标签等产品流通加工,增加产品的附加值。

⑥ 保税仓储功能

具有保税功能的港口物流园区提供保税仓储业务,并备有保税通道。

⑦ 管理功能

港口物流园区同时也是对物流活动的指挥、管理和信息服务的中心,通过物流园区将信息集中,实现指挥调度的功能。

⑧ 港口物流辅助服务功能

港口物流园区提供集装箱修箱、清洗和设备修理等业务。

⑨ 其他功能

作为一种公共事业,港口物流园区除了承担以上功能之外,还应该在软件建设方面发挥应有的创新作用。比如信息系统的构筑、专业人才的培养和培训、产业政策的研究制定、物流理论的研究探讨等。

（2）配套服务功能

港口物流园区除了提供港口物流服务的核心功能外,还需要相应的物流服务功能相配套。

① 货运代理与报关功能

港口物流园区涉及货物的出口、装船及报关报检,为了提高工作效率,物流园区应提供货运代理与报关业务。鉴于港口物流园区是现代化、高效化和信息化的经济运作区域,网上配套服务有着广阔的发展空间。

② 信息服务功能

港口物流园区将提供物流跟踪信息查询、物流提供方和服务方信息查询,并定期发布物流统计与预测信息,以提高物流运作效率和物流管理质量。

③ 提供银行金融保险服务功能

现代商务活动与银行、金融、保险是密不可分的,港口物流园区应提供这一方面的配套服务。

（3）城市服务功能

港口物流园区的功能不仅在于物流本身,更在于临港经济开发和城市建设功能,主要体现在:

① 物流基础设施项目的开发功能

港口物流园区的经济开发功能体现在物流基础设施及经营所产生的经济效益上。基础设施项目对经济发展具有开发性功能,已被宏观经济领域所认识。

② 商品交易平台的构筑功能

港口物流园区通过集聚效应扩大了企业的商圈,增加了交易的机会。物流园区通过对资源进行优化整合,发挥其经济聚集作用,不仅使本企业的综合竞争力得以提升,还能够带动产业链条上的相关企业发展,从而带动临港工业和当地经济的发展。

③ 改善城市环境功能

通过优化整合资源,发挥园区系统优势,以利于生产、方便生活、优化交通、开发沿途房地产、提升城市形象、满足城市功能发展的需要。

④ 辐射、拉动功能

作为一个港口物流园区,它的服务区域不能仅仅按行政区域来划分,而应该考虑它自身的辐射、拉动半径,这个半径很可能不再局限于某个行政区域,而是一个经济区域。

5.2　港口物流园区发展模式

一个国家、一个地区的经济发展水平不同,交通状况不同,市场需求不同,其港口物流园区的发展模式也会具有不同的特点。本章将从开发模式、运营模式以及赢利模式等方面对我国港口物流园区的发展模式进行阐述分析。

5.2.1　港口物流园区的开发模式

(1) 国外物流园区的开发模式

① 日本物流园区开发模式

日本是最早开发物流园区的国家,日本的物流园区开发主要是由政府推进,政府在物流园区的建设中扮演着重要角色。

日本物流园区的开发主要是由政府以低廉的价格将土地卖给开发商,并由若干私营企业、株式会社向银行贷款建设。首先日本政府(通产省、运输省、农林水产省、建设省和经济企划厅)制定政策,决定对象城市,然后由都道府县等作为城市规划者,制定园区数量、位置、规模、功能和设施种类,地方建设团体进行物流园区的土地建设和园区内的公共设施、公益设施的装备,然后将物流园区的地块以原始生地价格卖给不同类型的物流行业协会,这些协会再以股份制的形式从其内部会员企业处融资,用来购买土地和物流基础设施,资金不足部分可以由国家低息贷款,形成企业、协会、政府组成的共同体。

② 德国物流园区开发模式

德国物流园区的开发是由联邦政府统筹规划,由州政府、市政府负责按照规划进行基础设施和公益设施建设,物流园区的场地向物流企业出租,承担企业根据自己的业务需要建设相应的库场设施及装备,物流园区采取企业化经营管理模式。如不来梅物流园区是通过当地政府直接投资,由具有政府背景的经济促进公司负责物流园区的基建,并负责招商,进入物流园区的企业负责地面上的建设,政府从土地租用和其他业务收入中回收投资,并将收回的投资用于物流园区的进一步开发。

③ 美国物流园区开发模式

美国物流园区的开发主要是对已经关闭的空军基地的再次开发。南加州第二国际通道的南加州物流空港(SCLA)是开发比较成功的一个,它是在

1992年关闭的乔治空军基地原有设施(包括铁路专用线、机场、仓库等)的基础上,由当地政府通过招商重新开发建成的。当时,开发商承诺为当地提供1.5万个工作机会。SCLA占地约3万亩,除了配送中心外,还包括海关监管的集装箱货运站和仓库、自由贸易区、制造和分销企业园区。实际上是集工业园区、保税区和交通枢纽于一体。但是,SCLA不叫物流园区,媒体称其为多式联运中心,开发商称其为国际分销基地和工业园区。

美国物流园区的开发主要是由政府提供优惠的政策吸引投资和物流企业的进驻,利用并购和建立战略伙伴关系进行资源优势组合,对世界各地的物流节点进行合并优化,将各种物流业务在时间、空间上转变到最佳状态,形成"快速、优质、高效"的物流配送体系。

综上所述,国外成功物流园区的开发模式有如下特点:一是物流园区通常由政府或国有公司直接或间接提出,创建者包括乡镇和地方政府参与的公司,如港口经济发展促进委员会或开发公司;二是政府方面直接或至少间接地参与到土地开发中来,同时,政府对物流园区的规划、交通连接、补贴、资助、信贷以及地方对基础设施的投资问题享有参与和置疑的权利[25]。

(2)国内物流园区的开发模式

在国内物流园区的开发中,开发模式主要有四种:政府主导的经济开发区模式、政企联合开发模式、主体企业引导模式和工业地产商模式。根据2008年全国第二次物流园区调查报告显示,政府规划、企业主导开发的物流园区最多,有289个,占60.80%;政府规划、工业地产商主导开发的物流园区115个,占24.20%;企业自主开发的物流园区71个,占15.00%[52]。如图5-2所示。

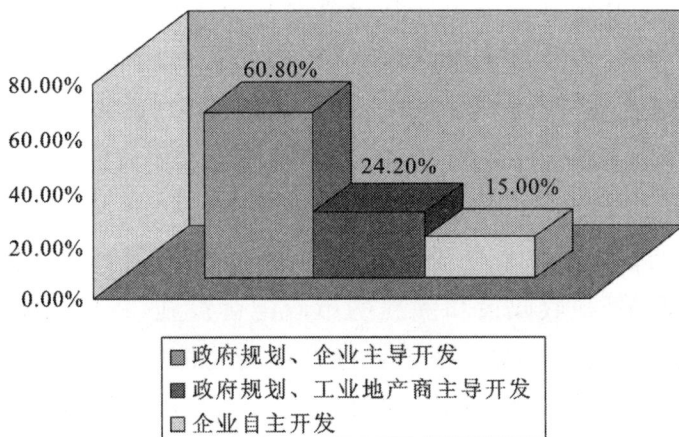

图5-2 物流园区开发方式占比图

① 政府主导的经济开发区模式

经济开发区模式是指将经济特区、经济技术开发区和高新技术开发区的经验引入到物流园区的开发中,由政府抽调各部门人员组成专门负责物流园区开发的机构对物流园区进行规划,然后通过招商引资等方式来开发物流园区。如太仓保税物流园区(B型)工程,由当地管委会牵头开发,在资金缺乏的情况下,引进该项目的施工企业以 BOT(Build—Operate—Transfer,即"建设—经营—转让"建设模式的缩写)方式进行开发。

此开发模式的优点是能够为政府的宏观调控政策的实施提供便利,能够充分享受政府所给予的土地使用、基础设施支持、税收等方面的优惠政策;缺点是实际经营过程中出现过多的政府干预时,物流园区将不能及时地响应市场需求,从而影响园区运营。

② 政企联合开发模式

政企联合开发模式是指物流园区由政府与一些资金雄厚、信誉好的物流公司联合,各自抽调部门人员组成负责物流园区开发的专门机构,通过招商引资等方式来开发物流园区。目前,按此种模式开发的物流园区成功案例比较少。

③ 主体企业引导模式

主体企业引导模式是指在物流产业经营中,由供应链管理具有优势、资金雄厚的物流企业率先开发和经营物流园区。此主体企业在政府宏观政策的调控下,影响和引导其他物流企业和相关工商企业入驻物流园区,逐步实现物流产业的聚集和物流资源的优化整合,达到开发和建设物流园区的目的。

在沿海地区,这种开发模式往往由港务集团主导开发。由于其拥有港口和后方场地的资源,以及物流供应链的管理经验,在物流运作方面极具优势。以主体企业引导模式开发的物流园区在我国有很多,如南京龙潭海关保税物流园区、上海港集装箱浦东物流园区、外高桥保税物流园区等[53]。

④ 工业地产商模式

工业地产商模式是指将物流园区作为地产项目,通过给予园区开发者适宜的土地开发政策、税收政策和优惠的市政配套设施,积极鼓励信誉好、资金雄厚的工业地产商进行开发。在工业地产商对物流园区的道路、仓库和其他物流基础设施设备投资建设以后,通过租赁、转让、合资和合作经营的方式来对物流园区实行运营和管理。这种开发模式在欧美等发达国家(如澳大利亚、美国、德国等)运用良好。此外,日本东京、神户等经济中心城市和德国的不来梅等城市运用了类似于工业地产商开发模式的方式,它们的物流园区是由政府投资相关基础设施的建设,然后委托一个或多个物流设施管理能力较强的企业来管理物流园区,在政府制定的较为优惠政策驱使下,物流园区的管理者对园区的经营管理实施了变形操作。目前,对于工业地产商模式,我国尚处于探索阶段。

物流园区工业地产商模式实施的目的是为工业、商业以及物流经营企业提供良好的物流运作与管理环境,从而提高物流效率和降低物流成本,实现园区的赢利,体现社会效益[54]。

由以上分析可知,虽然不同国家的物流园区开发和管理模式不同,但总的来说,各国物流园区的开发建设一般都离不开政府和企业这两个大主体。作为两大主体,政府和企业在物流园区的开发建设中各尽其职,各取所需。日本、德国和中国的物流园区开发模式比较见表 5-1[29]。

表 5-1　日本、德国和中国的物流园区开发模式比较

国别	日本	德国	中国
开发模式	政府统一规划筹资;行业协会集资;企业自主经营	联邦政府统筹规划;州政府、市政府扶植建设;企业自主经营	政府统一规划、投资;在政府的指导下,企业自行投资规划、建设和经营管理
资金来源	政府低息贷款,土地买卖差价	各级政府直接出资为主,信用贷款和企业投资为辅	各级政府出资、银行贷款;企业(包括外资企业)自筹资金、政府贷款
管理机构	基地企业组成联合会(组织)管理,如阪神团地仓库事业协同组合、阪神流通中心运输事业协同组合和阪神批发团地振兴株式会社三家组成的阪神流通中心协同组合联合会进行管理	公益组织管理和有限公司管理两种方式(后者为主)。如不来梅"货运村"的经济促进公司、图林根物流基地的管理有限公司	政府成立相应管理部门进行管理;出资方设立子公司来进行管理,如传化集团设立的传化物流基地
代表园区	东京和平岛、葛西,板桥,足立四大流通基地	不来梅物流园区	上海外高桥物流基地;上海国际航空物流基地;杭州传化物流基地;武汉"万商云集"商贸园

（3）港口物流园区的开发模式

根据港口物流园区的特点,上述一般物流园区的开发模式也可以适应于港口物流园区的开发。我国现有的港口物流园区开发模式归纳起来有两种:以政府主导而建立的自上而下模式和以企业主导的自下而上模式。

① 以政府主导建立的自上而下模式

港口物流园区建设作为重要的基础设施建设项目,投资规模较大,政府在其开发过程中起了重要的作用。一方面,政府在给予必需资金支持的同时,还制定相关优惠政策来招商引资;另一方面,由政府牵头成立专门的公司或委托专业的物流公司对园区进行运作。在一般物流园区的开发模式中,政府主导的经济开发区模式和政企联合开发模式可以都归为以政府主导而建立的自上而下模式。如天津东疆港区的开发属于这种模式。

② 以企业主导的自下而上模式

在一般物流园区的开发模式中,主体企业引导模式和工业地产商模式属于以企业主导的自下而上模式,前面所提到的上海港集装箱浦东物流园区、南京龙潭海关保税物流园区、上海外高桥保税物流园区都是采用这种模式。

通过港口物流园区的这两种开发模式比较分析可知,以政府主导而建立的自上而下模式可以在港口物流园区建设中减少各部门阻力,但投资规模较大难于承受,市场可操作性差;以企业主导的自下而上模式市场操作性强,管理灵活方便,可以充分发挥企业自身的优势,但政策方面支持较少。表 5-2 所列为我国主要港口物流园区开发模式。

从表 5-2 可以看出,目前我国主要港口物流园区开发模式以政府主导建立的自上而下模式为主,即政企联合开发模式为主,政府主导的经济开发区模式次之;以企业主导的自下而上模式开发的港口物流园区还比较少,主要是主体企业引导模式,而工业地产商模式开发的港口物流园区目前还没有。

我国物流园区的发展起步较晚,政府也是最近十年才开始重视物流业的发展、物流园区的建设、港口的建设及港口物流园区的发展。由于港口物流园区项目一般具有建设规模大和经营范围广的特点,既要求在土地、税收等政策上的有力支持,也要求在投资方面给予支持,同时还要求具备园区的经营运作能力,因此,政府主导的经济开发区模式和政企联合开发模式占主导地位。

表 5-2 我国主要港口物流园区开发模式

地区	长三角主要港口物流园区	开发模式
上海	上海港浦东集装箱物流园区； 上海外高桥保税物流园区； 上海洋山深水港物流园区	以企业主导的自下而上模式：主体企业引导模式
江苏	南京龙潭港综合物流园区； 连云港港口综合物流园区	以企业主导的自下而上模式：主体企业引导模式
	镇江港综合物流园区； 江阴港综合物流园区； 南通港综合物流园区	以政府主导建立的自上而下模式：政企联合开发模式
	泰州港综合物流园区	以政府主导建立的自上而下模式：政府主导的经济开发区模式
浙江	宁波北仑港物流园区	以政府主导建立的自上而下模式：政企联合开发模式
地区	环渤海主要港口物流园区	开发模式
天津	天津保税物流园区	以政府主导建立的自上而下模式：政府主导的经济开发区模式
辽宁	大连国际物流园区	以政府主导建立的自上而下模式：政企联合开发模式
	大连开发区大孤山半岛国际物流园区	以政府主导建立的自上而下模式：政府主导的经济开发区模式
山东	青岛前湾港物流园区； 青岛开发区综合物流园区	以政府主导建立的自上而下模式：政府主导的经济开发区模式
广州	南沙国际物流园区； 黄埔国际物流园区	以企业主导的自下而上模式：主体企业引导模式
深圳	盐田港物流园区	以政府主导建立的自上而下模式：政企联合开发模式
福建	海沧物流园区	以政府主导建立的自上而下模式：政企联合开发模式

由于目前国家对港口业的发展极为关心，各地政府也都把港口发展列入国民经济建设规划的重点建设项目。其中，港口城市也把建设港口物流园区作为重中之重来抓，一些港务公司也纷纷改制，不断增强自身实力，联合政

府、船公司、加工贸易企业,依托老港区物流中心进行资源整合,积极建设与港口配套的物流园区。我国以主体企业引导模式开发的港口物流园区,主要是由港务集团公司牵头开发建设的。

（4）港口物流园区开发模式的发展趋势

虽然随着港口经济的发展,一些港务集团公司逐渐壮大,但要独自承担港口物流园区的开发和建设,还是困难重重。因此,港口物流园区的开发还是会以港务集团公司投资开发为主,利用政府优惠政策招商引资为辅,在经营建设中克服政府过多干预,管理灵活方便,充分发挥其自身的优势。

在现有港口物流园区的运营中,政府主导的经济开发区模式的弊端逐渐显现,由于政府的过多干预使得物流园区不能及时响应市场变化,运营状况不太理想。因此,港口物流园区的这种开发模式会逐渐结合其他开发模式的优势向多元化方向转化。

综上所述,港口物流园区建设是基础设施公益性建设,投资额大且回报期长,靠单纯的一种开发模式往往很难达到顺利建设园区的目的,因此,我国港口物流园区的开发将打破单一投资的模式,向多元化方向发展,向投资主体多元化转变,积极吸纳包括外资、园区客户在内的多种投资来源进行分期建设。

5.2.2　港口物流园区的运营模式

（1）物流园区的运营模式

在物流园区的建设发展上,不同国家的建设管理模式不同,政府在物流园区建设发展上的作用也不同。物流园区规划后的运营模式,国外物流发达国家(如日本和德国)进行了有益的探索,国内也借鉴其经验开展了物流园区运营实践。

① 日本物流园区运营模式

日本政府对其国内物流发展定位明确,通常在完成物流体制建设之后,才进行物流体系的建设。

日本在物流体制建设方面,通过"透过相关省厅的合作",建立"综合物流施策"推动会议制度。此会议主要由局长级人员组成,局长级下设干事会,由相关单位的课长组成。此会议人员与相关部门合作,对物流体制提出具体的议题。例如首次会议提出的具体课题是:实行物流标准化以促进物流系统的效率化;实行各市各街各地的共同集货与配送以提高都市物流的效率;实行进出口机场、港口的行政手续无纸化及一站式服务。每年末日本政府都会对每次会议逐次检查,检查实施进度,并按实施能力适当增加具体议题。

中央综合物流施策推动会议以后,地方政府积极响应,并设置了相应的综合物流施策推动会议机构(地方政府职能部门、院校研究所、地方公共团体、都道府县警察、商工会议所、企业界团体等)来贯彻实施物流推进政策和物流基础设施建设。地方政府对综合物流施策推动会议机构进行定期检查,对于每次检查的结果按月汇报,年末还必须向中央的推动会议做一次详细的回顾报告,并在地方上将下一年的物流推动进度加以公布,中央的推动会议根据地方政府公布的内容实施后续跟踪。在综合物流施策推动会议制度实施几年后,该会议制度根据议题实施结果,不仅与政府相关部门紧密合作,而且还积极鼓励民间团体参与,进行最后目标冲刺。

在物流团地微观管理方面,日本政府采用"官民协力"的方式,物流团地宏观上由政府统筹调控,微观上自由放开。建设物流团地的用地主要是由政府收购,然后以较低价格转让给物流协会或类似的中间团体,再在物流团地内组成专门的管理委员会对团地进行经营管理、改造更新[56]。

② 德国物流园区运营模式

第一,企业化经营管理。德国物流园区的经营管理经历了由公益组织管理到有限公司管理两个阶段。由于企业化的经营管理模式比行政化的管理模式效率高,所以德国物流园区的投资人一般会委托有限公司负责管理物流园区。有限公司不仅对物流园区实施管理,而且还负责园区生地的购买、基础配套设施建设,以及园区建成后地产的租赁、出售、物业管理和信息处理等。德国物流园区的投资人主要是政府或政府经济组织,因此物流园区的经营不是以赢利为目的,而主要是为了平衡资金,实现物流园区更好的管理和服务职能。

第二,入驻相关物流企业自主经营。入驻相关物流企业自主经营、照章纳税,根据自身经营需要建设相应的堆场、车间、库房、转运站,配备相关的机械设备和辅助设施[57]。

欧洲各国普遍认为,物流园区的运营应该由中立的机构负责管理,并能够提供全面的服务给入驻园区的所有相关物流企业。欧洲物流园区联合会将此中立的运营机构称为业主(独立经营、自负盈亏的实体),这个业主可以是公共机构,或是私人性质的企业。欧洲还有一些国家将此中立的运营机构称为物流园区管理公司。

在欧洲,各国物流园区的工作即是物流园区管理公司的工作,被认为是一种具有创造价值的工作。首先,地方政府把物流园区的建设发展作为振兴地方经济、优化交通环境的举措。参与物流园区开发建设的政府希望有一家能够被各物流企业认可的物流园区管理公司来负责整个物流园区的发展建设,并对物流园区施加长期影响。其次,欧洲各国开发物流园区的目的是吸引私人投资的运输企业和其他优秀的物流企业入驻园区,从而增加当地的就业率和刺激地方经济。另外,入驻园区的企业更希望政府给予物流园区长期的影响。这两方面因素从客观上要求物流园区运作应通过政府参股或扶持的物流管理公司予以实现。从欧洲物流园区的发展历程可以看出,物流园区管理公司作为一个中立机构,对政府公共事业部门与各相关物流企业起到了很好的协调沟通作用。

根据欧洲物流园区管理公司的经验,一个值得信赖的园区管理公司至少应做到以下四个方面:第一,物流园区的总体管理,园区管理公司负责物流园区从开发筹建到园区建成投入运营的全过程;第二,物流园区的运营管理,园区管理公司负责园区内综合运输或远程运输方面的网络信息平台的建设、入驻企业及相关人员的培训、危险货物专职代理人的管理、特殊仓库的建设与管理、产品货物的配送、安全监管等;第三,园区管理公司负责园区内的营销、推广工作,组织博览会、广告宣传,制作宣传册、客户杂志等;第四,园区管理公司为入驻园区的各企业提供其所需的各种服务[58]。

③ 国内物流园区运营模式

从总体上说,国外物流园区的开发建设主要有政府和物流企业这两个主要的主体。从我国目前的物流园区开发建设及运营模式来看,主要也是这两大主体,即以政府为主导的运营模式和以企业为主导的运营模式。

其一,以政府为主导的运营模式。以政府为主导运营的物流园区一般都是由政府组织成立物流园区管理委员会或行业协会来负责规划建设物流园区,并对入驻物流园区的各类物流企业进行相应的管理。

其二,以企业为主导的运营模式。以企业为主导运营的物流园区一般是由一些在行业中具有较大实力的大型物流企业,在物流市场需求的基础上,通过政府的正确引导和扶持,或独立或联盟开发建设的物流园区,并由这些大型物流企业组织成立物流园区经营管理公司或经营委员会对物流园区进行运营和日常管理。

无论是政府组织成立的物流园区管理委员会或行业协会还是大型物流

企业组织成立的物流园区经营管理公司或经营委员会,主要任务都是根据股东的要求,按照现代企业制度的规定,负责物流园区的运营和日常管理,做好客户服务工作,确保股东资产投入增加和保值。其主要职责包括[21]:

(a) 物流园区的土地开发、基础设施建设和改造等一系列问题的解决,即从筹建到运营全过程的总体管理。

(b) 物流园区内物流信息网络及办公自动化平台的设计、搭建与管理,以及园区之间的网络链接和信息系统开发。

(c) 物流园区的招商引资,开展各种营销活动,组织广告宣传,制作宣传册、客户杂志以吸引优秀物流企业投融资物流园区和入驻物流园区。

(d) 政府部门、物流园区以及园区入驻企业间的各种关系的沟通和协调。

(e) 相关企业、院校及研究机构等各类人员的培训、实习与进修。

(f) 特殊仓库的建设与管理,以及特殊商品(如化学品、药品以及危险品等)的安全监管。

(g) 为入驻园区的企业提供所需要的各种日常服务(如业务管理、客户接待、投诉反馈等),以保证物流园区顺利运转。

(2) 港口物流园区的运营模式

港口物流园区运营模式的选择应该根据相应的投资开发模式而定。国内外港口物流园区的运营模式主要有以下几种类型[33,34]。

① 以港务局为主导的运营模式

此种运营模式是指港口物流园区从筹建到运营全过程的总体管理都是由港务局主导的。港务局对港口码头基础设施建设、港口物流园区的改造、临港工业的发展、入驻园区人员培训等实行统一管理,对港口物流园区拥有经营管理的自主权和土地使用权。港务局可以根据港口自身发展的需要,专辟用地建设公共型港口物流园区,以吸引、汇集更多的商品流、资金流、技术流、信息流与人才流,以及业务基础牢固、信誉好的物流企业和工商企业入驻物流园区。港务局只负责园区的日常管理和提供配套港口物流服务,并不直接参与园区的经营。入驻物流园区的工商企业可以借助港口物流园区提供的各项功能开展业务,并与园区建立长期协作关系,参与供应链管理。

目前,采用了该运营模式的世界著名港口有德国汉堡港,美国纽约港和巴尔的摩港,法国马赛港(Port of Marseilles),荷兰鹿特丹港,我国上海港、广州港等。

以鹿特丹港为例,鹿特丹市政府拥有其土地、岸线和基础设施的所有权,鹿特丹市政府下设港务局,由港务局负责港口土地开发、基础设施建设和日常管理工作。港区内的土地、岸线、码头、航道和其他一些港口基础设施都由港务局统一规划和投资开发。港务局在港区内专辟用地建设物流园区,主要用于吸引与港口相关的产业(如化学工业、石油炼制等)聚集和与港口物流相关的物流企业聚集。这些物流企业只是以租赁的方式参与园区的经营,港务局只为它们提供码头上的机械设备、库场及一些其他辅助配套设施。

② 多方合资共同经营的运营模式

此种运营模式是以港口为依托,联合数家信誉好、经济实力雄厚的企业,以股份制形式共同经营港口物流园区。这种运营模式的优点是不仅可以解决港口资金匮乏的问题,还能通过与国内外先进企业合作,更好更快地了解国际上先进的港口物流园区经营管理技术和运营方式;缺点是协调难度较大,容易造成管理上的混乱局面。

以比利时的安特卫普港(Port of Antwerp)为例,该港口物流园区主要投资港口物流基础设施,而将物流、土地开发及海运等业务留给园区内的私营企业经营,它的这种模式实施非常成功。

③ 独立型港口物流企业运营模式

此种运营模式是指港口物流企业自行经营管理港口物流园区,利用港口提供的基础设施、人力和上下游业务关系开展各项业务。以此种模式运营的港口物流园区,在筹建过程中要注重港与港、口岸与口岸之间沟通渠道的顺畅和以港口为联结点的连接各地物流服务网络体系的建立,做到能够提供一条龙的完善的物流服务。

德国的汉堡港物流园区属于这种模式。该物流园区是由其码头经营商自己投资的,主要用来支持汉堡港内的主业。

④ 供应链型港口物流企业联盟的运营模式

此种运营模式是指供应链型港口物流企业与航运企业联盟,共同组成港口物流园区,以各自处在供应链不同部位的优势,分工合作,开展各种业务。航运企业主要负责水上和海外物流,港口物流企业主要负责港口物流园区内以及港口腹地的物流。在双方条件都允许的情况下,可以共同投资组建紧密型港口物流集团。

⑤ 联合型运营模式

此种运营模式是指港口与保税区联合,或者与地方政府联合组建并运营管理港口物流园区。该运营模式偏重于发展临港工业和与国际班轮公司的联盟。地方政府主要为港口解决用地、仓储、疏港道路等方面的困难,以及为港口提供产业和产品结构调整方面的帮助;国际班轮公司是以港口为依靠,而港口又是国际班轮公司经营战略转变的保证,港口与国际班轮公司之间的联盟是相互依存、共同发展的关系。国际班轮公司实行的定港、定线、定时、定班的运输方式,有利于港口成为综合运输网络的重要节点,并且可以拓宽港口投资渠道[59]。

⑥ 网络型运营模式

此种运营模式是指港口建立物流信息网络平台,开展电子商务,使港口物流园区发展成为电子物流园区,形成离岸贸易和远程物流。虽然货物没有经过本港,但实际上通过电子远程服务,已经完成了货物的异地物流。

建立网络型物流园区,必须实现物流园区的高度信息化、网络化、敏捷化,通过互联网发展电子商务,使物流园区能够快速、敏捷地响应市场需求,满足客户各种差异化、个性化的需求。

港口物流园区运营模式的选择是港口物流园区建成后如何发展的关键一环,应该结合各港口自身的实际情况来确定,可以单独选择一种运营模式,也可以采取几种运营联合的方式。

5.2.3 港口物流园区的赢利模式

(1) 物流园区赢利模式

赢利模式主要指收入来源及利润形成途径,是物流园区生存发展的基础。物流园区作为物流业发展到一定阶段时产生的新兴物流集散方式,在日本、德国等发达国家已经得到了快速发展。但国外物流产业发展比较好的国家,在物流园区的赢利模式上也进行了较长时间的探索,并取得了良好的效果,从其发展经历看,其物流园区的赢利也各有不同的模式。根据国外物流园区的发展经验,物流园区投资回收期大约为 15 年,其主要原因是物流园区项目投资大、社会公益性特征明显、投资回报慢。由于投资的主体不同(有的以政府为主,有的以企业为主),以及物流园区功能定位不同,各园区投资者有着不同的利益要求。

① 日本物流园区的赢利模式

日本的葛西、和平岛、板桥和足立等四个物流园区是社会化物流节点的成功案例。20 世纪 70 年代始建时,政府充分考虑到物流业的特殊性,采取了政府加企业集资建设仓储、公共设施,并向物流企业出租分红的发展模式。

总结四个物流园区的赢利模式,主要有以下两个方面:

其一,利用物流园区内的地价升值。将园区内的地块以原始生地价格卖给不同类型的物流行业协会,这些协会再以股份制的形式从其内部会员中招募资金(若资金不足,政府可提供长期低息贷款),用来购买土地和物流基础设施。物流园区的赢利主要来自土地价值的增长。

其二,提供低廉的仓库租金。集资企业租用仓库的租金低于市场价格,但它可以按市场价格再转租给其他企业。政府对已建成并且可以投入使用的物流园区积极加快各种物流基础设施的建设,以吸引相关物流企业入驻,从而使物流园区投资者的投资尽快得到回报。

② 德国物流园区的赢利模式

德国政府对物流园区这类公共物流节点的规划和建设遵循"联邦政府统筹规划,州政府、市政府扶持建设,公司化经营管理,入驻企业自主经营"的发展模式,因而德国物流园区的赢利模式与日本物流园区的赢利模式有所不同。

其一,出租收入。德国政府在规划建设物流园区的基础上,将物流园区的场地向运输企业或与运输有关的企业出租,承租企业则依据自身的经营需要建设相应的库房、堆场、车间,配备相关的机械设备和附属设施,并交纳相关费用。

其二,服务费。物流园区通过提供良好的公共设施和优良的服务收取一定服务费来赢利。德国的物流园区一般都兴建有综合服务中心、维修保养厂、加油站、清洗站、餐厅、娱乐中心等,有的还开办有驾驶员培训中心、物流管理人员培训中心等实体,尽可能提供全面的服务。这些实体都作为独立的企业实行经营服务。良好的设施,优质的服务,使物流园区不仅取得了显著的社会效益,而且取得了巨大的经济效益。如不来梅物流园区的投入产出比为 1:6,投资 2.03 亿德国马克,实现的经济效益为 12.15 亿德国马克。

③ 国内物流园区的赢利模式

由于目前我国的物流园区大多仍处于规划建设阶段,因此,其赢利模式还处于摸索阶段。在我国现有为数不多的物流园区的成功经营运作模式中,北京空港物流园区和深圳平湖物流基地是其中的典型代表。

在现有物流园区的经营运作中,成功的例子仍较少,大多数物流园区的经营运作都是差强人意。从赢利方式看,作为物流园区的所有者与经营者,其赢利模式可以概括为以下几种,如图 5-3 所示。

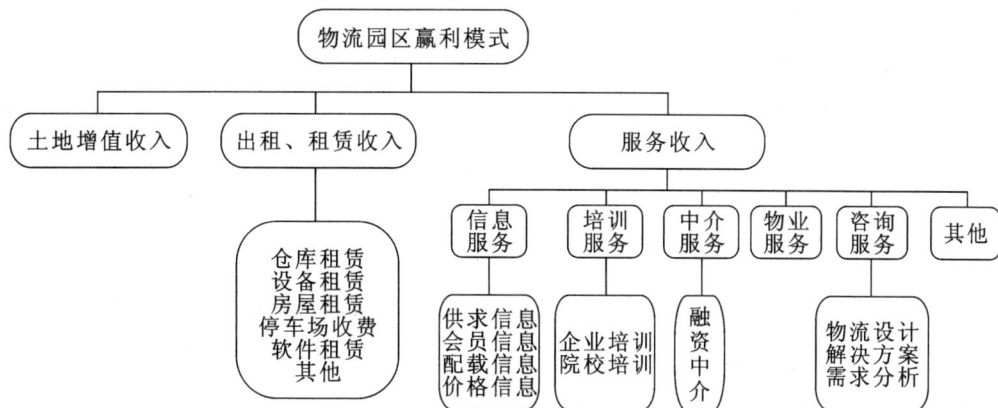

图 5-3　物流园区赢利模式分类

第一,土地增值收入。物流园区的投资者从政府手中以低价购得土地,随着园区基础设施的完善,园区内的土地价格也随之上升,待园区正式运营以后,地价还将上涨,并带来园区内仓库、房屋等租赁价格的提高。这时,物流园区所有者与经营者都将从土地增值中获得收益。

第二,出租、租赁收入。物流园区所有者与经营者按一定比例获得出租、租赁收入,主要包括仓库租赁费用、设备租赁费用、房屋租赁费用、停车场收费、软件租赁费用等。

第三,服务收入。主要包括信息服务、培训服务、中介服务、物业服务、咨询服务等。如安徽新长江物流园区、连云港市中储物流中心的赢利途径主要有以下两种形式:其一,提供车辆配载信息,从成本节约中获得收益;其二,提供商品供求信息,从商品交易中获得收入。

第四,项目投资收益。对于园区所有者来说,还可以对自己看好的物流项目如加工项目、配送业务等进行投资,从中获取收益。

第五,其他收益。园区运营商还可以通过增资扩股、上市等方式获取收益。

目前,我国物流园区的赢利模式中主要收入来源首先是库房、货场租金,其次是办公楼租金、配套设施租金、管理费和物业管理费,最后是所属物流企业增值服务费、设备租金、土地升值后出租或出售费、税收优惠及国家拨款获得的收益等。由此不难看出,传统的基于出租、租赁的物流园区赢利模式在我国还占主导地位。根据国内外运营良好的物流园区经验来看,传统的出租、租赁赢利模式已经逐渐被服务收入,特别是基于信息、咨询的增值服务所替代。就国际发展趋势来看,基于信息、咨询的增值服务最具增长潜力,在物流园区赢利收入总量中将占有越来越大的比重。

（2）港口物流园区的赢利模式

根据国内外物流园区的赢利模式和港口物流园区的功能定位,港口物流园区的赢利模式也包括土地增值收入、出租、租赁收入、服务收入、项目投资收益和通过增资扩股、上市等方式获取收益等,只是由于港口自身的特殊性,港口物流园区的赢利主要依赖于港口。

在港口物流园区服务收入的赢利模式中,除了信息服务、培训服务、中介服务、物业服务、咨询服务所收取的服务费以外,还有港口货物装卸和转运、货物集散、分拨配送、流通加工、保税仓储、集装箱修箱和清洗、设备修理、货运代理与报关、银行金融保险等服务所收取的费用。不同的港口物流园区功能定位的侧重点不同,其赢利模式也不相同。例如,连云港港口国际物流园区在规划建设初期根据其为东陇海产业带、淮海经济区和新亚欧大路桥沿线省市提供煤炭、铁矿石、化肥及农药、氧化铝、集装箱、石油等主要货种装卸服务的特点,提出了在园区建设初期着重提供生产资料等大宗散货的集疏运、仓储、集装箱中转和海铁联运等基本物流服务功能。上海外高桥港区根据其是上海港国际集装箱码头的重点建设区的实际情况,提出了在建设中期进一步完善进出口贸易、报关、保税仓储、出口加工与贸易服务等相结合的保税功能。

5.3　案　　例

5.3.1　欧洲主要港口的物流园区

（1）不来梅港物流园区

德国1985年开始建设的不来梅港（Port of Bremerhaven）是奔驰汽车在德国北部的销售集散中心,港口堆场有成片的汽车堆放地,港口物流园区内有多家从事奔驰汽车零部件业务的物流企业;不来梅港又是欧洲的棉花交易中心,港口物流园区内有多家从事棉花业务的物流企业;据统计,不来梅港至不来梅市沿途有1400多家运输、仓储和物流企业。政府对于不来梅港物流园区的建设和发展起到了极其重要的作用,表现在下述四个方面。

① 政府不直接参与企业的经营。政府不直接参与企业的经营,但负责园区的规划并通过直接投资和土地置换方式对园区进行投资。

② 制定相关标准。一是针对物流基础设施、装备制定基础性和通用性标准,如托盘标准、车辆承载标准、物品条形码标准等。二是针对安全和环境制定强制性标准,如清洁空气法、综合环境责任法等。

③ 支持行业协会制定相关的行业标准。支持行业协会对各种物流作业和服务制定相关的行业标准,如物流用语标准、物流从业人员资格标准等。

④ 抓物流教育和物流新技术推广。政府还主抓物流教育和物流新技术的推广,运输主管部门每年拿出若干资金资助运输技术与物流链管理技术的研究。

(2) 鹿特丹港物流园区

鹿特丹港在码头和联运设施附近大力规划建设物流园区,其主要功能有拆装箱、仓储、再包装、组装、贴标、分拣、测试、报关、集装箱堆存修理以及向欧洲各收货点配送等,发挥港口物流功能,提供一体化服务。截至目前,鹿特丹港已经先后建成 3 个港口物流园区。对于港口物流园区的定位,鹿特丹港务局对港口物流园区的定位是:港口物流园区是拥有完善的设施,可以为物流特别是配送活动提供一站式服务的物流园区,园区应邻近港口集装箱码头和多式联运设施,并采用最先进的信息和通信技术[24]。依托这些物流园区的建设,从 20 世纪 90 年代以来,鹿特丹港的物流服务取得了长足的发展,目前经上述 3 个物流园区处理的货物已经占到了全港集装箱吞吐量的 7% 左右。

5.3.2 日本主要港口的物流园区

日本物流园区的建设主要是由政府推进的,政府在物流园区的建设中扮演着重要角色。近年来,日本政府为了保住其枢纽港地位,正在采取港口合并策略,以改善港口基础设施的不足,减少导致资源浪费的竞争;同时,日本政府通过实施港口特区政策,增强沿海港口群建设规模,扩大港口周边腹地,并最终建立起具有全球竞争能力的超级大型港口[60]。目前,日本港口物流园区模式分析如下:

(1) 实施超级大港计划

从 2007 年 12 月 1 日起,日本政府将原来的大阪港、神户港、尼崎西宫芦屋港进行合并,改称阪神港。这标志着日本 2003 年提出的"超级港口"计划正式启动。合并后的阪神港,已初显港口集聚的效果。

① 阪神港合并后成立单一港务机构,使船舶一次付费可进两港,既能降低进港船只的费用支出,也能吸引更多船只停靠。

②单一港务局行政建制的实施,既能节省港务机构行政支出,又能降低港航企业的运营成本。

③日本政府的港口合并政策,在港口生产经营上充分放权给港口经营者,极大地调动了社会各界参与港口建设的积极性。

(2)强化重点港湾机能

日本已选定东京湾、伊势湾、大阪湾、北部九州港湾为4个中枢国际港湾,并将其作为整备对象。对这4个中枢国际港湾进行多项设施建设并加强管理工作,如港湾设施的出入管理、设施的内外监视、设置保安照明及监视摄像、选任安保管理人员、健全货物销售管理、设置限制区域等[61]。

(3)港口物流园区的多功能化

港口物流园区内的物流中心或配送中心已基本上能满足供应商和分销商对物流全过程的服务要求,具备从收货、验货、储存、装卸、配货、流通加工、分拣、发货、配送、结算到信息处理等多种功能,实现了物流的一体化。

(4)港口物流园区的系统化和集成化

日本的物流园区都十分重视内部的系统管理,港口物流园区也不例外。园区要求系统内各环节、各部门相互配合、协调,将配送中心、冷藏冷冻仓库、货物集散中心、办公室、会议室、展示厅等设施集中在一起,共同使用,各种产品都可直接储存在该园区中,在配送时可实行共同配送、联合运输制,提高物流效率和效益[61]。

(5)港口物流园区的信息化

日本港口已实现高度机械化、自动化和计算机化。港航智能运输系统(ITS)日渐普及,电子数据交换系统 EDI 和海上货物通关信息处理系统(Sea NACCS)广泛应用,使港口降低了成本,提高了国际竞争力。

5.3.3　新加坡港的物流园区

新加坡不仅有优良的深水港,还兴建了4个集装箱码头,每年可装卸超过1500万个集装箱,是世界上第二大集装箱枢纽港[44]。近年来,为满足货主日益增长的物流需求,新加坡港务集团 PSA 围绕港口先后建立了4个物流园区。其中,位于港区内的 Keppel 物流园区建成于1993年,紧邻 Keppel 集装箱码头,以国际集装箱货物为主要服务对象。为集约利用土地资源,Keppel物流园区主要由现代化的仓库构成。

Keppel 物流园区占地面积约23万平方米,其中仓库面积11.3万平方米,与 Keppel 集装箱码头之间有立交桥相连,其他配套设施主要包括办公楼、停车场、集装箱堆场等。在内部,开发商将整个仓库分成了 45 个单元提供给不同的物流服务商,每个单元的面积从 1000 平方米至 5100 平方米不等,仓库的高度最高达到 14.6 米。Keppel 物流园区享有自由贸易区政策,其主要服务对象是集装箱班轮公司、国际国内大型货物代理、本国大型 IT 企业等。目前,Keppel 物流园区每年处理的集装箱箱量达到了 27 万标准箱左右。主要的服务包括拼箱、拆箱、存储、配送、检验、再包装、物流管理等。

为满足客户的需要,PSA 为 Keppel 物流园区建立了一套完善的信息管理系统 KDNET。这套系统可以对全区内的各种活动进程全程监督、控制,并能够为货主提供其货物处理情况的即时信息[62]。

5.3.4　国内主要港口的物流园区

(1) 上海港物流园区

① 上海外高桥物流园区运营模式分析

(a) 区港联动

上海外高桥物流园区是以“区港联动”为基础的港口物流园区,通过外高桥港区和外高桥保税区的连接,促进了港口产业和现代物流的联动发展。外高桥保税物流园区位于浦东,地处江海陆交叉点,具有良好的基础设施条件和有利的政策背景。该园区作为全国首个“区港联动”试点区,坚持“一线开放、二线管住”,与国际惯例接轨,尝试“风险式通关”,为企业提供了便捷的通关环境和高效的物流环境。

(b) “无纸通关事后不交单”模式

上海外高桥保税物流园区还试点实施“无纸通关事后不交单”模式,在进出境备案环节依据企业资信度进行风险评估,分出信用等级,给予不同程度的通关便利。

(c) “海运直通式”模式

上海外高桥保税物流区与港区之间还有“海运直通式”模式。货物进区实行“一次申报、一次验查、一次放行”,开创了“区港联动直通直卸”的新型模式,标志着园区在国际中转、国际运转等国际物流产业中取得功能性突破。目前,外高桥保税物流园区正积极探索与洋山保税港区的“区区联动”新模式,力争将园区货源组织集散优势与港区航线资源优势结合起来,推进两者联动发展,形成双赢格局。

② 上海国际航运中心洋山深水港物流园区发展模式

（a）优越的交通

上海国际航运中心洋山深水港物流园区位于芦潮港地区、临港新城南侧，东临沪芦高速公路，通过东海大桥与洋山深水港码头相通；物流园区通过多层次公路网与上海郊区环线、外环线、内环线相连，并和上海市及长江三角洲的高速公路、交通干线公路网、国道网相连；通过浦东铁路芦潮港货运站与国家铁路网接轨；物流园区还通过内河与上海市的内河运输网相通。

（b）建设物流三大模块

芦潮海港城物流基地以洋山深水港工程为依托，洋山深水港 15 米以上的深水泊位能挂靠第 5、6 代集装箱船舶。该物流园区建设物流三大模块，即以港口运输为主的物流增值服务，成为国际物流链和产品供应链的节点，形成具有海港新城园区特点的现代物流企业群。

（c）以航运为依托

该物流园区以航运为依托，发展以航运为基础，其他相关产业和延伸性服务为支持的物流园区，也就是与航运企业及相关企业联合，而不走独立发展的路子。

（d）港口物流园区定位

将该物流园区定位为综合物流园区，除了上面所述依托航运的基础物流模块和国际物流模块外，还应具有运作国内物流的模块，使海港城物流园区成为与外高桥物流园区、浦东空港物流园区相呼应和协调的集约化综合物流园区。

（2）大连港物流园区

大连港始建于 1899 年，距今已有百余年的历史，它位居西北太平洋的中枢，是正在兴起的东北亚经济圈的中心，是该区域进入太平洋、面向世界的海上门户，拥有集装箱、原油、成品油、粮食、煤炭、散矿、化工产品、客货滚装等84 个现代化专业泊位，其中万吨级以上泊位 52 个。大连国际物流园由大窑湾港园区和周水子国际空港园区组成，总面积 1.5 平方千米，具有国际中转、国际配送、国际采购、转口贸易等功能区域。其港口物流园区模式分析如下：

① 便利的交通。大连国际物流园以港口为依托，以高速公路等路网为主通道，充分利用地理位置和便利的交通等优势，成为国际物流的重要节点。

② 简化港、区间货物流通。大连国际物流园的建设，简化了港、区间货物的流通，从而降低成本、提高效率，促进更多货物通过大连港转运，并通过物

流量增加带动资金流聚集。由于物流园的物流聚集功能,促进了大连港区物流信息服务、临港产业、增值服务等方面的发展,并带动了相关金融业、运输业、包装业及国际贸易等产业向港口聚集,丰富了港口功能,进而改善了大连港的产业结构,打破了传统的单一功能和被动服务的局面,使大连港向多功能、现代化的第三代港口发展[63]。

思 考 题

(1) 结合具体案例,阐述港口建设和开发物流园区的机遇与优势。

(2) 分析导致国内部分港口物流园区低效率运营及低收益的主要原因,请调查具体案例,并加以分析。

(3) 国外知名港口物流园区的发展经济对国内港口物流园区建设有何启示?

6　港口竞争力评价

　　港口物流模式决策的目的是为了实现港口的战略目标,即实现港口竞争力的提升,而港口竞争力可以用港口竞争力模型来体现、衡量。当今世界经济全球化趋势不断增强,经济一体化加快,资源配置与产业结构调整在世界范围内广泛进行。经济全球化把港口功能从交通运输的基础设施转变为世界市场的资源配置枢纽,使其成为区域经济发展的重要支撑。我国的外向型经济必将长足发展,这将为港口带来深刻变化。目前世界上几乎所有的自由港或自由贸易区都集中在港口周围,使得港口在区域经济发展中的作用与地位越来越受到重视。与此同时,随着国际航运市场船舶大型化、航线干线化、经营联盟化和港口大型化的发展趋势,整个世界港口格局特别是部分区域性国际港口群之间的相互竞争日趋激烈。面对港航产业这种新的变化趋势,人们越来越清楚地意识到,传统的港口吞吐量指标已经不再是衡量港口竞争能力的唯一标志。与经济全球化环境相适应,必须重新建立一种新的评价体系来全面、科学地衡量港口在国际和国内市场中的竞争能力。在剖析港口国内外竞争力的基础上,根据港口长期发展目标,结合港口发展潜力、环境变化趋向,制定港口发展战略。港口竞争力的影响因素综合反映港口的内部条件和外部环境,对其进行评价分析可以为提高港口竞争力提供分析问题的依据和思路。港口的核心竞争实力能够为港口客观了解自身竞争实力和相对水平提供参考信息,港口可以突出优势发展特色,并发现自身的薄弱环节,有针对性地进行改进,提高港口的竞争力。

　　本章在讨论了现代港口在国内外市场环境下港口竞争力内涵及相关理论,分析了承载港口竞争力的基本评价要素,构建现代港口竞争力评价模型,并阐明现代港口竞争力模型与港口物流模式决策之间的关系。

6.1　港口竞争力评价的理论基础

6.1.1　港口竞争力的基本内涵

（1）企业竞争优势理论的演变

最初的企业战略及战略管理理论认为企业竞争优势的获得以外部环境

为重心,强调外部环境对企业长期发展的作用,要求企业必须适应其生存的环境,充分了解并掌握环境变化的特点,从而使企业能在竞争中获得一席之地并获取进一步的发展。20 世纪 80 年代,迈克尔·波特(Michael Porter)在其著作《竞争战略:分析产业与竞争者的技术》中就认为产业结构决定企业的竞争状态,因此企业战略制定时必须考虑两个方面的因素:一是企业所处行业的结构;二是企业在行业中的竞争地位[64]。波特的"竞争优势"理论分析了企业战略管理的中心问题是如何获取竞争优势,并指出一个工业的竞争状态(利润潜力)取决于五种基本力量(Michael Porter's Five Forces Model,即五力分析模型):①潜在竞争者进入的能力;②供应商的讨价还价能力;③购买者的讨价还价能力;④替代品的替代能力;⑤行业内竞争者现在的竞争能力。这五种力量的不同组合变化最终影响行业利润潜力变化,而且其相对影响程度在每种产业中是不同的,但共同塑造了企业面临的竞争态势。给定这五种力量决定的产业竞争条件,指出企业战略的选择是获取竞争优势,即通过成本领先战略、差异化战略和目标集中化战略来避免这些竞争力量的伤害。波特的"竞争战略"理论取得主导地位意味着竞争优势的来源分析从对企业内部和外部因素的并重转向了企业的外部竞争环境,企业自身的力量不再是战略考虑的重点。此外,同行业之间的关系更多地被视为竞争关系,而没有合作关系。

20 世纪 80 年代中期提出的"基于资源的战略观"则回答了位于同一产业下不同企业间绩效与竞争优势不同的问题,从而使企业战略管理理论转向以内部条件为重心。该理论的中心论点是:企业竞争优势的源泉是企业所控制的战略性资源。它以两个假设作为分析前提:①企业所拥有的战略资源是异质的(所以某些企业因为拥有其他企业所缺乏的资源而获得竞争优势);②这些资源在企业之间不能完全流动,所以异质性得以持续(竞争优势得以持续)。肯尼斯·安德鲁斯(Kenneth R. Andrews)强调企业应通过更好地配置其自身的资源而形成独特的能力,以获取竞争优势[65]。普拉海拉德(C. K. Prahalad)与哈默(Gary Hamel)于 1990 年在《哈佛商业评论》上发表的《企业核心能力》(The Core Competence of the Corporation)一文中引入了"核心竞争力"一词,强调企业竞争优势来源于企业组织的内部,企业新战略的采纳则依赖于公司现有的资源水平及体现在企业内部的技术能力与管理能力[66]。核心能力和企业能力理论在企业发展和企业战略研究方面迅速占据了主导地位,成为指导企业经营和管理的重要理论之一。它的产生代表了一种企业发展的观点,即企业的发展由自身所拥有的与众不同的资源决定,企业需要围绕这些资源构建自己的能力体系,以实现自己的竞争优势。根据麦肯锡咨询公司的观点,所谓核心能力是指某一组织内部一系列互补的技能和知识的结合,它具有使一项或多项业务达到竞争领域一流水平的能力。核心能力由洞察预见能力和前线执行能力构成。洞察预见能力主要来源于科学技术知识、独有的数据、产品的创造性、卓越的分析和推理能力等;前线执行能力产生于这样一种情形,即最终产品或服务的质量会因前线工作人员的工作质量而发生改变。企业核心能力是企业的整体资源,它涉及企业的技术、人才、管理、文化和凝聚力等各方面,是企业各部门和全体员工的共同行为。

而以外部环境及内部条件两者相结合为核心的战略及战略管理则从两个方面探讨了企业竞争优势的来源及相应的战略目标。杰伊·巴尼(Jay B. Barney)在其文章《从内部寻求竞争优势》及《企业资源与可持续的竞争》(1991)中认为企业的竞争优势是企业在行业中业绩出众的能力,也即能够比同行赚取更高利润的能力[67]。企业要想获得竞争优势就要比竞争对手创造出更高的价值,而厂商创造价值的能力却依赖于其原有资源的存量及通过收购兼并、扩展等途径获得的各种资源集合。当然也包括企业利用这些资源(企业的一般资源及特有的资产、声誉、人力资源等)的独特能力。以资源为基础的企业理论注重企业特有资源及其能力的重要性,强调资源与能力在具有"价值""稀缺性"与"难以模仿性"时对企业持续竞争优势的作用,同时它也重视企业所依存的竞争性的环境,即关注企业外部各企业间的合作,创建优势互补的企业有机群体。

因此可以说,企业的竞争优势来源于两个方面:一是来源于企业为客户创造的超过其成本的价值,从而吸引客户,即表现为企业的外部环境,只有搞好顾客关系或者说产业链中的前后向产业或行业之间的关系,才能为企业带来竞争优势,在同行中处于优势地位;二是来源于企业在为客户创造超过其成本的价值时自己从中所获得的超过其产品成本的价值,其价值越大,企业的收益也越大,竞争优势的来源也就越大,此即为企业的内部条件——企业在生产过程中依靠其内部的资源、管理方法、经验等条件创造超过产品成本的价值。只有企业的外部环境与内部条件相互作用,才能为企业创造出更大的竞争优势。

(2)港口竞争力的基本界定

港口竞争力始于港口,源于竞争。欧洲港口委员会(2002)将港口定义为"运输商品装卸的枢纽"。美国交通部(1992)将港口定义为"物流活动的市场、经济发展的引擎"。我国交通部(1997)则把港口理解为"运输货物的集散地"。不管是枢纽,还是市场,还是集散地,港口的基本功能都是易于停靠船舶的地方。

从企业实体的角度看,港口也具有一般企业的通用特性,具有自己的生产经营活动,通过向相关企业提供服务产品而获取相应报酬。但港口具有自身的特点。从市场需求的角度分析,首先,港口所提供服务产品的需求是派生需求,受国内及国际贸易环境、航运市场的影响比较大。其次,不同特性的产品对港口的需求不同,港口的基本特征、海关政策环境等对港口的需求也有一定的影响。再次,港口的需求量是船公司选择行为的结果,不同的船公司的偏好不同对港口的需求也会产生影响。

港口竞争力是衡量一个港口在航运市场竞争中,通过自身资源要素的整合、优化以及与外部环境的交互作用过程中形成的在市场占有、为周边区域经济腹地提供优质廉价服务,以及吸引国内外货源等方面相对于其他港口所具有的比较和竞争优势,是体现港口实际运行能力和潜在发展优势,实现港口企业价值最大化与持续发展能力的综合性指标。

在经济全球化过程中,构成一个国家或地区的港口竞争力的基本优势来自两个方面,一是由港口所处的自然地理区位环境为港口所提供的比较优势;二是由港口所在城市或地区的政治经济社会环境为港口提供的竞争优势。如自由港政策、区域经济发展基础以及港口自身的企业效率与作业能力等。比较优势主要表现为对自然地理区位环境的依赖性,而竞争优势则依托于港口所处的城市或区域的社会经济发展环境及其政策环境。在现阶段,一个港口的竞争力既表现为不断地满足来自于航运企业对港口基础设施规模和港口服务效率的基本要求,也反映在港口的中转枢纽功能覆盖范围及其在区域性干支线港口网络中的作用与地位。

6.1.2 港口竞争力理论

20 世纪 90 年代初有学者对港口竞争力进行了研究,总结了影响港口竞争力的六个关键因素:地理位置,内陆运输连接,港口服务项目和效率,港口服务的价格,社会经济稳定,电信系统。20 世纪 90 年代,我国港口研究大部分局限于如何理顺港口与城市、港口与港口以及港口企业的内部关系上,并没有真正将港口企业作为一个独立的参与市场竞争的主体来研究。2001 年后随着港口管理体制改革得以全面深入开展,我国港口企业从此步入了一个全面、健康、快速发展的时期。与此同时,关于港口竞争力的研究也随之进入了一个新的阶段。其中主要从以下两方面进行研究：

　　一方面，从用户的角度对港口竞争力的影响因素进行分析，从客户需求的微观层面入手，研究港口使用者关注港口的因素，并在此基础上对港口的竞争力进行评价，从而有针对性地改善港口经营，以取得更佳的竞争地位。王杨从航运公司对港口的评价进行研究，得出港口拥挤程度、港口地理位置、港口作业效率、港口费率高低程度、容纳船舶能力、自由化及国际化程度是航运公司在评价港口时最关注的六个因素[68]。

　　另一方面，立足港口企业，借鉴企业竞争力评价对港口竞争力评价进行研究，比较侧重于港口自身的生存和发展以及经济利益的追求，从企业内部探索港口竞争力的构成。这种评价研究是以企业核心竞争力为理论基础，结合港口发展的特点，分析影响港口竞争力的主要因素，从而进行评价。这一角度的国内研究文献比较多。宗蓓华和张联军将影响港口竞争力的主要因素归为以下六个方面：运营条件、服务质量、港口软环境、硬件设施、现代化管理水平和整体形象，运用模糊综合评判法对港口的市场竞争力进行排序[69]。倪旭华在对上海港、釜山港和高雄港的评价中建立包括五项准则层的评价体系，运用层次分析法对三个港口的竞争力进行了综合评价[70]。黄建元建立了基于各国际港口吸引腹地集装箱货源以及中转集装箱货源，借此成为集装箱枢纽港的能力以及港口企业自身的微观财务受益能力的竞争力综合评价指标体系，该指标体系包括 8 个准则层指标和 51 个子指标，采用的是基于模糊集的混合型综合评价方法，该混合型方法结合了模糊优选模型和模糊一致矩阵理论的决策分析方法[71]。陆成云采用通过专家和对咨询意见的信度分析方法，删除部分信度不高的指标，确定最终的指标体系，评价方法采用结构方程模型的方法，估计出各个指标在港口竞争中的重要性程度，得到港口竞争力的得分和排名[72]。刘斌领导的课题组依据迈克尔·波特的竞争优势和萨缪尔逊的经济学原理，从投资趋势、吞吐量增长率、港口作业能力、港口财务状况和港口自然条件等 5 个层次，外商直接投资额、港口投资额、港口集装箱吞吐量增长率、港口货物吞吐量增长率、港口航线、港口装卸率、港口桥吊数、港口泊位数、港口靠泊艘次、港口总资产、港口总利润、港口吃水和港口区位优势等 13 个二级指标，利用因子分析等统计学方法研究排序我国港口的竞争力[73]。李纬韬认为影响港口企业竞争力的因素大致分为 3 种：外部因素、内部因素以及介于两者之间的社会因素。其中，外部因素包括港口所处自然区位条件、港口腹地经济实力、港口的集疏运能力等[74]。内部因素主体主要包

括港口的通过能力、港口的吞吐量、工作效率、港口装卸机械的运用、港口机
械化程度、货种结构、成本及财务状况、企业策略等港口企业自身因素。社会
因素主要体现在港口与外部社会的交流与合作上,如物流园区建设、航运市
场等。针对港口企业最基础的物流功能竞争力评价,王玲、魏然等在港口物
流系统组成结构分析的基础之上,根据港口物流子系统各自的特点以及它们
在港口物流系统整体运作中的作用,设定一套完备港口物流系统的评价指标
体系[75]。该体系从自然地理条件系统评价、基础设施系统评价、物流信息系
统评价、物流运营系统评价、相关产业评价、协调支持系统评价等 6 个子系统
及其下级 25 个二级指标详细展开评价。

　　Weston 从合并兼并的角度对美国打造港口核心竞争力进行了研究。从
核心竞争力的角度来看,近年来全球企业的并购浪潮,很多港口企业正是通
过并购来构建新的、更高层次的核心竞争力,实现了港口企业的持久竞争优
势[76]。港口企业构建核心竞争力的基本途径一般有两种:一是通过自我发展
来构建核心竞争力;二是通过并购特长型企业,或与拥有互补优势的企业建
立战略联盟。与前者相比,港口企业并购的竞争力构建方式具有可得性、高
效率和低成本等特点。通过并购构建核心竞争力的低成本性主要体现在从
事收购的港口企业可能比被并购企业更知道它拥有的某项资产的实际价值。
经过并购后,美国组成了两家巨型的港口营运企业和多家小的港口营运企
业。其结果是既有利于本土港口的竞争,又有利于全球范围港口的竞争。该
项关于港口竞争力的研究得到了美国交通部港口研究所和美国各高校的有
力支持。Verhoeff(1981)和 Goss(1990)认为,竞争主体拥有下列三种形式的
竞争:① 不同经营者服务于相同货主或船东在同一港口的竞争;② 不同经营
者服务于不同货主或船东在同一港口的竞争;③ 不同经营者服务于不同货主
或船东在不同港口的竞争[77,78]。克拉克松(1992)认为港口竞争是港口营运
人之间为获得利润而展开的博弈。Willy Winkelmans 教授从港口法律和港
口政策的角度对欧洲港口竞争力进行了研究,其所在的欧洲港口研究中心为
欧洲的港口竞争战略提供了强大的支持[79]。他认为港口竞争是经营者受到
公司价值最大化的驱使而进行的商业角逐。港口竞争受以下因素影响:① 货
主需求;② 运输生产条件;③ 对手的竞争力;④ 港口政策;⑤ 经济环境。台
湾学者欧阳余庆等在《亚太地区国际港埠竞争力分析与趋势研究》报告书中,
运用调查表的形式,采取信度分析对基隆、台中、高雄、香港、盐田、厦门、上海、
釜山、神户及新加坡港口进行综合竞争力评价。韩国学者田一秀教授通过调查

问卷的方式,对东北亚港口作了一个统计分析。他们的研究表明,服务保证度、货源潜力、服务成本、服务水平、服务能力、港口的区域中心度、港口的区域中间度这七个方面是货主、货代公司、船运公司等选择港口时重点考虑的因素。Anshuen Nir,Kuang Lin 和 Gin-shun Liang 对台湾货主的港口评价行为进行研究,得出陆上运输时间和总成本是货主选港的主要考虑因素[80]。

6.1.3　港口竞争力基本要素

（1）规模要素

港口竞争力首先注重规模。规模是竞争力的重要组成部分。港口吞吐量是衡量一个港口竞争能力的重要指标。港口企业如果想提高和保持自己在竞争中的优势,就必须注重港口的自身规模。港口只有达到一定的规模才可能成为干线港,甚至成为区域航运中心。港口的吞吐量是衡量港口规模的一个重要依据,也是与企业的效益密切相关的一个重要指标。随着现代港口的发展,船舶大型化,以集装箱为主体的发展成为越来越多港口的战略选择。因此,集装箱吞吐量是港口集装箱规模的体现,也是港口竞争能力的重要体现。

（2）环境要素

港口的核心竞争力强弱在很大程度上依赖于所处的内外部环境。港口腹地的经济实力是影响港口企业核心竞争力的主要外部因素之一。港口分为腹地型和中转型等几种,但无一例外,国际知名港口都有着深厚的腹地经济实力。由于强大的腹地经济实力,进出口货物数量必然饱满,因此使得港口的航线密集、集疏运发达,而且由于马太效应,这样的港口还会吸引更多的中转货物,进一步提高港口企业的核心竞争力。世界上知名的港口,中转货物的数量在总的吞吐量中占有较大的比重,而经营中转货物的赢利性强,也会提高港口企业的核心竞争力。因此,腹地经济实力以及中转货物量都是衡量港口企业核心竞争力的重要指标。当然,仅仅考虑腹地的国民生产总值还不能说明腹地能否带来充足的国际货源,还要看腹地经济在多大程度上属于外向型的经济。这一点可以从口岸的对外贸易指标中看出,对外贸易的运输在很大程度上是依赖海运来进行的,外贸额和航运关系密切。

港口的自然条件是影响港口企业核心竞争力的另一重要因素。就港口来说,自然条件是无法改变或者很难改变的,水道、吃水深度、潮汐（如河口港）、冰冻（如北方港口）、台风（如南方港口）、气候以及岸线长度都是港口的自然条件因素,属于外部因素,这些因素都直接影响港口的营运和竞争力。

在世界上,大部分的枢纽港都有着良好的自然条件。随着当今航运业船舶日益大型化的趋势,只有拥有深水航道、深水泊位的港口企业才有可能在竞争激烈的国际航运市场中取得一席之地。

(3)经营服务要素

港口的作业效率及其港口费率是港口企业服务水平的主要标志,是反映港口企业经营竞争力的重要指标,是港口竞争能力的主要组成部分。只有提高港口企业的工作效率,才能切实提高港口企业的经营竞争力,工作效率的提高是港口企业发展的基础,只有打好了这个基础,港口企业的进一步发展才会成为可能。

港口作业效率包括装卸效率和船舶进港效率。随着船舶大型化的发展,大型集装箱船的单位时间成本越来越高,作为干线运输的大型船舶总是在港口作业效率高的港口挂靠,从而可以缩短船舶的停泊时间,增加船舶的运行时间,更好地利用船舶,进而更好地运作资金。

港口的费率是港口经营管理能力的另一个体现,其高低是影响港口竞争地位的另一个重要因素。在其他条件基本相似的情况下,港口的费率高低起着极其重要的作用。港口费率也是检验企业经营效益的重要手段。对于港口企业而言,提高港口的服务效率与质量,降低服务成本,从而降低港口服务收费是其竞争的主要手段。

此外,随着信息技术在港口应用中的深入,现代港口作为信息集散地的地位越来越明显,港口的信息化程度也是影响港口经营服务水平的重要因素。

(4)配套及辅助因素

港口企业的核心竞争力受配套设施及辅助条件的影响很大。要提高一个港口企业的核心竞争力不仅取决于所经营的港口自身设施及服务水平,对港口的运营起辅助作用的一些条件对港口企业的核心竞争力影响也很显著。

首先,港口的集疏运能力是影响港口发展的重要外部因素,直接影响到港口的吞吐量,进而影响到港口的规模。因此,要发展港口,首先就要发展与港口配套的集疏运设施。其次,港口所在地区的通关条件也是影响港口竞争力的一个关键因素,主要涉及海关口岸政策环境及工作效率。通关的过程包括货主的申报,海关部门的审核、查验和放行等过程。海关通关效率高,意味着这些过程的时间就短,船舶停留在港口的时间就短,船舶的成本降低,更容易吸引货主和船主。在我国现有条件下,通关是影响货物进出的一个不可忽视的方面。目前常常由于通关的延误,使得本该装船的集装箱不能按时装船,迫使码头不得不更改船舶积载计划和作业计划,有时甚至会延迟船舶离港,从而影响港口的竞争力。第三,相关配套市场的支持,主要是航运市场,航运市场与港口是密不可分的,港口是航运过程的一个重要载体,而航运是港口服务的对象。广义的航运市场包括航运的相关市场,如造船市场、二手船买卖市场、租船市场、货代市场、船代市场、航运保险市场、航运金融市场等。而当货主选择出境港口的时候,航运的相关市场往往是关键,货主常常考虑的是港口有没有便捷的货物代理,有没有及时的班轮,有没有配套的保险、流通加工等相关服务行业;而船公司在决定挂靠航线的时候也常常会考虑港口的相关行业是否成熟,因此航运市场发育情况与港口的竞争力关系非常密切。

(5)资本要素

港口企业持久的竞争力需要有大量的资金。目前我国的许多港口实际上已经处于超负荷运营的状态。因此,投资新的码头建设成为我国港口企业发展的一个趋势。与此同时,当前集装箱船大型化的趋势已经毋庸置疑,而超大型的集装箱船舶对港口建设的要求大大提高,明显加速了港口设备的更新,而这些投资建设必须要求有大量的资金作为后盾,否则一切的规划都只能是空谈。这就要求港口自身要有强大的资本运营能力,可以充分利用资本市场,利用多种渠道筹集资金。

(6)港口基础设施要素

港口基础设施要素主要包括港口的集装箱泊位数、泊位的吨位水平,港口装卸机械设备以及库场等设施,最终这些因素又体现在港口综合的集装箱设计通过能力上。同时,港口的基础设施还体现在港口的深水泊位比例上。现代的国际大型船舶的停泊需要港口有深水泊位,一般说来港口的设计通过能力相差不大的时候,深水泊位比例高的港口其装卸效率比较高,港口的单位装卸成本、管理成本都相对较低,因此港口的深水泊位比例也是体现港口竞争力的一个方面。

6.2 港口竞争力评价模型的建立

6.2.1 港口竞争力模型构建原则

建立港口竞争力指标体系的目的在于结合实际数据资料对港口竞争力进行综合评价。准确、有效地设计指标体系,有利于核心竞争力综合评价的实施。核心竞争力指标体系选取基于以下原则：

① 科学性原则。所设置的评价指标必须具有科学依据，应是多年实践经验的理论概括和抽象，具有独立性、可靠性、代表性和统计性；指标的设计应规范、合理，其概念力求确切，有准确的内涵和外延；筛选评价指标的过程，要尽可能不受主观因素的影响，保证评价的客观性，把能够全面、准确和科学地反映港口基本信息的相关指标作为评价模型的基本要素。

② 可操作原则。指标体系的设计应考虑到实际操作的可能性，以保证排行结果的可信度。尽可能采用有数据支撑的指标，最大限度地利用现有统计系统公开发布的统计数据和实用的统计方法。同时，指标不宜过于繁琐，个数不宜过多，以避免因陷于过多细节而未能把握评价对象的本质，从而影响评价的准确性。

③ 统一性原则。由于要对不同港口的竞争力进行排行，因此必须在坚持科学性的前提下，充分考虑各港口间统计指标的差异，内涵、口径和划分标准要尽可能一致，努力选择共有的指标，保证可比性。

④ 绝对指标和相对指标相结合的原则。从统计分析的角度出发，绝对指标反映的是总量、规模等因素；相对指标反映的是速度、结构、比率等因素。结合两类指标进行分析，可以较准确地反映实际情况。

⑤ 时代性与前瞻性原则。指标体系的设置应力求与国际惯例接轨，应体现出港口日趋表现出来的信息化、综合物流、深水泊位、绿色环保、码头多方经营等时代特点。另外，对港口竞争力的综合评价不能仅仅局限于对传统能力的评价，还应充分体现出对其发展潜力的评价。

依据以上原则建立的指标体系还需要一个逐步优化的过程。经过分析、咨询初步确立的指标体系，尽管具有一定的结构和各层次指标，但不一定满足每一原则的要求，这就要求对指标体系进行优化。其优化的内容有三个方面：

① 全面性、可测性和非重复性检验。检查指标体系是否包含了目标的各个方面，是否每个指标都可以直接或间接测定，是否有表达重复内容的指标同时存在。这些问题一般都易于发现和解决。

② 独立性检验。检验同一层次指标间是否满足独立性要求，若同层指标间不具有独立性或内容部分重复，则需消除这种影响。一般的解决方法有两种：一是删除不重要指标以消除相关性或重复性；二是分解指标，重新设置。对于表达内容部分重复的指标，可将其分解为更细的指标，再用分解后的指标替换分解前的指标。

③ 信度检验。确定了上述评价指标体系后,对各指标咨询专家意见进行信度分析,通过信度分析删除信度不足的指标。常用的内在信度指标是克朗巴哈 α 系数(Cronbach α coefficient),它实际上计算的是变量间的平均相关性,即对调查表是否有较高的内在一致性进行检验。如果指标的克朗巴哈 α 系数值在 0.8 以上,则表明被调查的专家对各指标具有较为一致的认同度。如果指标的克朗巴哈 α 系数值在 0.8 以下,则对下属指标进行逐一的去除后重新检验;若删除某个下属指标使指标的克朗巴哈 α 系数值得到提高,则说明该指标的一致性不高,可以删除。

6.2.2　港口竞争力模型基本流程

本书提出的港口竞争力评价模型如图 6-1 所示。

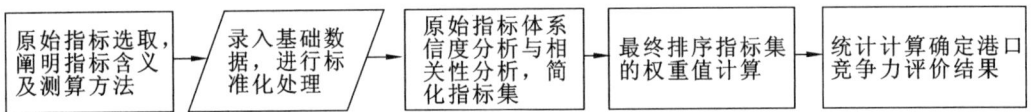

图 6-1　港口竞争力评价模型基本流程图

步骤说明:

第一步,选择原始指标作为指标库,对每个原始指标严格定义,并阐明其测算方法。对于定性类指标,还需要邀请相关领域的专家给予打分评定。

第二步,根据指标库,录入评价目标的基础数据,对基础数据分别进行标准化处理。

第三步,利用统计学方法(如 Factor Analysis Approach,因子分析法),进行原始指标体系因素的信度分析与相关性分析,剔除重合及权重相对较小的指标,并对简化后的指标进行分类与解释,形成港口竞争力评价的最终排序指标。

第四步,采用定性与定量相结合的方法,确定上述步骤所得的关于港口竞争力排序指标的权重值。

第五步,利用统计学方法进行统计计算,确定涉及评价目标港口的竞争力排序,得到评价结果。

6.2.3　港口竞争力评价指标体系

在构建港口竞争力模型的过程中,确定科学、合理、综合性强、覆盖面广及具有代表性的指标体系是构建港口竞争力评价模型的关键环节。根据近年来世界港口业发展的新形势和我国港口的具体情况,选取的原始指标库及定义分别如图 6-2 和表 6-1 所示。

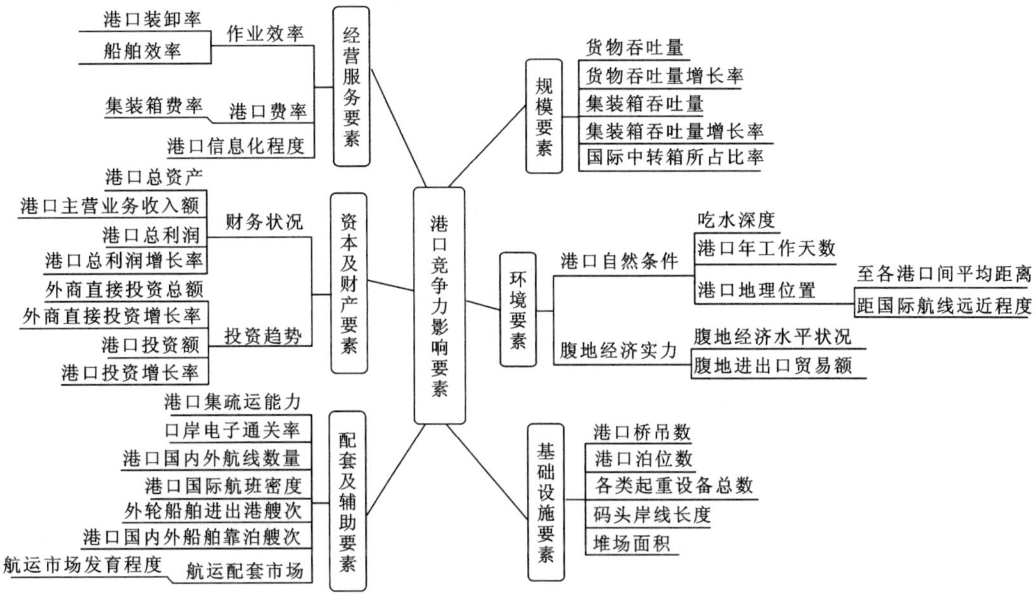

图 6-2 港口竞争力评价原始指标库示意图

表 6-1 港口竞争力评价选取的原始指标及定义

规模要素	货物吞吐量:港口在指定统计期间的集装箱吞吐量和散杂货(如煤、石油、粮食、矿石等)吞吐量总和
	货物吞吐量增长率:港口在指定统计期间的货物吞吐量增长率
	集装箱吞吐量:港口在指定统计期间的集装箱吞吐量
	集装箱吞吐量增长率:港口在指定统计期间的集装箱吞吐量增长率
	国际中转箱所占比率:港口在统计期间国际中转箱在集装箱吞吐量中所占的比率
环境要素	吃水深度:港口公司所辖码头最大的吃水深度,单位为米
	港口年工作天数:港口一年中除去由于天气、水文、航道(包括泊位前水域)疏浚、码头和设备维修等因素而不能开展作业的有效工作天数
	港口地理位置:主要包括港口与港口间的平均距离及港口与国际航线远近程度,属定性指标
	腹地经济水平状况:即港口腹地 GDP,指港口所在城市每年从事经济活动所创造的国民生产总值,单位为亿元/年
	腹地进出口贸易额:指港口所在城市每年从事进出口贸易所创造的贸易额

续表

基础设施要素	港口桥吊数:起重吨位在40吨以上的装卸机械台数或岸吊台数或"塔"数
	港口泊位数:主要指水深达到-12米以上的集装箱深水泊位数
	各类起重设备总数:起重吨位在5吨以上的起重设备总数
	堆场面积:集装箱堆场面积中实际可用于堆存的有效面积(单位为万平方米)
	码头岸线长度:单位为米
配套及辅助要素	港口集疏运能力:涵盖港口的铁路、水路、公路、航空及管道等集疏运条件,属定性指标
	口岸电子通关率:港口所在口岸在统计期间的电子通关率,计算值为有效数据/通关总数×100%
	港口国内外航线数量:港口在统计期间已有的由港口出发至国内外各港口的运输航线数量
	港口国际航班密度:主要指在统计期间,港口每月在国际航线上的航班次数,包括远洋和近洋两种,不包括内支线
	港口国内外船舶靠泊艘次:主要指港口在统计期间的国内外船舶靠港卸货艘次
	外轮船舶进出港艘次:指港口在统计期间从事集装箱运输的国际船舶靠港卸货艘次
	航运市场发育程度:主要指港口城市各个航运相关市场的行业发展状况。相关航运市场包括造船市场、二手船买卖市场、租船市场、货代市场、船代市场、航运保险市场、航运金融市场等,属定性指标
资本及财产要素	港口总资产:指港口拥有或控制的全部资产。包括流动资产、长期投资、固定资产、无形及递延资产、其他长期资产等,即为企业资产负债表的资产总计项
	港口主营业务收入额:指港口经常性的、主要业务所产生的收入
	港口总利润:指港口在指定统计期间经营所取得的总利润额
	港口总利润增长率:指港口在指定统计期间总利润的增长率
	外商直接投资总额:指港口在指定期间接受外商投资的金额总数
	外商直接投资增长率:指港口在指定统计期间的外商直接投资增长率
	港口投资额:指港口在指定统计期间港口的投资总额,包括已投资集装箱码头投资额、已投资散杂货码头投资额、已投资装卸设备投资额
	港口投资增长率:指港口在指定统计期间港口投资的增长率

续表

经营服务要素	港口装卸率:即装卸工时效率,主要指港务公司装卸 24 小时所完成的装卸货物的数量,单位为操作箱/24 小时
	船舶效率:用船舶平均在港延时表示
	集装箱费率:主要指在统计期间集装箱到港后,港口收取单位集装箱的费用,包含进港费吨税、引水费、拖轮费、停泊费、码头费、装卸费等,单位为美元/标准箱
	港口信息化程度:包括集装箱装卸系统信息化程度、港航 EDI 化程度、GPS 的使用程度和安全监控系统等方面的使用程度,属定性指标

结合统计数据,经过统计学信度分析,并应用因子分析法处理后,通过对影响港口竞争力的原始指标集进行因素判断、分类、因子解释后得到的简化指标体系如图 6-3 所示。

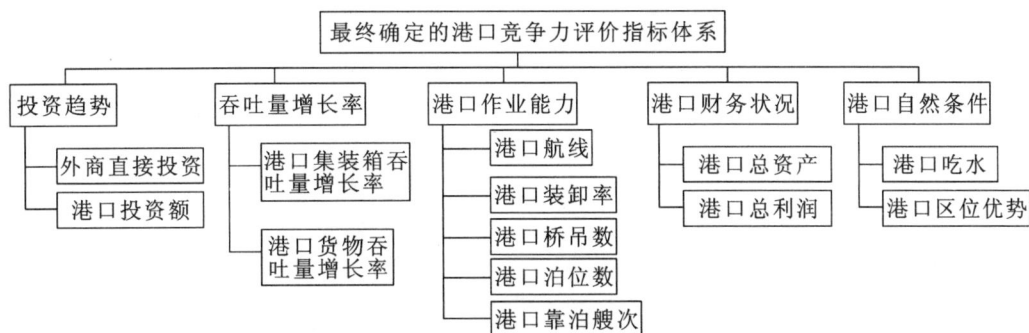

图 6-3 最终确定的港口竞争力评价指标体系

6.3 港口竞争力模型与港口物流模式决策

港口竞争力的影响因素及上述竞争力评价指标综合反映了港口的内部条件和外部环境,为提高港口竞争力提供了分析问题的依据和思路。港口的综合竞争实力能够为港口客观恰当了解自身竞争实力和相对水平提供参考信息,港口可以发现自身的薄弱环节并有针对性地进行改进。

港口作为全球综合运输网络的节点,在发展现代物流方面具有独特的优势。其功能不断拓宽,在发展现代物流与国际物流中扮演着越来越重要的角色。港口以整合生产要素、提供信息平台、促进多式联运等复合优势实现现代物流中心的功能,港口的多重身份在国际物流中具有战略地位,港口通过物流系统提供增值服务。为顺应经济全球化的需要,现代港口需要不断完善其物流职能,所以现代港口物流模式的选择及其物流功能完善十分必要。

港口物流模式决策是港口发展过程中的一项重大决策问题,其最终目的是为了实现港口的战略目标,即实现港口竞争力的提升。港口物流模式的决策过程受到众多因素的影响和制约,比如港口受所处地理位置、区位条件、自身软硬件设施、规模及运营管理实力等内部因素的制约,更是受到经济腹地的实力、集疏运交通条件、当地口岸政策大环境等外部因素的影响。

港口竞争力可以用港口竞争力模型来体现、衡量。港口竞争力一般体现在一套为业界所认同的竞争力指标体系中。所以,可以从港口竞争力指标体系的角度来综合衡量和选择港口发展物流的模式,使港口物流决策模式建立在一个科学的基础之上。港口物流模式决策与港口竞争力模型的关系如图 6-4 所示。

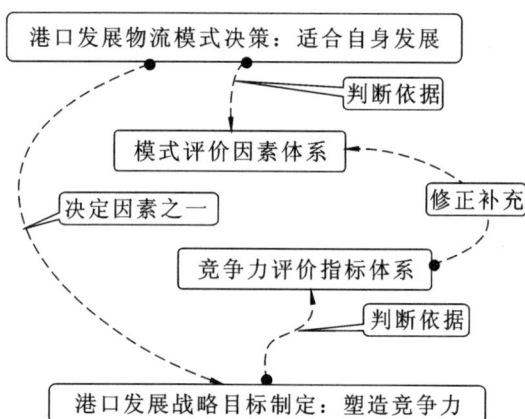

图 6-4　港口物流模式决策与竞争力模型

在本书后续章节中,将重点讨论基于港口竞争力模型的港口物流模式决策与应用分析过程。

6.4　港口竞争力评价实例分析

下文在 MATLAB 平台上利用层次分析法对三个港口进行评价分析。假设对某三个港口(port1、port2 及 port3)进行评价分析,确定经营伙伴关系,已知决定这次评价的因素分别是投资趋势 B_1、吞吐增长率 B_2、港口作业能力 B_3、港口财物状况 B_4、自然条件 B_5 和港口基础设施 B_6。现利用层次分析法 (AHP),在 MATLAB 平台上进行分析。按照 AHP 的分析原理,计算与分析步骤如下。

第一步，请专业人士对各一级和二级准则的权重值进行打分，构造对比矩阵。表 6-2 为一级准则（6 项指标）的权重打分对比矩阵；表 6-3 为每一个一级准则下属的二级准则权重值打分对比矩阵，即可具体分为 6 个相应的对比矩阵。

表 6-2　一级准则的打分对比矩阵

	B_1	B_2	B_3	B_4	B_5	B_6
B_1	1	1	1	4	1	1/2
B_2	1	1	2	4	1	1/2
B_3	1	1/2	1	5	3	1/2
B_4	1/4	1/4	1/5	1	1/3	1/3
B_5	1	1	1/3	3	1	1
B_6	2	2	2	3	3	1

表 6-3　二级准则的打分对比矩阵

B_1	C_{11}	C_{12}	C_{13}	B_2	C_{21}	C_{22}	C_{23}	B_3	C_{31}	C_{32}	C_{33}
C_{11}	1	1/4	1/2	C_{21}	1	1/4	1/5	C_{31}	1	3	1/3
C_{12}	4	1	3	C_{22}	4	1	1/2	C_{32}	1/3	1	1/7
C_{13}	2	1/3	1	C_{23}	5	2	1	C_{33}	3	1	1
B_4	C_{41}	C_{42}	C_{43}	B_5	C_{51}	C_{52}	C_{53}	B_6	C_{61}	C_{62}	C_{63}
C_{41}	1	1/3	5	C_{51}	1	1	7	C_{61}	1	7	9
C_{22}	3	1	7	C_{52}	1	1	7	C_{62}	1/7	1	1
C_{43}	1/5	1/7	1	C_{53}	1/7	1/7	1	C_{63}	1/9	1	1

第二步：利用 MATLAB 分别求每个矩阵最大特征值和对应的特征向量，并将其归一化处理。

表 6-4　各个港口总权重值计算表

准则（权重）	投资趋势	吞吐增长率	港口作业能力	港口财物状况	自然条件	港口基础设施	总得分
	0.1507	0.1792	0.1886	0.0472	0.1464	0.2879	
port1	0.1365	0.0974	0.2426	0.2790	0.4667	0.7986	0.3952
port2	0.6250	0.3331	0.0879	0.6491	0.4667	0.1049	0.2996
port3	0.2385	0.5695	0.6694	0.0667	0.0667	0.0965	0.3052

第三步:层次单排序和一致性检验,确定上面7个矩阵是否满足一致性要求。经 MATLAB 计算可知上面7个矩阵满足一致性要求。

第四步:层次总排序和总的一致性检验。利用 MATLAB 计算每个港口的总权重,并计算总的一致性,是否满足要求。

第五步:在完成两级一致性检验并通过之后,请专业人士对上述三个港口的竞争力进行打分,并结合各级准则的权重值折合计算。完成后,依次从总得分情况可初步确定所在港口的竞争力排序。

参考上述第五步港口竞争力总得分计算结果(表6-4),可知 port1(0.3952)>port3(0.3052)>port2(0.2996)。

思 考 题

(1) 从用户角度(船公司或货主企业)看,影响货主企业或船公司选择挂靠港口的主要决定因素有哪些?

(2) 阐述港口之间竞争与合作的博弈关系。

(3) 如何评价港口竞争力评价指标体系的有效性与可信度?

7　港口物流发展模式决策

随着世界经济全球化趋势不断增强,经济一体化步伐加快,资源配置与产业结构调整在世界范围内广泛进行,我国的外向型经济得到了长足发展。这也给港口产业带来了深刻变化。在此大趋势下,现代港口在社会经济发展中的作用与地位也正在发生深刻变化,已经成为一个国家、地区经济能否有效参与经济全球化并在国际竞争中保持主导地位的重要基础设施。港口要在日趋激烈的竞争中找准位置,必须转变传统观念,及早拓展港口物流功能,将发展港口物流提到港口发展战略的重要位置上,这既是顺应潮流的需要,也是谋求生存和发展,提高国际竞争力的新方向。

港口物流化是港口在原有形态的基础上按照现代物流发展的要求重新定位的结果,它不仅具有服务范围延伸、服务功能扩展等特点,而且还具有组成结构复杂、管理协调难度增大等特点。而现代港口作为综合物流系统的枢纽,能否最大程度地提高系统运行效率,降低物流成本,使货物进出港更加顺畅、高效,并能得到最有效的监管,则成为港口在整个物流系统中所处地位的决定性因素。

因此,研究探讨港口物流发展的趋势,并合理选择港口的物流发展模式,就显得非常必要和重要。构建港口物流发展模式的决策框架,研究和探索港口发展模式决策模型,对推动我国港口物流的发展和创新具有深远的理论意义和现实意义。

7.1　港口物流模式决策

港口在发展物流时根据不同发展思路和方向,可以有许多选择,因此,港口物流发展模式的决策问题实质上是一个多目标决策问题。

港口物流模式的选择涉及港口物流的战略定位和社会、政治、经济及技术等各种内外部影响因素,具体包括港口所处的自然条件、具备的区位优势、所在腹地城市经济发展水平、货种状况及实际供求关系等方面。港口发展物流也没有单一的或者固定的模式,各个港口应根据自身条件和环境因素,并依据现代物流的发展趋势,借鉴国内外港口物流发展的成功经验,因地制宜地选择适合港口物流发展的最佳模式。对于一个特定的港口来说,其物流发展模式也不是一成不变的,而是随着港口企业的发展而发展的。这就要求我们用发展的眼光,从发展的角度进行物流模式的决策。

7.1.1　港口物流模式决策影响因素

港口发展过程中做任何一项决策都会受到众多因素的影响,比如港口企业的组织建设、资源及文化等内部制约因素,以及企业所处的外部环境等因素,也可以从主客观的角度分为主观因素和客观因素两类。本章主要从客观因素角度,将港口企业选择物流发展模式的决策影响因素分为外部因素和内部因素进行分析。

（1）模式决策的外部影响因素

港口是个开放的经济系统。影响港口物流模式决策的外部因素主要体现为港口及企业所处的各种外部政治、社会与经济宏观环境。外部决策因素是港口企业无法控制和选择的,只能根据具体情况采用适应性的决策。

影响港口物流模式决策的外部宏观环境因素具体包括以下六个方面:

① 世界港口的发展趋势。经济全球化极大地促进了世界贸易的发展,进而又促进了世界航运市场的发展。船舶的日益大型化对世界港口格局产生深远影响,港口大型化、专业化、深水化和集中化成为一种趋势。此外,集装箱船运力增长迅速。

② 我国国内宏观经济环境。在高速发展的我国经济的带动下,我国港口发展迅速,沿海及内地港口建设日新月异,带动港口货物吞吐量高速增长。我国经济在未来几年内仍将继续保持稳定高速增长,为港口发展提供强大的经济原动力。而与此同时,港口之间的竞争也日趋激烈。

③ 我国物流市场发展状况。我国物流服务业的发展起步较晚,但发展空间巨大,市场已孕育了对第三方物流以及物流服务的需求。但目前物流服务需求企业迫切需要的物流系统设计、物流信息系统开发等新型服务还缺乏有效的支持,因此物流企业在新型物流服务提供方面与市场需求还有很大的差距。

④ 国家港口物流的相关产业政策。为顺应我国加入 WTO 后经济发展的客观需要,加快我国现代物流的发展,改善投资环境,调整经济结构,增强综合国力和企业竞争力,提升经济运行的质量和效益,中央和各地区省市纷

纷出台了一系列关于发展和推动现代物流的政策和措施。2009 年 2 月,国务院出台旨在促进物流长远发展的物流业振兴计划。物流行业对整个国民经济的支撑作用将更加重要,港口物流也迎来新的发展契机。

　　⑤ 港口所在地方的经济状况和社会环境。港口物流的充分发展依赖于港口所在地区经济水平、所在腹地进出口贸易发展情况、所在区域集疏运等基础设施的发展程度,也受到所在地方政府政策扶持与协作力度、当地海关口岸环境等因素的影响。

　　⑥ 其他外部环境因素。

　　(2) 模式决策的内部影响因素

　　内部因素是从企业微观的角度出发,剖析决定港口物流模式选择的港口及系统内部组成要素,它是港口企业可以控制和选择的因素。港口企业在有必要的情况下可以改变某些因素以适应物流模式。

　　影响港口物流模式决策的九种内部微观环境因素,具体包括:

　　① 港口所处位置自然地理条件、航道条件、区位优势及区域气候条件等;

　　② 港口吞吐量规模及发展态势、港口吞吐量分布及货种结构;

　　③ 港口现有基础设施、设备状况及投入情况;

　　④ 港口自身资本运作、财务资产状况及投资趋势等;

　　⑤ 港口当前作业能力及业务管理水平;

　　⑥ 港口的航线及航运配套市场发展状况;

　　⑦ 港口的信息化建设与应用水平;

　　⑧ 港口物流人才队伍建设情况;

　　⑨ 港口的其他内部影响因素。

　　对于特定的港口,可以利用 SWOT 分析法(Strength,Weakness,Opportunity and Threat,即优势-劣势-机遇-威胁的分析模型)进行港口物流发展的形势分析。

　　外因是变化不可缺少的条件,而内因是变化的动力。根据这一原理,港口在进行物流模式决策时,要把立足点放在其内部因素上,同时还必须拓宽思路,充分利用外因抓住机遇谋求自身的发展。

　　综上所述,影响港口物流模式决策的内外部因素和构成港口竞争力的要素体系基本上是相近的,决定港口竞争力的相关要素在很大程度也左右着该港口在物流发展模式上的选择。这也为本书后续章节中所讨论的港口物流模式决策模型与应用提供了基础。

7.1.2　港口物流模式的决策标准

衡量港口物流模式决策合理与否的标准可概括为两点:一是实现决策目标付出的代价大小;二是决策执行后的副作用多少。具体体现在下述方面:

标准一,港口的物流模式是否与国家的宏观经济政策和国家的法律法规相适应,是否随着产业形势和政策得以调整。在不同的经济宏观政策背景下,港口物流模式也会有所不同。

标准二,港口物流模式是否与港口战略相匹配。港口物流模式必须是在港口整体发展战略指导下制定的,否则港口物流模式则成了无本之木,缺乏源泉和根基。例如对于成本领先的港口发展战略,应该考虑港口物流模式是否能有效降低成本;对于以客户为中心的港口发展战略,港口物流模式应能够提高客户服务水平;对于核心竞争力港口发展战略,港口物流模式应更加专注于核心业务。

标准三,港口物流模式是否与港口的发展阶段相适应。港口处于不同的发展阶段,应该采取不同的发展战略和物流模式。

标准四,港口的物流模式是否与港口企业的商业模式特征相匹配。不同的商业模式决定了采取不同的业务模式和管理模式。从商业模式角度看,从最初的产业经营,开始过渡到产业经营与资本经营并存,再发展到资本运营,不同阶段的商业模式主导了港口物流模式的不同设计。

标准五,港口物流模式是否与产权关系相匹配。

标准六,港口物流模式是否与港口企业文化相适应。

标准七,港口物流模式是否与港口当前信息化水平相适应。

7.2　综合评价与港口物流模式决策

7.2.1　综合评价

评价是指对管理对象应用确定的度量尺度,采用相应的评判方法,将所得到的结果与事先预定的目标进行比较,得出结论和改进的过程。评价的目的在于提示事物的价值,进而发现事物的优势及存在缺陷之处。评价就是人类发现价值、揭示价值的一种根本的途径,是管理决策过程中的一项重要活动。综合评价(Comprehensive Evaluation)的主要目的是系统地提示被评价系统的状态和发展规律,为科学决策提供可靠的信息依据。

(1) 综合评价的含义

运用多个指标对多个评价对象进行评价的方法,称为多变量综合评价,简称综合评价。它是对以多属性体系结构所描述的对象系统做出全局性、整体性的评价。其基本思想是将多个指标转化为一个能够反映综合情况的指标来进行评价。

综合评价是相对于单项评价而言的,它们之间的区别不在于评价个体的多少,而在于评价指标体系的复杂程度。综合评价是多元、多属性、多指标对象的价值判断,一般来说,评价对象比较复杂,需要通过某种假定,利用某种方法对指标进行合成,得出一个组合后的评价值。

(2) 综合评价的类别

综合评价所使用的方法众多,各种方法的出发点不同,解决问题的思路不同,适用对象不同,又各有优缺点。目前,国内外学术界对复杂对象的评价方法可以分为主观构权法和客观构权法两大类。前者的代表是层次分析法和模糊综合评价法;后者的代表为主成分分析法和因子分析法。上述四种方法将在本章后续小节中详细叙述。

主观构权法是指研究者根据其主观价值判断来指定指标权重的一种方法。主观构权法的合理之处在于权重的分配依赖于主观价值判断,能充分吸收本领域专家的理论知识和丰富的经验,体现出专家对指标重要性的判断,并且该方法简明扼要,易于理解和普及,有利于横纵比较。但是以人的主观判断作为定权基础不完全合理。实际过程中经常发生主观定权与客观实际不一致的情况。因此,主观定权方法虽然反映专家意向,但需要加以修正(如应用专业统计软件进行修正计算)。

客观构权法是相对主观构权法而言的,它是直接根据指标的原始信息经统计或数学处理后获得权重的一种方法。客观构权法虽然具有定权客观、不受人为因素影响等优点,但各指标的权重是根据既得数据中所反映的信息而得出的,数据不同,同一指标可能会得出不同的权重,随样本的变化而变化,权数依赖于样本。客观数据可能是不准确的。它只能说明企业过去的行为和结果,而对现在和未来的反映是有偏差的。

(3) 综合评价的特点

综合评价的特点表现为:第一,多个评价指标同时进行。即实施评价时,并非按指标依次进行,而是通过一些特殊方法将多个指标的评价同时完成。

第二,赋予指标以权重值。即在评价时,一般要根据各指标的重要性采取加权处理。第三,评价结果表示。以指数或分值表示评价对象"综合状况"的排序或表示所属层次及类别的信息定义结果,而非具体含义的统计指标。

(4) 综合评价的组成要素

综合评价的组成要素主要包括:

① 评价者或评标专家(Expert)。评价目的的给定、评价指标的建立、评价模型的选择、权重系数的确定都与评价者有关。因此,选择合适的评价者在评价过程中非常重要。评价者一般是个人或某团体。

② 被评价对象(Object)。随着综合评价相关理论及其理论的研究与实践活动,评价的对象领域也从最初的各行各业经济统计综合评价拓展到后来的社会发展、环境质量、技术水平、生活质量、小康水平、综合国力、绩效考评、竞争能力、发展策略及模式等领域的对象。

③ 评价指标(Index)。评价指标体系是从多个视角和层次反映特定评价客体数量规模与数量水平的。它是一个"具体—抽象—具体"的辩证逻辑思维过程,是人们对现象总体数量特征的认识逐步深化、求精、完善、系统化的过程。

④ 权重系数(Weight)。权重系数的差异反映的是评价指标相对重要性指标的不同。权重系数合理与否,直接关系到综合评价结果的可信度。

⑤ 综合评价模型(Model)。选择并应用相应的数学模型将多个评价指标值"合成"为一个总结性或整体性的综合评价值。

(5) 综合评价的一般步骤

综合评价通常要经历以下步骤:

① 确定评价对象;

② 构建综合评价指标体系,这是综合评价的基础和依据,也是综合评价的难点所在;

③ 收集数据,并对不同计量单位的指标数据进行同度量处理,即指标量化和归一化处理;

④ 确定指标体系中各指标的权重系数,以保证评价的科学性;

⑤ 建立综合评价数学模型,采集和筛选指标数据,进行汇总计算,得出综合评价指数或综合评价得分;

⑥ 根据评价指标或得分对被评价对象进行排序或定位所属层次等级,最后得出综合评价的结论。

7.2.2　常用评价方法

（1）层次分析法

层次分析法（Analytic Hierarchy Process）简称 AHP，是一种定量分析与定性分析相结合的、层次化和系统化的分析方法。由于该方法能较好地处理复杂的决策问题，且实用性强，在世界范围内得到广泛应用。在经济计划和管理、行为科学、军事指挥、运输、农业、能源政策和分配、教育、人才、医疗和环境等社会、政治、技术和经济诸领域取得较好效果。

① 层次分析法的内涵

AHP 最先是由美国运筹学家、匹兹堡大学教授 T. L. Saaty 于 20 世纪 70年代初期在为美国国防部研究"根据各个工业部门对国家福利的贡献大小而进行电力分配"课题时，应用网络系统理论和多目标综合评价方法，提出的一种简便、灵活而又实用的多准则决策方法[81~83]。AHP 通过将复杂的目标问题分解为有序的阶梯层次结构，进而分层次地分析影响总体性能的相关因素，通过人们对决策方案的判断，进行优劣排序。它将决策者的经验判断给予量化，在目标（因素）结构复杂且缺乏必要数据的情况下更为实用。它对人们的主观判断做形式表达、处理与客观描述，通过判断矩阵计算出相对权重后，再进行判断矩阵的一致性检验，克服两两相比的不足。

AHP 作为一种决策的过程，提供了一种表示决策因素（尤其是社会经济因素）测度的基本方法，这种方法采用相对标度的形式，并充分利用了人的经验和判断能力。它呈现出两个特点：一是层次的分解性。AHP 按照下层指标服从上层指标及综合最优原则，将复杂的问题分解成目标、准则、方案等若干递推的层次，把问题简单化。二是实现定性与定量相结合。在每一层次，按照一定准则对该层元素进行逐对比较，并按标度定量化，形成判断矩阵。通过计算判断矩阵的最大特征值以及相对应的正交化特征向量，得出该元素对该准则的权重。在此基础上，可以计算出各层次元素对于该准则的比重。这种方法能够统一处理决策中的定性和定量因素，具有实用性、系统性、简捷性等优点，同时也提高了评价过程的科学性和有效性。

② AHP 确定权重及计算步骤

（a）引入标度：为了使元素之间进行两两比较得到量化的判断矩阵，AHP中往往引入 1~9 的标度。Saaty 等建议引用数字 1~9 及其倒数作为标度。表 7-1 列出了 1~9 标度的含义。

表 7-1　标度方法及定义

标度	定义
1	i 评价因素与 j 评价因素相比,同样重要
3	i 评价因素与 j 评价因素相比,稍微重要
5	i 评价因素与 j 评价因素相比,明显重要
7	i 评价因素与 j 评价因素相比,相当重要
9	i 评价因素与 j 评价因素相比,极其重要
2,4,6,8	为以上两两判断之间的中间状态对应的标度值
倒数	若 j 评价因素与 i 评价因素比较,得到判断值为 $a_{ji}=1/a_{ij}$,$a_{ii}=1$

　　(b) 建立树状层次结构模型:分析系统中各个因素的相互关系、逻辑归属以及重要性,进行分层排列,上一层次的元素作为准则对下一层次有关元素起支配作用,构成一个自上而下的阶梯层次结构。阶梯层次结构中的层次数与问题的复杂程度及需要分析的详尽程度有关,一般层次数不受限制。每一层次中各元素所支配的元素一般不超过 9 个。因为支配的元素过多会给两两比较判断带来困难。要合理确定影响最终结论的各种因素和它们之间的相互关系。一般来说,一个系统可以将其分成三个层次,即目标层、准则层和方案层。目标层即最高层,只有一个元素,一般它是分析问题的预定目标或理想结果。在复杂问题中,影响目标实现的准则可能有很多,这就要求我们要详细分析各个因素之间的关系,找出上下层的隶属关系。准则层即中间层,包含为实现目标所涉及的中间环节,它可以由若干个层次组成,包括所需考虑的准则、子准则。方案层即最底层,包括为实现目标可供选择的各种措施、决策方案等。

　　(c) 构造两两比较判断矩阵:通过两两比较若干个因素对同一目标的影响,确定它们在目标中占的比重。根据 T. L. Saaty 的标度理论,构造两两判断矩阵。然后分别对每个方案中所有因素进行打分,并运用加权平均,利用上一步结果计算每个方案下每个因素的相对权数。

　　(d) 计算单排序权向量并做一致性检验:计算每个成对比较矩阵的最大特征值及其归一化后所对应的特征向量,再对所构造比较矩阵的特征值和特征向量求解并进行一致性检验。

　　(e) 计算层次总排序权向量并做一致性检验:计算最下层对最上层总排

序的权向量。一致性指标的值越大,表明判断矩阵偏离完全一致性的程度越大;一致性指标的值越小,表明判断矩阵越接近于完全一致性。一般判断矩阵的阶数 n 越大,人为造成的偏离完全一致性指标的值便越大;n 越小,人为造成的偏离完全一致性指标的值便越小。当 $n<3$ 时,判断矩阵永远具有完全一致性。计算 CR 值,若 $CR<0.1$,则通过,便可按照总排序权向量表示的结果进行决策,否则需要重新考虑模型或重新构造那些一致性比率较大的成对比较矩阵。

③ 层次分析法的特点分析

AHP 分析思路清楚且简单明了,可将系统分析人员的思维过程系统化、数学化和模型化,按照分解、比较判断、综合的思维方式进行决策,成为继机理分析、统计分析之后发展起来的系统分析的重要工具;分析时需要的定量数据不多,但要求对问题所包含的因素及其关系具体而明确。这种方法适用于多准则、多目标的复杂问题的决策分析:不仅适用于存在不确定性和主观信息的情况,还允许以合乎逻辑的方式运用经验、洞察力和直觉。该方法尤其适合于对决策结果难于直接准确计量的场合。但 AHP 一方面难以考虑因素间的相互关系,另一方面也不易指出影响评价结果的主要因素。

(2) 主成分分析法

主成分分析法(Principal Component Analysis,简称 PCA),也称主分量分析法、主成分回归分析法。该方法的核心是将多指标问题通过维度的降低,转化为用较少的综合指标表达的一种重要统计方法,是一种简化数据集的技术。它通过将原来相关的各原始变量作数学变换,能将高维空间的问题转化到低维空间去处理,使其成为相互独立的分量,这些分量能提供原有指标的绝大部分信息。

① 主成分分析的内涵

PCA 是由 Hotelling 于 1933 年首先提出的。在实证问题研究中,为了全面、系统地分析问题,我们必须考虑众多影响因素。这些涉及的因素一般称为指标,在这类多变量分析中,为了尽可能完整地搜集信息,对每个样品往往要测量许多项指标,以避免重要信息的遗漏。然而,由于每个变量都从不同程度上反映了所研究问题的部分信息,同时各个指标之间可能存在一定相关性,因而在一定程度上,统计所得的数据所反映的信息会有重叠。另一方面,在用统计方法研究多变量问题时,变量数目的增加同时也增加了计算量以及分析问题的复杂性。因此,人们希望能用少数几个不相关的综合变量来反映原变量提供的大部分信息。从数学角度来看,这就是降维的思想,把多指标转化为少数几个综合指标。

PCA 实质上是一个正交线性变换,是 n 维空间的坐标旋转,并不改变样本数据结构。这个变化把数据变换到一个新的坐标系统中,使得任何数据投影的第一大方差在第一个坐标(称为第一主成分)上,第二大方差在第二个坐标(称为第二主成分)上,依此类推。这些主成分是原变量的线形组合且两两不相关,能够最大限度地反映原变量所包含的信息。PCA 经常用来减少数据集的维度,同时保持数据集的对方差贡献最大的特征。这是通过保留低阶主成分,忽略高阶主成分而做到的,这样低阶主成分往往能够保留数据的最重要方面。

② 主成分分析的算法与计算步骤

(a) 原始指标数据的标准化:采集 p 维随机向量和 n 个样品,构造样本矩阵,对样本矩阵进行标准化变换,得到标准化矩阵 Z;

(b) 对标准化矩阵 Z 求相关系数矩阵 R;

(c) 求样本相关矩阵 R 的 p 个特征值,确定主成分;

(d) 将标准化后的指标变量转换为主成分,提取 p 个主成分信息;

(e) 对 m 个主成分进行综合评价:对 m 个主成分进行加权求和,即得最终评价值,权数为每个主成分的方差贡献率。

③ 主成分分析法的特点

PCA 作为最重要的多元统计方法之一,在社会经济、企业管理及地质、生化等各领域得到了广泛应用。通过 PCA,将原来相关的各原始变量变换成为相互独立的主成分,消除了由于指标间相关而在评价时反映的重复信息,即消除原始变量间的相关影响;主成分综合评价确定了评价综合时所需的信息权重,它是从评价指标包含被评价对象分辨信息多少来确定的一种权数。如果指标所含分辨信息量比较丰富,该指标的区分能力较强,则该指标的权重就高;反之,指标权重则低。PCA 还可以实现综合评价指标的降维,不但方便了综合评价,也使工作得以简化,突出核心要素。

PCA 也存在缺陷,由于同一被评价对象在不同样本集合体中的均值和离散程度是变化的,因而协方差矩阵也是变化的,由此计算的主成分与方差贡献率是不同的,所以综合评价的结果是变化的。因此,PCA 一般适用于一次性评价,不便于横向和纵向比较,不利于统计资料的累积。综合评价的实际结果与评价指标间的相关程度高低成正比。当各成分元素相关程度高时,主成分分析的结果就好;当各成分元素间相关性小时,每个主成分承载的信息量就少。为了使累积贡献率达到 85％以上,就需要选取较多的主成分,此时主成分分析的降维作用不明显。而且 PCA 是一种"线性"降维技术,只能处理线性问题,其相关系数矩阵只能反映指标间的线性相关程度。虽然可以应用非线性主成分分析来完善主成分综合评价的适用性和实用性,但还是显得粗糙。最后,PCA 完全依赖于评价指标的实际数据,但是实际情况不但不是一成不变的,而且在不断变化,并且一定情况下某一阶段的部分数据可能并不能反映事物的本质特征。

(3) 因子分析法

因子分析法(Factor Analysis Approach)也称为因素分析法,其思想与主成分分析法大致相同。因子分析法的主要目的是浓缩数据,它通过研究众多变量之间的内部依赖关系来探求被观测数据中的基本结构,用少数几个因子去描述许多指标或因素之间的联系,即将相关比较密切的几个变量归在同一类中,每一类变量就成为一个因子,以较少的几个因子反映原资料的大部分信息,并解释这些变量之间的相互依存关系。

① 因子分析法的内涵及基本原理

因子分析法基于相关矩阵内部的依赖关系,根据相关性大小对变量进行分组,使得同组内的变量之间相关性不高,而不同组内的变量之间相关性较低。每组变量组成的基本结构称为公共因子。公共因子和特殊因子之和能够描述原来观测的每一个变量。在确保信息丢失最少的前提下,从多个原始指标中提取出少量的不相关指标,再根据各自方差的贡献率来确定其权重,进而计算出综合得分。该方法的最大优势在于各综合因子的权重由各自的方差贡献率大小来确定,而不是来自于主观性的赋值。方差值越大的变量越重要,即具有较大的权重;反之亦然,这样处理的好处是避免了人为确定权重的随意性,使得评价结果具有唯一性,而且较为客观合理。另外,借助于计算机软件等工具,可方便快捷地完成因子分析的整个运算过程。因子分析的基本原理就是构造一个因子模型,确定模型中的参数,然后根据分析结果进行因子解释,并对样本分类,做进一步分析。

② 因子分析法的基本步骤

(a) 确认因子分析方法的可行性分析。在运用因子分析时一般需要对原有变量进行相关分析,以确保原有变量之间应具有较强的相关关系。常用的办法是计算相关系数矩阵并进行统计检验。如果相关系数矩阵中的大部分相关系数都大于 0.3 且通过统计检验,这些变量就可以作因子分析。

（b）进行原始变量数据的标准化处理。即通过一定的数学变换方法，把性质、量纲各异的指标转化为可以进行综合的、无量纲的相对数，确保消除量纲的影响，并使其保持指标方向上的一致性。

（c）求解相关系数矩阵 **R** 及 **R** 的特征值和特征向量，求因子贡献率和公共因子个数，提取因子。

（d）求解初始因子载荷矩阵 **A**。

（e）将初始因子载荷矩阵进行旋转。

（f）解释因子并计算因子综合得分。

③ 因子分析法的特点

如前所述，因子分析就是从研究多个变量间的依赖关系入手，寻找能够起决定作用、控制所有变量的公共因子，将较多的变量表示成较少的公共因子的线性组合，从根本上解决指标间的信息重叠问题，大为简化原指标体系的指标结构。而且因子分析法中因子的权重计算过程确保权重选择的客观性，从而克服了评价方法中人为主观确定权重值的缺陷，使得综合评价结果更趋客观与合理。因子分析法抓住主要矛盾，找出主要因素，抽取较少的综合指标对企业经济效益进行分析评价，使复杂的问题简化，找出影响各企业经济效益的主要方面及提高经济效益的对策取向。

因子分析法和主成分分析法在原理和操作上有相似之处，两者存在相同点。两者不同之处在于：因子的性质比主成分更容易解释，但由于因子得分和总因子得分都是估计值，不如主成分精确，因子分析可能包含重复信息且工作量大，但借助相关软件可以较为容易地完成相关计算工作。

另外，因子分析法是根据样本指标来进行综合评价的，所以评价的结果跟样本量的规模有关；它假设指标之间的关系都为线性关系，但在实际情况中并非如此，这就有可能导致评价结果的偏差；而且因子分析法中根据累计贡献率选取主因子，也会造成部分信息的损失；因子分析要求原始指标数据间具有相关性，指标间的完全相关或者完全不相关都不适用于因子分析。

（4）模糊综合评价法

模糊综合评价（Fuzzy Comprehensive Evaluation Method）是美国控制论专家 L. A. Eden 于 1965 年创立的，是用隶属函数来描述差异的"中间"过渡，是一种基于模糊数学的综合评价方法。该方法根据模糊数学的隶属度理论把定性评价转化为定量评价，即用模糊数学对受到多种因素制约的事件或对象做出一个总体的评价。它具有结果清晰、系统性强的特点，能较好地解决模糊的、难以量化的问题,适合各种非确定性问题的解决。

① 模糊综合评价法的基本思想及内涵

许多事情的边界并不十分明显,评价时很难将其归于某个类别,这时可以先对单个因素进行评价,然后对所有因素进行综合模糊评价,防止遗漏任何统计信息和信息的中途损失,这有助于解决用"是"或"否"此类确定性评价带来的对客观真实的偏离问题。

模糊综合评价法充分考虑了客观事物内部关系的错综复杂性和价值系统的模糊性,适于难以直接用准确的数字进行量化的评价问题,是一种较科学和很有价值的方法。模糊综合评价由于可以较好地解决综合评估中的模糊性,更适合于评估因素多、结构层次多的对象系统。

② 模糊综合评价法的要素及其计算步骤

依据模糊数学的基本概念,模糊综合评价法中的相关要素定义如下:

(a) 评价因素集:指对评价对象 P 的具体评价因素集,可根据实际情况构成多级评价因素体系;

(b) 评价因素权重:表征评价因素的地位和重要程度;根据不同层次必须分别赋予相应的权重;

(c) 评语集合:反映评价因素层次等级情况的评语集合;

(d) 平均评价值:指评价专家组对某评价因素隶属情况的平均值;

(e) 模糊评价矩阵:由隶属度构成;

(f) 模糊合成算子:对于不同的数学运算,合成结果对模糊综合评价起着不同的作用。

模糊综合评价法主要分为两个阶段:第一阶段是对每一个候选项单独进行模糊综合评价;第二个阶段是对全部候选项进行综合评价。其中,第一个阶段又分为两步:第一步先按每个评价因素单独评价;第二步再按所有因素综合评价。

模糊综合评价法的计算步骤如下:

(a) 根据评价对象和评价指标体系,确定评价因素集;

(b) 根据 AHP 方法或因子分析法计算得到各评价因素的权重值,构成权重矩阵;

(c) 邀请有关专家组成评价小组,确定评价等级集;

(d) 构造模糊评价矩阵;

(e) 选择适合的模糊合成算子,通过权重矩阵与模糊评价矩阵的模糊变换得到模糊评价向量，并对其规范化；

（f）对上述得到的模糊评价向量做出综合结论，依据可以是最大隶属原则、加权平均原则或模糊向量单值化原则。

③ 模糊综合评价法的特点

模糊综合评价法最显著的特点有两方面：其一是可相互比较。以最优级的评价因素为基准，其评价值为 1，则其余欠优级的评价因素依据欠优的程度得到相应的评价值。其二是可以依据各类评价因素的特征，确定评价值与评价因素之间的隶属度函数。确定这种函数关系有很多种方法。例如 F 统计方法，各种类型的 F 分布等。也可以请有经验的评标专家进行评价，直接给出评价值。

（5）各种评价方法的比较

① 主成分分析法与层次分析法的比较

主成分分析法和层次分析法都具有严密的数学基础，两种评价方法都是相对评价方法，都适用于一次评价。它们的区别在于：第一，层次分析法是一种定性和定量相结合的方法，解决了现实情况中的一些数据难以定量化的问题，其优势在于能把复杂问题简洁化和明确化。但是这种量化的正确与否在很大程度上取决于定性的判断，而主成分分析则主要强调了定量分析。第二，层次分析法的相对权重是通过判断矩阵计算得来的，但层次分析法的计算过程中人的主观因素较大，而主成分分析则强调了评价的客观性，整个过程都是以客观数据为基础，具有较为严谨的客观性。第三，层次分析法对于指标之间是否存在交叉或相关性比较强的情况，不能做出判定，只能通过人为地分析；而主成分分析强调了评价过程的客观性，对相关性的分析比较透彻，其权重的决定是通过对所给数据的分析而决定的。

② 因子分析法与主成分分析法的比较

因子分析是对主成分分析的推广和发展。与主成分分析相比，因子分析法中可以进行因子旋转，具有更好的灵活性，使得变量在降维之后更容易解释。主成分分析与因子分析有很多相似之处，因子分析和主成分分析都要求评价对象集中的单位个数足够多，都可以将"权数"过程从整个综合评价过程中剥离出来，成为一种独立的权数方法。两种方法都是降维的思想，在信息量损失尽量少的基础上减少了评价工作量；两种方法最后都是要合成一个综合评价值对样本进行排序，整个过程中完成去量纲、去相关、定权数、降维这四项基本工作；两者都要求变量间具有一定的不完全相关性；因子分析和主成分分析都具有较强的客观性;在求解过程中两者都是从一个协方差矩阵或相关系数矩阵出发,因子分析和主成分分析本质上是基本一致的。

当然这两种方法也有不同之处:主成分分析模型实质上只是一种变量变换,是可观测的原始变量的线性组合,而因子分析需要构造一个因子模型,公共因子一般不能表示为原始变量的线性组合;主成分分析的重点放在从观测变量到主成分的变换上,而因子分析的重点则在从公共因子和特殊因子到观测变量的变换上。

③ 主成分分析综合评价与模糊综合评价的比较

第一,适用性。主成分综合评价是一种相对评价方法,适用于一次性评价,而模糊综合评价方法则是一种绝对评价方法,其评价结果可以多次使用。第二,评价结果。模糊综合评价的结果是一个向量,是对被评价对象模糊性状的客观描述,内涵较丰富,而主成分分析的结果则是一个点值,是相对值,没有直接的物理意义。第三,量纲处理。模糊综合评价不需要专门对指标无量纲化,而主成分分析中的无量纲化处理在一般情况下是必不可少的。第四,处理的层次性。模糊综合评价是从多个层次的角度对事物进行评价的,能满足对复杂事物多层的评价要求,而主成分综合评价则是通过评价因素相关性对复杂事物进行综合评价的。第五,权重值。主成分综合评价的权重是在分析过程中伴随产生的,具有客观性,而模糊综合评价的权重系数向量λ是主观性较强的人为估价权重。第六,相关性处理。模糊综合评价不能消除评价指标间的相关性,可能产生指标间的信息重复,引起评价结果的不准确性。而主成分综合评价能在一定范围内消除指标间的相关性,防止信息的重复。

7.2.3 基于综合评价的港口物流模式决策模型

本书从主观与客观相结合、定性分析与定量计算相结合的角度出发,寻求一套合适的港口物流模式决策模型。在模型中,综合应用各种评价方法于模式决策的不同阶段与步骤。首先,利用因子分析法,对港口物流模式影响因素集原型进行相关性分析与数据降维,提取主成分,并经过因素体系的修正与优化,最终确定港口物流模式决策的评价指标体系;其次,该模型利用层次分析法以确定港口物流模式决策评价指标体系的权重系数;最后,该模型利用多级模糊综合评价法计算得到港口物流模式决策的优选方案,并对港口物流模式的决策结果进行针对性分析。

基于综合评价的港口物流模式决策的流程如图 7-2 所示。

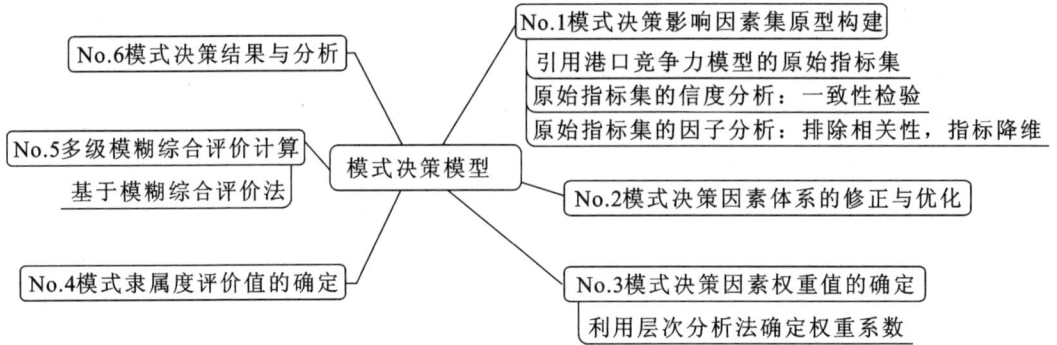

图 7-2   基于综合评价的港口物流模式决策流程

7.3   港口物流模式决策过程

7.3.1   港口物流模式决策影响因素集原型构建

引用前文关于港口竞争力影响要素的相关论述,借鉴港口竞争力指标模型,并根据港口物流发展的特点与规律进行补充和修正,构建港口物流模式决策的影响因素集原型如图 7-3 所示。

上述港口物流模式决策影响因素集原型的数据来源包括专家打分、统计数据及公式计算,统计数据指标可直接由各年鉴及权威机构发布的统计信息取得。需要专家打分的定性指标或要素包括:

① 港口地理位置(至各港口的平均距离、距国际航线远近程度);

② 港口信息化建设与应用水平;

③ 人力资源与人才队伍建设情况;

④ 宏观经济形势(世界经济形势、中国国内宏观经济形势);

⑤ 港口及物流产业宏观形势(世界港口发展趋势、中国物流市场发展状况、国家港口物流的相关产业政策);

⑥ 港口腹地经济状况和社会环境(航运配套市场发育程度、地方政府相关政策与支持力度);

⑦ 其他内外部影响因素。

在定性影响因素处理过程中,由于各专家的研究领域、知识丰富程度等各不相同以及个人主观意愿的存在,他们对每个指标的评价值不可能一致,总会出现差异,对于不可量化因素的预处理,可采用编码量化的方法,最后得到影响模式决策的定性不可量化指标专家评分值编码。

规模要素
├─ 吞吐量规模
│   ├─ 货物吞吐量
│   └─ 集装箱吞吐量
├─ 规模发展态势
│   ├─ 货物吞吐量增长率
│   └─ 集装箱吞吐量增长率
└─ 货种结构 ── 国际中转箱所占比率

资源要素
├─ 港口自然条件
│   ├─ 吃水深度
│   ├─ 港口年工作天数
│   └─ 港口地理位置
│   ├─ 至各港口间平均距离
│   └─ 距国际航线远近程度
├─ 基础设施要素
│   ├─ 港口桥吊数
│   ├─ 港口泊位数
│   ├─ 各类起重设备总数
│   ├─ 码头岸线长度
│   └─ 堆场面积
├─ 资本及财产要素
│   ├─ 财务状况
│   │   ├─ 港口总资产
│   │   ├─ 港口主营业务收入额
│   │   ├─ 港口总利润
│   │   └─ 港口总利润增长率
│   └─ 投资趋势
│   ├─ 外商直接投资总额
│   ├─ 外商直接投资增长率
│   ├─ 港口投资额
│   └─ 港口投资增长率
├─ 港口信息化建设与应用水平
└─ 人力资源与人才队伍建设情况

经营服务要素
├─ 作业效率
│   ├─ 港口装卸率
│   └─ 船舶效率(即船舶平均在港延时)
├─ 港口费率 ── 集装箱费率
└─ 配套及辅助要素
    ├─ 港口航线数量
    ├─ 港口国际航班密度
    ├─ 外轮船舶进出港艘次
    └─ 港口靠泊艘次

其他内部影响要素

港口物流模式决策影响要素
├─ 内部影响因素 (规模要素、资源要素、经营服务要素、其他内部影响要素)
└─ 外部影响因素

外部影响因素
├─ 宏观经济形势
│   ├─ 世界经济形势
│   └─ 中国国内宏观经济形势
├─ 港口及物流产业宏观形势
│   ├─ 世界港口发展趋势
│   ├─ 中国物流市场发展状况
│   └─ 国家港口物流的相关产业政策
├─ 港口腹地经济状况和社会环境
│   ├─ 腹地经济实力
│   │   ├─ 腹地经济水平状况
│   │   └─ 腹地进出口贸易额
│   ├─ 航运配套市场发育程度
│   ├─ 港口集疏运能力
│   ├─ 口岸电子通关率
│   └─ 地方政府相关政策与支持力度
└─ 其他外部影响因素

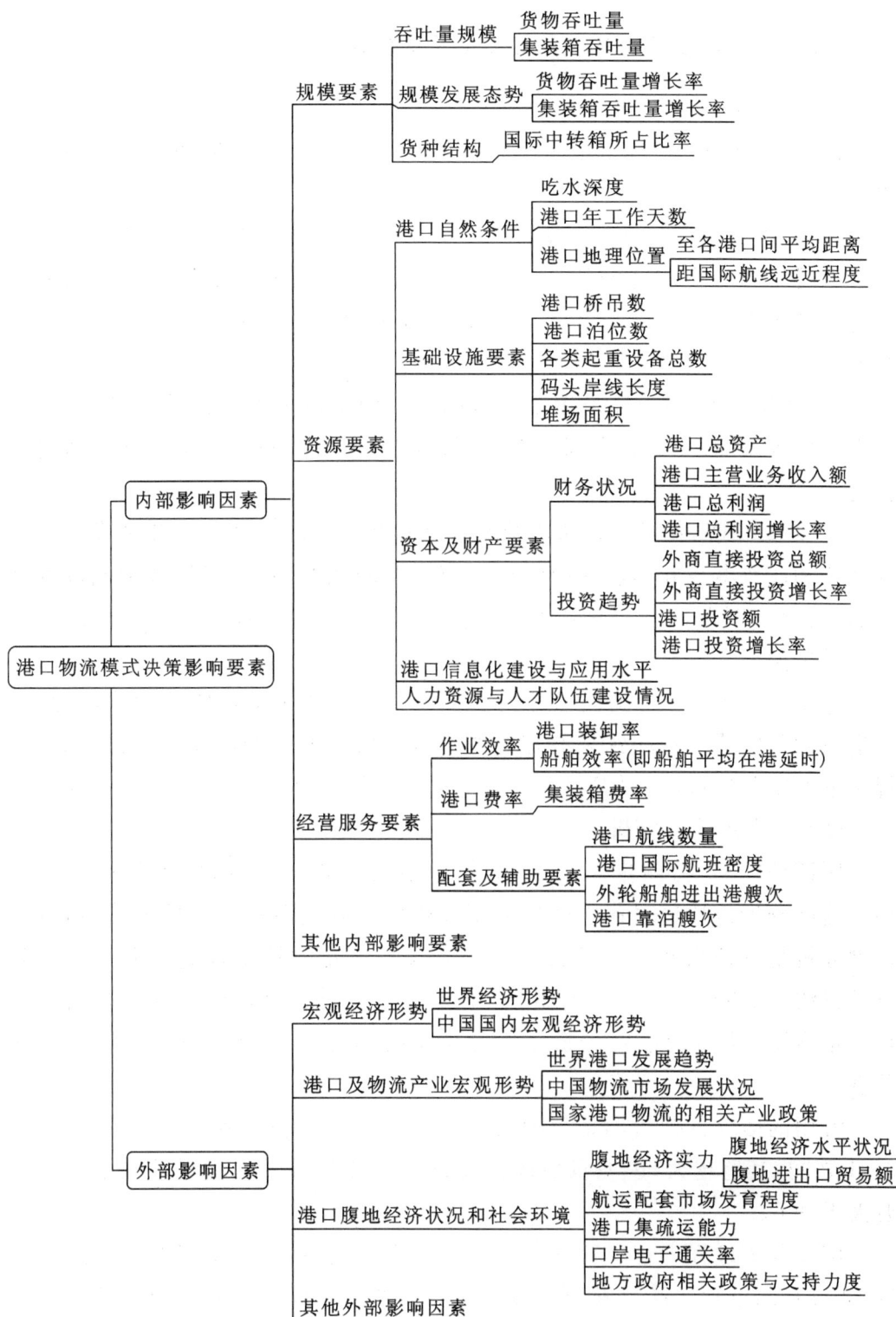

图 7-3　港口物流模式决策影响因素集原型

7.3.2　港口物流模式决策因素体系的优化

（1）模式决策因素体系的功能

港口物流模式决策中的因素（或称为指标）具有多种功能，可分为以下四个方面。

① 反映功能：它是港口物流模式决策与评价的基本功能。整个决策指标体系是通过在港口物流模式下港口物流综合实力的评价作为港口物流模式选择的依据。每个指标都具有一定的反映功能，体现出各个方面的具体情况。

② 比较功能：当指标被用来衡量两个或两个以上的状态或条件时，它就具有了比较功能。例如，在同一个水平层次上对不同模式下的指标的情况进行比较。

③ 评价功能：指标的评价功能是反映功能和比较功能的深化和发展。因为反映和比较本身并不能说明港口物流模式的状况，只有对反映和比较的结果做出评价，对前因后果做出解释，才算是对港口物流模式在一定情况下的优劣做出说明。

④ 调整功能：调整功能是评价功能的延伸。通过港口物流模式的评价，对港口发展中存在的问题采取相应的对策。根据港口物流模式评价的结果，提出下一阶段的目标，并对存在的问题进行调整和解决。

（2）量表的信度分析

所谓信度，是指测量工具（一般指量表或调查问卷等）的可靠性或稳定性。信度分析包括量表各层面的信度分析检验以及总量表的信度分析检验。信度分析是一种判断综合评价体系是否具有一定的稳定性和可靠性的有效分析方法。实践应用时，可采用 SPSS 统计软件对原始调研数据进行信度分析。用 SPSS 进行的信度分析主要是考察各指标对整个评估项目的一致性程度。

常用的信度分析指标是克朗巴哈 α（Cronbach alpha）系数，α 系数值介于 $0\sim1$ 之间，其值越大，说明量表的信度越高。社会科学一般要求样本的 α 值要大于 0.6。

信度分析过程中首先计算变量间的平均相关性，检查所有调查表的一致性，通过克朗巴哈 α 系数来表示各指标一致性的认同度。如果指标的克朗巴哈 α 系数在 0.8 以下，就逐一删除其下属指标再检验；如果删除某下属指标后,指标的克朗巴哈 α 系数有所提高,则表明该指标的信度不够,应当删除。
表 7-2 为港口物流模式影响因素一级指标的信度分析结果。

表 7-2　港口物流模式影响因素一级指标的信度分析

参数	最初的 α 值	参数	若删除的 α 值	最终的 α 值
港口物流系统综合实力	0.907	港口物流基础设施情况	0.867	0.941
		港口物流营运状况	0.900	
		物流产业及政策环境	0.897	
		信息化程度与人才队伍建设	0.869	
		港口自然与区位条件	0.835	

　　同理,可对港口物流模式决策影响因素的二级指标进行相关的信度分析。

　　(3) 量表的效度检验

　　效度(Validity)即有效性,它是指测量工具或手段能够准确测出所需测量的事物的程度。在实际应用中,对样本进行有效性检验通常采用巴特利特球形检验(Bartlett Test of Sphericity)法和 KMO(Kaiser-Meyer-Olkin)检验法。

　　KMO 样本测度表示变量间的共同因素数,用以检验数据是否适合做因子分析。KMO 值越接近 1,表示变量间共同因子越多,变量间的相关性越强,越适合进行因子分析。根据学者 Kaiser 的观点,如果 KMO 的值小于 0.5,则不适宜进行因子分析;0.9 以上的值表示非常适合;0.8~0.9 之间的值表示适合;0.7~0.8 之间的值表示一般;0.6 左右表示不太适合。

　　巴特利特球形检验是判断变量的相关系数矩阵是否为单位矩阵的一个统计量,其相伴概率(sig.)小于显著性水平(0.05 或 0.1),检验卡方统计量比较大,表明相关系数矩阵不为单位矩阵,适合因子分析;反之则不能拒绝原假设,认为相关系数矩阵与单位矩阵无显著差异,原有变量不适合进行因子分析。

　　(4) 利用因子分析法进行因素集的简化

　　如前面章节所述,因子分析法是一种多变量化简技术。此方法从研究相关矩阵内部的依赖关系出发,根据相关性大小将变量分组(使得同组内的变量之间相关性不高,而不同组内的变量之间相关性较低),每组变量代表一个基本结构,即公共因子。这样,在尽量减少信息丢失的前提下,从众多指标中提取出少量的不相关指标,然后再根据方差贡献率确定权重,进而计算出综合得分。其最大优势在于各综合因子的权重不是主观赋值而是根据各自的方差贡献率大小来确定的,方差越大的变量越重要,从而具有较大的权重;相反,方差越小的变量所对应的权重也就越小。这就避免了人为确定权重的随意性,使得统计与评价结果唯一,而且较为客观合理。此外,因子分析的整个过程都可以运用计算机软件方便、快捷地进行,可操作性强。因此,在进行港口物流模式决策的过程中,本书采用因子分析法(结合 SPSS 统计软件进行计算分析)作为港口物流模式决策影响因素原始集的简化工具。

具体的方法步骤如下:

① 利用 SPSS 软件进行统计检验,确认原有变量适合进行因子分析。

② 对原始数据进行标准化处理,以消除变量在数量级或量纲上的影响。

③ 根据标准化的原始数据矩阵,求出相关系数矩阵 R。

④ 求出相关系数矩阵 R 的特征根和标准正交特征向量。

⑤ 按特征值大于 1 的标准,采用主成分分析法来提取公共因子。

⑥ 因子旋转。用方差极大旋转法对初始因子载荷矩阵(component matrix)进行旋转后得到因子载荷矩阵(rotated component matrix),以求更好地解释因子。结合专业知识给各因子蕴涵的信息给予适当的解释。

⑦ 根据因子得分系数矩阵(component score coefficient matrix),得到因子得分函数。由 $X=AF$ 到 $F=bX$,利用回归法计算因子得分。

⑧ 根据因子得分值进行进一步分析及系统评价与决策输出。

(5) 优化后的模式决策影响因素体系

经过上述基于因子分析的简化处理后,可初步确定优化后的港口物流模式决策影响因素体系,如图 7-4 所示。

基础设施情况、港口物流营运状况、物流产业及政策环境、信息化与人才队伍建设及港口自然与区位条件五方面为港口物流模式决策影响因素的第一级指标。一级指标下各自的指标构成了二级指标体系。依此类推。

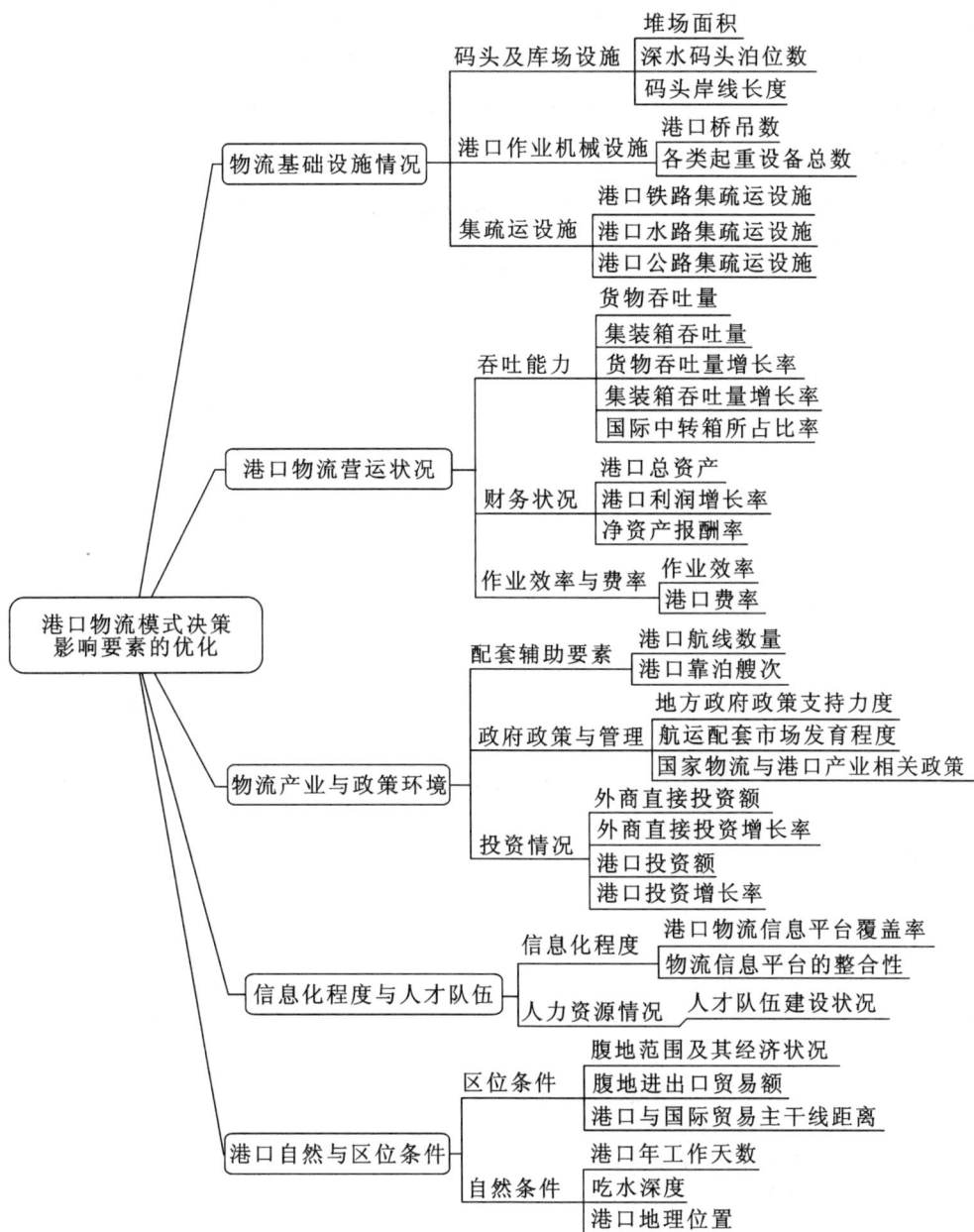

图 7-4　港口物流模式决策影响因素优化后的指标体系

7.3.3　港口物流模式决策因素权重值的确定

在图 7-4 所示的港口物流模式决策影响要素体系中,第一级及第二级指标的权重值由前一步骤进行因子分析得到的因子贡献率确定。各个二级指标(其下还含有三级指标)对于不同的港口物流模式,其重要度可能不相同。

首先需要利用专家打分平均,再通过构造比较矩阵,以求得所属二级指标下各三级指标间的相对权重系数。运用 SPSS 统计软件求解得到港口物流模式决策影响要素体系中各级指标权重系数及重要度平均分值,通过构造比较矩阵,求得该三级指标对于特定模式的重要度相对值。如表 7-3 所示。

表 7-3　模式决策影响要素体系中各级指标权重系数及重要度相对值

	权重值	Ⅰ级	权重值	Ⅱ级	重要度	候选港口物流模式
港口物流模式决策影响因素集	0.2838	物流基础设施情况	0.1016	码头及库场设施	0.0366	港口区域物流体系模式
					0.0360	供应链战略联盟模式
					0.0290	港口保税物流模式
						其他港口物流模式
			0.0926	港口作业机械设施	0.0369	港口区域物流体系模式
					0.0328	供应链战略联盟模式
					0.0320	港口保税物流模式
						其他港口物流模式
			0.0896	集疏运设施	0.0272	港口区域物流体系模式
					0.0330	供应链战略联盟模式
					0.0294	港口保税物流模式
						其他港口物流模式
	0.3021	港口物流营运状况	0.1370	吞吐能力	0.0478	港口区域物流体系模式
					0.0421	供应链战略联盟模式
					0.0471	港口保税物流模式
						其他港口物流模式
			0.1059	财务状况	0.0415	港口区域物流体系模式
					0.0318	供应链战略联盟模式
					0.0327	港口保税物流模式
						其他港口物流模式
			0.0592	作业效率与费率	0.0191	港口区域物流体系模式
					0.0196	供应链战略联盟模式
					0.0205	港口保税物流模式
						其他港口物流模式

	权重值	Ⅰ级	权重值	Ⅱ级	重要度	候选港口物流模式
港口物流模式决策影响因素集	0.1546	物流产业与政策环境	0.0897	配套辅助要素	0.0342	港口区域物流体系模式
					0.0290	供应链战略联盟模式
					0.0265	港口保税物流模式
					…	其他港口物流模式
			0.0649	政府政策与管理	0.0212	港口区域物流体系模式
					0.0195	供应链战略联盟模式
					0.0242	港口保税物流模式
					…	其他港口物流模式
	0.1402	信息化程度与人才队伍	0.0604	信息化程度	0.0201	港口区域物流体系模式
					0.0225	供应链战略联盟模式
					0.0177	港口保税物流模式
					…	其他港口物流模式
			0.0589	人力资源状况	0.0212	港口区域物流体系模式
					0.0195	供应链战略联盟模式
					0.0242	港口保税物流模式
					…	其他港口物流模式
	0.1193	港口自然与区位条件	0.0784	区位条件	0.0290	港口区域物流体系模式
					0.0240	供应链战略联盟模式
					0.0254	港口保税物流模式
					…	其他港口物流模式
			0.0618	自然条件	0.0209	港口区域物流体系模式
					0.0204	供应链战略联盟模式
					0.0205	港口保税物流模式
					…	其他港口物流模式

7.3.4　模糊综合评价计算规则的确定

（1）评语集的确定

本书中提出的港口物流模式决策模型中，对于特定港口物流模式适合程度主要依赖于决策影响因素体系中二级指标的相应评价情况。例如根据表

7-3 所述,以一级指标"港口自然与区位条件"的下属二级指标"区位条件"为例,通过该指标来评判所在港口选择物流发展模式的适合程度。其中适合程度即为专家组给予的评语集。

该模式决策模型中,评语集表示为 $V = \{v_1, v_2, \cdots, v_n\}$。具体评语为"非常适合该物流模式""可以采用该物流模式""不适合该物流模式",简化后为"非常适合""一般适合""不适合"。

（2）模糊合成算子的确定

通过指标权系数矩阵 W 与评价矩阵 R 的模糊变换得到的模糊评判集 S,需要选择适宜的模糊合成算子。模糊合成算子通常有四种,其各自的特点如表 7-4 所示。

表 7-4　模糊合成算子的类型与适用场合

特点	算子类型			
	$M(\wedge, \vee)$	$M(., \vee)$	$M(\wedge, \oplus)$	$M(., \oplus)$
算子解释	先取小,再取大	先求积,再取大	先取小,再求和	先求积,再求和
体现权数作用	不明显	明显	不明显	明显
综合程度	弱	弱	强	强
利用 R 的信息	不充分	不充分	比较充分	充分
类型	主因素突出型	主因素突出型	加权平均型	加权平均型

$M(\wedge, \vee)$ 和 $M(., \vee)$ 在运算中能突出对综合评判起作用的主要因素,在确定 W 时不一定要求其分量之和为 1,即不一定是权向量,故为主因素突出型。$M(\wedge, \oplus)$ 和 $M(., \oplus)$ 在运算时兼顾了各因素的作用。若 W 为名副其实的权向量,应满足各分量之和为 1,故为加权平均型。考虑到港口物流模式决策过程及影响因素的特点,本书提出的决策模型选择算子 $M(\wedge, \oplus)$ 作为模糊合成算子。

（3）隶属度的确定

最后通过对模糊评判向量 S 的分析得到综合结论时,一般可采用以下三种方法:

① 最大隶属原则。模糊评判集 $S = (S_1, S_2, \cdots, S_n)$ 中 S_i 为等级 v_i 对模糊评判集 S 的隶属度,按该原则做出综合结论,即 $M = \max(S_1, S_2, \cdots, S_n)$。$M$ 所对应的元素为综合评价结果。该方法虽简单易行,但只考虑了隶属度最

大的点,其他点没有考虑,损失的信息较多。

② 加权平均原则。该原则将评语等级看作一种相对位置,使其连续化。为了能定量处理,一般可用"$1,2,\cdots,n$"依次表示各等级,并称其为各等级的秩。然后用 S 中的对应分量将各等级的秩加权求和,得到被评事物的相对位置,此即为加权平均原则。显然,当 $k\to\infty$ 时,加权平均原则就是最大隶属原则。

③ 模糊向量单值化。如果给等级赋予分值,然后用 S 中对应的隶属度将分值加权求平均就可以得到一个点值,便于比较排序。

以上三种方法可以依据评价目的来选用;如果需要序化,可选用后两种方法;如果只需给出某事物一个总体评价结论,则用第一种方法。

7.3.5 多级模糊综合评价计算

如 7.3.1 节中所述,港口物流模式决策影响因素体系表现为多个层次多级指标,在采用模糊综合评价法进行港口物流模式决策时,必然要求采用多级模糊综合评判。利用各个级别的权重系数逐级评判,直到得到综合评价结论。

下文以二级模糊综合评价为例给出其数学模型。

设第一级评价因素为 $U=\{u_1,u_2,\cdots,u_m\}$;

各评价因素相应的权重集为 $W=\{\mu_1,\mu_2,\cdots,\mu_m\}$;

设第二评价因素为 $U_i=\{u_{i1},u_{i2},\cdots,u_{ik}\}$, $i=1,2,\cdots,m$;

第二级各评价因素相应的权重集为 $W_i=\{\mu_{i1},\mu_{i2},\cdots,\mu_{ik}\}$;

相应的单因素评价矩阵为 $\boldsymbol{R}_l=[r_{lj}]_{k\times n}$, $l=1,2,\cdots,k$;

则该二级模糊综合评价数学模型为:
$$\boldsymbol{B}=\boldsymbol{W}\cdot\begin{bmatrix} \boldsymbol{W}_1\cdot\boldsymbol{R}_1 \\ \boldsymbol{W}_2\cdot\boldsymbol{R}_2 \\ \boldsymbol{M} \\ \boldsymbol{W}_m\cdot\boldsymbol{R}_m \end{bmatrix}$$

7.3.6 港口物流模式模糊评价结论与分析

(1)港口物流模式模糊评价结论

根据 7.3.3 节中表 7-3 所示的权重系数,在评价目标港口提供的相关评价数据基础上,可计算出所有候选港口物流模式的权重得分值。结论形式如表 7-5 所示。

表 7-5　　港口物流模式多级模糊综合评价权重表

候选模式	港口区域物流体系模式	供应链战略联盟模式	港口保税物流模式	其他港口物流模式
综合权重	模式权重得分 1	模式权重得分 2	模式权重得分 3	……

通过对以上评价结论的分析,模式权重得分值的大小代表目标评价港口应该选择物流模式的优先次序,分值越大,表明该模式对于该港口开展物流的适应度越高。

(2) 港口物流模式决策结论分析

除了进行港口物流模式的决策外,还可以根据以上评分结果,对目标港口的优势和劣势两方面进行分析。对于其优势方面,应当寻求更优;对于其劣势,应当找出问题的根源,对症下药,进行合理改进,从而全方位提升该港口的综合竞争实力和物流发展水平。

7.4　港口物流模式决策应用分析

7.4.1　北方某港口的物流模式决策应用

北方某港口是我国重要的对外贸易口岸,以能源输出而闻名,主要将来自山西、陕西、内蒙古、宁夏、河北等地的煤炭运往华东、华南等地及美洲、欧洲、亚洲等国家和地区,年输出煤炭量占全国煤炭输出总量的 50% 以上,是我国北煤南运的主要通道,是目前世界最大的煤炭输出港和散货港。

港口自然条件优良,属于不冻的天然良港。港口岸线长 11.59 千米,水域面积 226.9 平方千米。

港口地理位置优越,集疏港条件好。四条重要的铁路干线直达港口,多条高速公路、国道与疏港路相连。同时,港口建有 170 多千米的自有铁路,有国内较先进的机车装备和编组场。改建扩建了港区公路,形成铁路、公路、管道、船载、空运等循环合理的港口集疏运网络。目前港口有 10 万吨级航道和先进的通信导航系统,利用 GPRS(General Packet Radio Service,通用分组无线服务)技术,保证超大型船舶在狭长航道安全通行。

港口经济腹地辽阔,是我国华东、华南经济发达地区主要能源供给港,也是东北、华北两大经济区域的大型商贸港。港口进出口货类主要为煤炭、石油、矿石、化肥、粮食、水泥、饲料等。

港口目前拥有全国最大的自动化煤炭装卸码头和设备较为先进的原油、杂货与集装箱码头。共有生产泊位45个，港口设计年通过能力2.23亿吨，其中，煤炭设计年通过能力1.93亿吨。下水煤炭、出口煤炭均占全国沿海港口下水总量的40%以上，是我国北煤南运的主要通道。2006年完成吞吐量2.01亿吨。

（1）基于多级模糊综合评价法的港口物流模式决策

根据7.3.3节中表7-3所示的权重系数，在评价目标港口提供的相关评价数据基础上，可计算出所有候选港口物流模式的权重得分值。结论形式如表7-6所示。

表 7-6　港口物流模式多级模糊综合评价权重表

候选模式	港口区域物流体系模式	供应链战略联盟模式	港口保税物流模式	其他港口物流模式
综合权重	0.3535	0.3325	0.3231	…

通过以上分析可知，三种模式当中，港口区域物流体系模式所获权重最大，因此该港口应该优先选择港口区域物流体系模式作为港口物流发展模式。

（2）港口物流模式决策实证分析

根据以上评分结果，还可以对该港口的优势和劣势进行分析。对于其优势方面，应当寻求更优；对于其劣势，应当找出问题的根源，对症下药，进行合理改进，从而全方位提升港口物流综合实力。

① 港口核心竞争力分析

核心竞争力是企业竞争力中能使整个企业保持长期稳定的竞争优势，获得稳定超额利润的竞争力，是企业推行内部管理性战略和外部交易性战略的结果。从以上评价结果可以看出，在物流基础设施情况、港口物流营运状况、物流产业与政策环境、港口信息化程度与人才队伍以及港口自然与区位条件这五个二级指标中，前两个指标即港口物流营运状况和物流基础设施情况的权重之和将近0.6，两者各自的权重分别是0.2838和0.3021，在0.3左右，它们对港口物流环境竞争实力贡献程度最大。

首先，港口物流营运状况是一个非常重要的指标，其权重在二级指标中位于首位。在港口物流营运条件这一指标下有吞吐能力、财务状况和作业效率与费率三个三级指标，这三个指标中吞吐能力权重高达0.1370，是所有三级指标中权重最大的一个指标,可见吞吐量对港口物流环境综合实力的贡献是非常巨大的。众所周知,该港口作为一个煤炭大港,有着广阔的经济腹地,其煤炭吞吐量将近 2 亿吨,在吞吐量方面具有很强的竞争力。

其次是物流基础设施情况,它下面的三个三级指标:码头及库场设施、港口作业机械设施和集疏运设施中前两者权重分别约为 0.1,是两个比较核心的三级指标;集疏运设施也高达 0.0896,这一方面也是该港口做得比较出色的。

广袤的煤炭经济腹地给港口所带来的巨大吞吐量,大吨位单元通过能力和强大的铁路水路集疏运能力,是其核心竞争力所在。对于这些优势,应当在保持的同时不断寻求更优。为此就需要对这几个方面做一些具体分析。具体分析如下:

港口吞吐能力量化指标为港口吞吐量,又称港口通过能力或港口吞吐能力。它是衡量港口规模大小的最重要的指标。反映在一定的技术装备和劳动组织条件下,一定时间内港口为船舶装卸货物的数量,以吨数来表示。影响港口吞吐量的因素十分复杂。综合起来看,大体可以分为两种类型:一种是客观的区域因素,如腹地的大小,生产发展水平的高低,外向型经济发展状况和进出口商品的数量等;另一种是港口本身的建港条件,包括自然条件和社会经济因素。在上述条件一定的情况下,劳动组织与管理水平、装卸机械数量和技术水平、船型、车型、水文气象条件、工农业生产的季节性、车船到港的均衡性,以及经由港口装卸的货物品种与数量,均可能成为影响港口吞吐能力的重要因素。但是,最关键的要素是单元通过能力的大小。

经上面分析可以看出,可以从以下两个方面来提高吞吐量。

一是扩大经济腹地,获取更大的市场份额。

该港煤炭货源主要腹地是山西、陕西及内蒙古三省区。我国重点开发的"三西"煤炭基地就位于该地区,这些煤炭基地煤炭资源相当丰富,是我国主要的煤炭生产基地。"三西"年煤炭产量高达 6 亿吨,占全国产量的 33% 左右。该港口的煤炭吞吐量大约占"三西"煤炭的 1/3,其他 2/3 则流入了北方其他几个主要煤炭装港。

如何争夺更多的腹地和更多的市场份额,主要看三个方面:一是地理位置,二是价格优势,三是服务质量。其中第一点是不可改变因素,没有讨论的必要。

二是降低港口总成本,取得价格优势。

鉴于港务费属于国家的收入,港口企业无权调节,能够变动的只有港口企业提供服务而收取的费用的费率。在不降低服务质量的同时,采取低价策略是必要的,事实上不少港口都采取过这样的策略,如宁波港在与上海港竞争中,对船公司给予包括减收或免收堆存费,减收节假日和夜班附加费、装卸费,降低货物中转费等,有效地吸引了货源,逐步形成了规模效应。值得注意的是,采取低价策略宜早不宜迟,不要等到其他煤炭港采取此措施把货物都抢跑了再来实施,要先发制人,把其他港口的货源吸引过来。既要保证一定收入,又要降低价格,就必须降低港口的成本,实现在和其他港口获取同等利润率的情况下,提供给客户更实惠的价格,从而使得价格具有竞争优势,获取更多的货源。如何降低成本可以从以下几个方面入手:

(a) 应用节能技术

"动动小手脚,解决能耗成本大问题",现在相当多的港口企业都尝到了技改节能的甜头。日照港的股份动力公司,稍稍改变了两块区域高杆灯的供电方式,停用并拆除了 2 台损耗大的变压器,每月就节约电量 5000 多千瓦时;对锅炉房采用分层燃烧、废水除尘及间歇开泵等技术措施,一年节约用电 7 万千瓦时、节水 5000 立方米。又如国内另一知名港口采用国际上先进的电子元件结合微电脑检测控制技术研制成功了冷藏箱的节电装置,对 154 个冷箱电源箱进行节电技术改造,节电率达 11.9%。因此,该港口可以实行节能改造,节约能源,降低成本。

首先,管理制度创新与标准体系建设。建议在节能管理上要加强能源管理制度创新与标准体系的建设,以保证企业能源管理工作的严密性、连续性、科学性和系统性,从制度上确保企业的能源管理工作有章可依。能耗定额考核是港口企业节能工作的一项重要内容。做好能源消耗统计是企业开展能耗定额考核的数据基础,也是企业进行能耗统计分析而准备的必要条件之一。

其次,节能降耗,提高能源利用效率。具体做法包括能源计量管理和行业先进实践及节能技术方法的引进。港口企业通过加强能源计量的管理,可确保统计数据的准确性,通过定期跟踪和分析能源利用状况,为有效制定节能措施提供决策依据。港口企业可借鉴和推广运用于散货堆场斗轮堆取料机作业的"零空闲操作法"和"变速操作法"等。

再次,重视科技创新能力。技术进步是港口企业节能降耗的原动力。通过采用节能新技术、新材料、新工艺、新产品,可以达到节能降耗的目的,并大幅提高港口的装卸效率和经济效益。

（b）借助仿真软件进行港口设备的优化配置，通过合理调度实现运能及作业效率的最大化

（c）提高服务质量

在现在这样一个竞争激烈的环境下，能不能提供某种服务早已不是关键，关键在于能不能提供比竞争对手更优质的服务。可以应用六西格玛管理方法对港口服务质量进行管理。

除了货源，还有一个至关重要的因素，即港口煤炭的单元通过能力。港口通过能力是指在港口一定设备条件下，按合理的操作过程，先进的装卸工艺，在一定的时间内装卸船舶所能完成的货物最大数量，以吨表示。单元通过能力在这里是指煤炭从火车上由翻车机卸下，经由皮带机输送，再经过堆料机和取料机作业，最后通过装船机装船运走这一整个作业过程中一定时间内作业完的煤炭量；在这个过程中或者说是这个作业流程线上所涉及的机械设备称其为一个单元。港口煤炭通过能力是港口所有泊位煤炭通过能力的总和，也是各个单元煤炭通过能力的总和。

港口单元通过能力主要由泊位、库场、铁路装卸线、输送线路等部分所组成，其中装卸和输送设备能力是主要的，港口通过能力经常受到薄弱环节能力的限制（为了进一步分析还需要收集更详细的数据），其大小与劳动组织、管理水平、设备状况和数量、船型、车型、机型等有关，也受货物种类及其比重变化情况、生产的季节性、车船到港的均衡性等因素的影响。该港口的五期单元通过能力高达 6000 吨/小时，其他几期就比这个稍微低一点。虽然如此，但一个港口要处于不败之地，就必须不断进步。在此建议通过优化配置和布局来实现通过能力的提升，比如可以应用仿真软件做港口优化配置等。

② 港薄弱环节分析

任何事物都具有两面性，该港口既有许许多多的优势，也存在少许劣势，也就是我们通常所说的薄弱环节。根据上面的评分情况同时结合该港客观实际，归纳总结出主要有这样几个方面需要改进：煤炭堆场过饱和状态，服务质量需要提升，生产调度快速反应能力需要提升，物流信息平台的覆盖率需要提高。对于上述所提出的薄弱环节具体分析如下：

（a）煤炭堆场过饱和问题

随着煤炭吞吐量的增大，场地堆存的压力越来越大。据 2004—2006 年的数据统计，该港口第二港务公司煤炭平均堆存期为 7.6 天；第六港务公司煤炭平均堆存期为 8.5 天；第七港务公司煤炭堆存期为 8.9 天。煤炭库容周转次

数为 32 次/年,煤炭堆场利用率在 80% 左右。可见煤炭堆场有些紧缺。由于煤炭的固体性质,如果想在原有高度上堆高基本上不现实,所以可以从另外两方面入手来解决这一问题:

其一是扩大堆场面积,当然这要以有土地资源为前提;其二是加速堆场的周转,要加速周转可以从统筹规划、合理安排、加快生产调度的速度入手。

(b) 服务质量需要提升

港口本质上就是一个非常地道的服务型行业,港口为往来的船舶提供装卸服务,为货主提供货物堆存、中转服务,并从他们那里获取报酬。然而,随着现代管理思想的迅速传播和周边竞争环境的不断复杂,我们需要更加现实地面对一个非常突出的问题——客户在码头选择上有了更多的挑选余地和更高的要求。以前所谓的"港老大"式的工作作风已经逐渐行不通了,你的服务不好,客户完全可以换到另外一个港口去作业,港口间的竞争是越来越激烈。现实摆在面前,想要企业继续发展就必须全面提高服务质量。

首先是要提出服务的口号,比如"管理一流,服务一流,人才一流,业绩一流"等,并提出"务实实效,狠抓落实"等各种服务承诺。其次,全面提高员工的服务意识以及对口号的执行能力。这一点可以通过加大宣传力度和实行一定的奖惩制度来落实,最终树立"一切为了客户,为了一切客户"的服务宗旨。一方面做到热情、文明、周到地和客户沟通,以及尽可能满足顾客的合理需求;另一方面,港口货损货差率还有待提高,这就要求提高港口的每个员工对此的重视,人人遵守港口章程,办事严谨,使他们接受"把客户的利益放在第一位"这样一种理念。

7.4.2　南方某港口的物流模式决策应用

自 1994 年开港以来,南方某港口集装箱吞吐量平均每年以 47% 的速度增长,已发展成为我国四大国际深水中转港之一。在我国沿海众多港口中,研究该港口物流的发展定位和发展模式,对该港口建设华南地区集装箱枢纽港和沿海主枢纽港战略的实施有重要的现实意义。

(1) 港口物流发展定位

一般而言,主枢纽港口应具备六项功能——运输组织功能、装卸储运功能、工业开发功能、现代物流功能、通信信息功能、综合服务功能。南方某港口物流发展的定位,首先必须符合上述主枢纽港口对港口物流的要求——具备现代物流的功能,符合现代物流"物流技术信息化、自动化、智能化、集成化,物流专业化、电子化,物流企业集约化、协同化、全球化,绿色物流"发展趋势的要求。

国际物流是现代港口拓展的方向。按照港口所在地市物流业发展战略目标,"十二五"期间,该市将建设成为具有产业支撑功能和民生服务功能的全国优秀物流服务都市、具有国际资源配置功能和国际商务营运功能的全球物流枢纽城市、亚太地区主要多式联运中心和供应链管理中心以及和香港共同建设国际航运中心。在所在市所规划建设的六大物流园区中,该港区物流园区的规划思路是依托港区,加快发展国际集装箱运输、中转、仓储、拆拼箱加工等,其中心思想是发展现代国际物流。事实上,该港口的现有航线中北美航线占70%以上,运往北美的集装箱占吞吐量的75%左右,货物的运输也是以国际物流为主。所以,其港口物流的定位必须以国际物流为导向。

第三方物流企业专注于为客户提供所有的或部分供应链物流服务,借此以获取一定的利润。服务形式包括简单批次货物的运输,或者客户公司的整个分销和物流系统等复杂的业务。调研该港区现有物流企业的情况发现,大部分企业的服务内容和形式手段均比较单一,竞争层次也较低。尽管从发展的方向而言,现代港口都在积极寻求构建港口供应链系统,以增强港口的竞争力,但对港口而言,其主要功能仍是货物集散,这正是第三方物流的功能的重要部分。对于该港相关港口物流企业而言,最大的优势还是所依赖的港口资源,后者也构成了其核心竞争力。因此结合该港口物流企业的实际,发展第三方物流就是其港口物流发展定位的重点。

(2)港口物流发展模式

南方某港口物流的发展应遵循从一般港口物流向现代港口物流,进而向港口供应链发展的模式。

构建港口供应链系统是现代港口发展的趋势,是该港建设国际集装箱枢纽港的内在要求。港口供应链的构建可考虑以下途径:

① 选择合适货种建立港口企业自营的供应链。利用港区的设施、机械等,为客户提供潜在的物流服务,选择若干种适宜于在港区进行物流储存和加工的货种,开展物流服务,将其上下游运输和加工配送过程中的物流服务项目转移到港区实施,以建立供应链系统。

② 以物流服务品牌为主导,建立品牌供应链。未来港口将以物流服务品牌为主要的竞争手段,其核心则是大质量观,包括物流经济运行质量、投资质量、硬件设施质量、环境质量、员工素质质量、信息质量、综合管理与服务质

量、企业文化质量等。

③ 让出港口地盘,吸引企业物流,或与企业共同构筑供应链。将港口企业的部分码头、仓库、堆场转让给拥有供应链的企业,让它们在港区内从事企业物流。

④ 与航运、公路、铁路企业共同构筑供应链。国际航运企业拥有在全球范围的代理网路,公路则是最具有门到门运输的便利条件,铁路则是多式联运的重要环节,而港口作为物流平台,可以成为物流所需的多种运输方式的交汇点。因此,港口企业应密切与航运企业、铁路企业和公路企业的物流联姻,充分利用各自的优势,提供全程物流服务,共同构成便捷的供应链系统。

⑤ 与生产要素市场和消费市场物流资源整合,开拓供应链。生产要素市场和消费市场一般都伴随巨大的物流源,选择本港进出的具有广泛市场需求的货种,或者选择目前经本港进出不多但具有开发前景和潜在市场的货种,在港区内或临近港区处建立物流基地,形成交易市场,这对稳定和拓展港口生产业务同样具有积极的作用。

(3) 港口物流管理模式

南方某港口由所属港务集团有限公司负责建设与经营,港口一、二期码头以及正在建设的三期码头,均由所属港务集团有限公司与香港和记黄埔港口投资发展有限公司合资成立的某国际集装箱码头有限公司建设、经营。合资公司的先进管理理念、管理技术和经营手段为码头的高效运作和高速发展提供了强有力的保障,使该港口在短短的十多年时间里,走完了国外港口几十年的发展历程,迅速跻身世界国际大港行列。该港口的港口管理模式属于国有企业和私营企业共同经营的模式,在管理体制上该港口已实现了政企分开,今后改革的方向主要是建立现代企业制度。

该港口现有管理模式在码头的经营管理上无疑是非常成功的,但在港口后方陆域的规划、建设以及港口物流的发展方面,这种由企业负责规划建设的模式却存在一些不足。主要表现为在后方陆域的规划以及港口物流的发展规划方面,港口发展与地方工业、旅游业等的发展和当地居民利益在一定程度上是互为矛盾的,资源的长远规划和实现最佳资源配置存在较大困难;企业的职责和资源决定其对市场难以进行全面、有效的监管,港口物流无序发展,没有培育出有代表性和影响力的行业组织;企业财力有限,在港区基础设施、配套设施和疏港交通等方面的投入跟不上港口发展的需要,在一定程度上已制约了该港口的发展。为此,在港口物流的管理模式上,今后要更多地强调地方政府与所属港务集团有限公司的协作,更多地发挥政府在制定政策、规划和基础设施投入等方面的作用。

(4) 港口物流资源配置模式

根据前述对南方某港口物流的发展定位,改善该港口物流资源配置的指导思想是,港口所属集团有限公司与所在地的区政府协作,加强规划与调控,根据该港口建设国际枢纽港的战略目标,按照现代物流的发展要求,构建协调发展、物畅其流的港区物流系统。该港口物流的资源配置模式相应设计为"物流基础平台+专业物流中心+信息中心"的模式。

港区物流平台是物流的载体,是一个包括诸多因素的复杂网络体系,涉及铁道、水运、公路、仓库、场站、管理体制、信息水平等相关因素,其建设需要从三个方面进行统筹规划、协调发展。首先是基础设施类,包括铁路、公路、航线网络、管道网络、仓库、物流中心、配送中心、站场、停车场、港口与码头、信息网络设施等。其次是设备类,包括物流中心、配送中心内部的各种运输工具、装卸搬运机械、自动化作业设备、流通加工设备、信息处理设备及其他各种设备。再次是标准类,如物流术语标准、托盘标准、包装标准、卡车标准、集装设备标准、货架标准、商品编码标准、商品质量标准、表格与单证标准、信息交换标准、仓库标准、作业标准等。

港口物流中心是指对港口中流通的货物提供加工、分类、整理、仓储、配销或推广等功能性服务,并结合内陆运输功能将货物配送至消费市场,或以海运进行再出口(或转运)至其他区域,以形成一个结合贸易、港口、运输为一体的物流中心。港口物流中心除具备一般进口、出口、转口货物拆拼箱功能外,还具备货物的储存、货物的配送、信息的传输、提供增值服务及必要的支持服务的功能,整合物流、信息流、资金流及商流活动于一体。该港口要重点建设集装箱物流中心,参照国内外物流中心的主要功能,集装箱物流中心的设计功能应包括集装箱物流集散功能、集装箱货物分拨配送功能、集装箱存储功能、集装箱物流服务功能、集装箱物流市场交易功能、集装箱特殊物流处理功能、集装箱物流信息处理功能、集装箱物流基地管理服务功能、集装箱物流咨询功能等。

思 考 题

(1) 影响港口选择其物流模式即物流模式决策的主要内外因素有哪些?

（2）分析和比较层次分析法、主成分分析法、因子分析法、模糊综合评价法等多种常用评价方法的原理、方法、适用范围，及其各自的优点与不足。

（3）阐述港口物流模式决策与港口竞争力综合评价的关系。

（4）阐述本文所提出的港口物流模式决策模型的方法与步骤。

附 录

附录1 人名与组织机构中英文对照表

英文名称(及缩写)	中文名称	首现章节
Alexander	新加坡港务集团的一个物流园区	1.3.5
A. P. Moller-Maersk,APM	A. P. 穆勒-马士基集团	4.1.6
Boltek	鹿特丹港的下属物流园区	2.4.1
C. K. Prahalad	普拉海拉德	6.1.1
CLM	美国物流管理协会,National Council of Physical Distribution Management,前身为全美实物分配管理协会,后改名为C. L. M,The Council of Logistics Management	1.1
CMHK	China Merchants Holdings(International),招商局国际,亦称 CMHK	4.1.6
Donald J. Bowersox	唐纳德 J. 尔索克斯	1.1
DP World	迪拜世界港口公司	4.1.6
Eemhaven	鹿特丹港的下属物流园区	2.4.1
ESCAP	United Nations Economic and Social Commission for Asia and the Pacific,即联合国亚太经济社会理事会,简称亚太经社会	1.2.1
Fred E. Clark	弗莱德·克拉克	1.1
Gary Hamel	哈默	6.1.1
HPH	Hutchison Port Holdings,和记黄埔港口	4.1.4
Jay B. Barney	杰伊·巴尼	6.1.1
Kenneth R. Andrews	肯尼斯·安德鲁斯	6.1.1

英文名称(及缩写)	中文名称	首现章节
Keppel	新加坡港务集团的下属物流园区	1.3.5
Maasvlakte	鹿特丹港的下属物流园区	1.4.1
Maersk	马士基	4.1.4
Michael Porter	迈克尔•波特	6.1.1
P&O Nedlloyd	铁行渣华,由英国铁行(P&O)与荷兰渣华(Royal Nedlloyd)在2004年合资组建	4.1.4
Port of Antwerp	比利时安特卫普港	4.1.5
Port of Bremerhaven	德国不来梅港	5.3.1
Port of Hamburger	德国汉堡港	4.1.5
Port of MARSEILLES	法国马赛港	5.2.2
Pasir Panjang	新加坡港务集团的下属物流园区	1.3.5
PSA Corporation	Port of Singapore Authority,新加坡国际港务集团	1.3.5
PRA	Port of Rotterdam Authority,鹿特丹港务局	1.3.5
Tanjong Pagar	新加坡港务集团的下属物流园区	1.3.5
UNCTAD	United Nations Conference on Trade and Development,即联合国贸易与发展大会	1.2.1
WTO	World Trade Organization,世界贸易组织	2.2.2

附录2　其他专业用语的中英文对照

英文名称(及缩写)	中文名称	首现章节
AHP	Analytic Hierarchy Process,层次分析法	6.4
Bartlett Test of Sphericity	巴特利特球形检验法	7.3.2
BOT	Build-Operate-Transfer,即"建设-经营-转让"建设模式的缩写	5.2.1
CFS	Container Freight Station,即集装箱货运站	5.3.4

续表

英文名称（及缩写）	中文名称	首现章节
Comprehensive Evaluation	综合评价	7.2.1
Cronbachα coefficient	克朗巴哈 α 系数	6.2.1
Distribution Park	物流团地	5.1.1
EDI	Electronic Data Interchange,电子数据交换	1.3.4
Factor Analysis Approach	因子分析法	6.2.2
Five Forces Model	Michael Porter's Five Forces Model,即五力分析模型	6.1.1
Freight Village	货运村,物流园区在德国的叫法	5.1.1
Fuzzy Comprehensive Evaluation Method	模糊综合评价	7.2.2
GDP	Gross Domestic Production,国内国民生产总值	6.2.3
GPRS	General Packet Radio Service,通用分组无线服务技术	7.4.1
GPS	Global Positioning System,全球定位系统	7.4.1
GT	Gross Tonnage,总吨位	4.1.4
JIT	Just In Time,称为准时制生产或零库存管理	1.3.4
KMO	Kaiser-Meyer-Olkin,KMO 检验法	7.3.2
Logistics	物流	1.1
Logistics Management	物流管理	1.1
Logistics Park	物流园区	5.1.1
PCA	Principal Component Analysis,主成分分析法	7.2.2
post PANAMAX container vessel	超巴拿马型集装箱船	4.1.4
Physical Distribution	实物分配,简称 PD	1.1
SPSS	Statistical Program for Social Sciences,社会科学统计程序	7.3.2

英文名称（及缩写）	中文名称	首现章节
SWOT	Strength, Weakness, Opportunity and Threat, 优势-劣势-机遇-威胁的分析模型	7.1.1
TEU	Twenty-foot Equivalent Unit, 标箱, 集装箱标箱单位	1.5.1
TPL	Third Party Logistics, 简称第三方物流	1.3.5

参 考 文 献

[1] 周启蕾.物流学概论.北京:清华大学出版社,2009.

[2] 赵伟伟,郭桂琼.中华人民共和国港口法释义.北京:中国法制出版社,2003.

[3] 庄倩玮,王健.国外港口物流的发展与启示.物流技术,2005(6):91-94.

[4] 谭娟.现代港口物流发展战略研究.武汉:武汉理工大学,2005.

[5] 张利安,冯耕中.国内外典型港口物流的发展及启示.中国物流与采购,2004(10):16-20.

[6] 刘佳.交通环境变化下宜昌港口物流发展研究.北京:北京交通大学,2006.

[7] 杨丽梅.我国沿海港口物流经营模式研究.武汉:武汉理工大学,2004.

[8] 于剑.企业组织模式创新研究.天津:南开大学,2006.

[9] 包汉民.变革和发展中的荷兰鹿特丹港.中国港口,2005(2):13,55-57.

[10] 陈勇.从鹿特丹港的发展看世界港口发展的新趋势.国际城市规划,2007,22(1):58-62.

[11] 徐秦,方照琪.国内外地主港模式差异化分析及对我国港口发展的思考.水运工程,2011(4):88-92.

[12] 王洁芳.名古屋港名"古"实不古.中国港口,2007(12):43,44.

[13] 徐剑华.港口企业现代物流发展战略选择.港口经济,2005(4):39-40.

[14] 欧阳文远.天津港港口物流发展战略研究.天津:天津大学,2009.

[15] 刘水国.我国港口现代物流服务模式的研究.大连:大连海事大学,2006.

[16] 张凯.基于融通仓的物流金融服务创新研究.西安:长安大学,2008.

[17] 杨德彬.物流金融在国际贸易结算中的应用研究.上海:复旦大学,2009.

[18] 陈晓兵,高玉龙.天津港开展物流金融服务的实践.港口经济,2010(7):29-32.

[19] 菊田一郎.日本物流案例东洋码头大井蔬菜水果中心.物流技术与应用,2003.8(10):20-28.

[20] 王存宇.加强港口金融服务功能的构想.港口经济,2008(8):33-36.

[21] 封云,高玉龙,李振威.天津港开展物流金融业务的战略布局.中国港口,2010(3):37,38-40.

[23] 茅伯科.改造港口主业　拓展港口物流.中国港口,2002(3):15-17.

[24] 陈海蓉.青岛港港口物流服务发展研究.大连:大连海事大学,2006.

[25] 周丽娜.我国沿海港口物流发展模式研究.武汉:武汉理工大学,2006.

[26] 徐刚.国内主要航运中心竞争力的评价研究.大连:大连海事大学,2008.

[27] 任媛媛.我国港口物流模式研究.哈尔滨:哈尔滨工程大学,2006.

[28] 王健.海峡西岸经济区港口物流网络体系的构建.中国流通经济,2005,19(12):16-19.

[29] 董忆丽.大连集装箱码头物流有限公司发展战略研究.大连:大连海事大学,2007.

[30] 徐敏杰.集装箱船舶大型化的规模经济论证.集装箱化,2007,18(5):1-6.

[31] 董玉桂,杨阿妮,宋超.港口物流业发展趋势——战略联盟.水运工程,2005(12):29-31.

[32] 骆梁远,周月超.基于全球供应链管理模式下的港口物流.物流技术,2006(9):104-106.

[33] 吴春涛.基于供应链理论的宜昌港物流发展战略研究.成都:西南交通大学,2009.

[34] 孙志刚.烟台港物流业发展战略研究.天津:天津大学,2008.

[35] 谢辉.港口供应链环境下航运业务节点问题研究.南昌:华东交通大学,2009.

[36] 张锟.山东半岛港口物流发展战略研究.青岛:中国海洋大学,2008.

[37] 青林.连云港自由港建设问题研究.北京:北京物资学院,2008.

[38] 马飞.基于大连保税港区的东北地区保税物流网络研究.大连:大连交通大学,2008.

[39] 王元忠.保税港区物流业发展影响因素研究.大连:大连理工大学,2007.

[40] 董毅.洋山保税港区物流服务发展策略研究.上海:上海交通大学,2008.

[41] 张世坤.有关汉堡港、鹿特丹港、安特卫普港的考察——兼谈我国保税区与国际自由港的比较.港口经济,2006(1):42-43.

[42] 韩汉君.上海国际航运中心建设:城市竞争力的基础和保障.上海经济研究,2006(9):47-54,61.

[43] 刘晓雷,徐萍.国外经验对宁波—舟山港现代物流发展的启示.交通建设与管理,2007(10):121-125.

[44] 庄倩玮.典型港口物流模式分析.水路运输文摘,2005(12):33-34.

[45] 牛慧恩,陈璟.国外物流中心建设的一些经验和做法.城市规划汇刊,2000(2):65-67,59-80.

[46] 王德荣.要加快我国物流园区的建设.中国交通运输协会.首届中国物流高层论坛2002.北京,2002.

[47] 汪鸣.物流园区的建设及相关政策问题.中国交通运输协会.首届中国物流高层论坛2002.北京,2002.

[48] 李慕.国外物流园区建设及经营.市场周刊(新物流),2009(8):38-41.

[49] GARSIDE M. New Port for london. Logistics & Transport Focus,2007.

[50] KING J. Prologis Acquires Land for Distribution Park Near Chicago. Material Handling Management,2007.

[51] 顾亚竹,任现元.港口物流园区发展的若干问题探讨.集装箱化,2004(10):10-12.

[52] 中国物流与采购联合会.第二次全国物流园区(基地)调查报告(一).市场周刊(新物流),2008(10):36-39.

[53] 李浩.物流园区建设发展综述.水运工程,2008(10):124-127.

[54] 汪鸣.国外物流园区运营模式及借鉴.中国储运,2003(5):14-16.

[55] 包雄飞.创建珠海港港口物流园区的思考.中国水运:下半月,2009(10):59-61.

[56] 刘伟文.日本物流园区的规划与运营管理.现代物流报,2006,1-3.

[57] 赖平仲.从德国物流园区发展历程和模式中得到的启发.交通世界,2003(1):61-63.

[59] 戴哲斌.港口物流中心的运作模式.中国水运,2003(3):25-26.

[60] 吕荣胜,张志远.日本港口经营策略对我国环渤海港口发展的启示.现代日本经济,2006(5):61-64.

[61] 鞠宏志.辽宁省港口物流园区发展问题研究.大连:大连海事大学,2003.

[62] 真虹,刘桂云.柔性化港口的发展模式.上海:上海交通大学出版社,2008.

[63] 余沛云.港口物流园区的运输优化.南京:南京林业大学,2009.

[64] 迈克尔·波特.竞争战略.北京:华夏出版社,2005.

[65] ANDREWS K R. The Concept of Corporate Strategy. Dow Jones,Irwin,1997.

[66] PRAHALAD,C K A H. The Core Competence of the Corporation. Harvard Business Review,1990,68(3):79-91.

[67] Barney J B. Firm Resources and Sustained Competitive Advantage. Journal of Management,1991,17(1):99-120.

[68] 王杨.基于非集计理论的航运公司港口评价方法研究.大连:大连海事大学,2004.

[69] 张联军,宗蓓华.港口竞争力评价指标体系研究.港口经济,2003(4):23-24.

[70] 倪旭华,张仁颐.层次分析法在评价上海港、釜山港和高雄港中的运用.水运管理,2003(12):29-33.

[71] 黄健元,严以新.港口集装箱运输竞争力综合评价指标体系的设计方案.水运管理,2004.26(9):8-10.

[72] 陆成云.港口竞争力评价模型的构建及应用.上海:上海海事大学,2003.

[73] 2007 中国港口综合竞争力指数排行榜报告.中国远洋航务,2008(3):34-40.

[74] 李纬韬.港口企业经营竞争力评价指标体系.交通科技与经济,2004,6(1):78-80.

[75] 王玲,等.港口物流系统的重构与评价指标体系的建立.物流技术,2005(2):13-15,24.

[76] Weston J F, Hoag S E, Chung K S, Mergers, Restructuring and Corporate Control. 北京:经济科学出版社,2003:721.

[77] Goss, R. Economic Policies and Seaports:4. Strategies for Port Authorities. Maritime Policy and Management,1990,17(4):273-287.

[78] Verhoeff J. Seaport Competition：Some Fundamental and Political Aspects. Maritime Policy and Management,1981,8(1)：49-60.

[79] Notteboom T E,Winkelmans W. Structural Changes in Logistics：How Will Port Authorities Face the Challenge? Maritime Policy & Management,2001,28(1)：71-89.

[80] Nir A,Lin K,Liang G. Port Choice Behaviour-from the Perspective of the Shipper. Maritime Policy & Management,2003. 30(2)：165-173.

[81] SAATY T L. The Analytic Hierarchy Process. New York：McGraw Hill,1980.

[82] SAATY T L. Multicriteria Decision Making：The Analytic Hierarchy Process. Pittsburgh,PA. ：RWS Publications,1990.

[83] SAATY T L. Fundamentals of Decision Making and Priority Theory with the Analytic Hierarchy Process,Pittsburgh,PA. ：RWS Publications,1994.

[84] 陶经辉. 物流园区布局规划与运作. 北京：中国物资出版社,2009.

[85] 王之泰. 现代物流学. 北京：中国物资出版社,2002.

[86] 顾亚竹. 港口物流园区战略管理. 北京：中国物资出版社,2008.

[87] 汪长江. 港口物流学. 杭州：浙江大学出版社,2010.

[88] 何黎明. 中国物流园区. 北京：中国物资出版社,2009.

[89] 王国华,等. 中国现代物流大全：B 卷. 北京：中国铁道出版社,2004.

[90] 宋华胡,左浩,等. 现代物流与供应链管理. 北京：经济管理出版社,2000.

[91] 吴清一. 物流学. 北京：中国建材工业出版社,1996.

[92] 王海平. 港口发展战略与规划. 天津：天津人民出版社,2005.

[93] 王海平. 中国港口经营战略经典案例. 天津：天津人民出版社,2006.

[94] 陈琳,蔡卫卫. 集装箱多式联运. 上海：上海财经大学出版社,2006.

[95] 黄中鼎,刘敏,张敏. 现代物流管理学. 上海：上海财经大学出版社,2004.

[96] 马士华,林勇,陈志祥. 供应链管理. 北京：机械工业出版社,2000.

[97] 刘志学. 现代物流手册. 北京：中国物资出版社,2001.

[98] LEVINSON M. 集装箱改变世界. 北京：机械工业出版社,2008.

[99] 朱道立,物流设施与设备. 上海：复旦大学出版社,2006.

[101] 赵启兰,企业物流管理. 北京：机械工业出版社,2004.

[102] 李学伟,曾建平,卢勃. 中国物流交易模式理论. 北京：清华大学出版社,2002.

[103] 刘菊华,第三方物流的利弊分析与企业物流模式选择. 南昌：江西社会科学出版社,2002.

[104] 张存禄,黄培清. 物流产业发展若干问题探讨. 软科学,2003.17(4)：21-23,27.

[105] 吴峰. 港口物流中心的运作模式探究. 九江学院学报：社会科学版,2006.25(3)：47-51.

[106]　戴哲斌.港口物流中心的运作模式.中国水运,2003(3):24-25.

[107]　韩雪.国内外港口物流园区功能的比较与借鉴.中国港口,2010(1):26-28.

[110]　方少琼.现代物流业发展的经验及趋势.经济论坛,2003(6):36-37.

[112]　倪旭华,张仁颐.层次分析法在评价上海港、釜山港和高雄港中的运用.水运管理,2003(12):29-33.

[114]　李纬韬.港口企业经营竞争力评价指标体系.交通科技与经济,2004.6(1):78-80.

[116]　后锐,张毕西.企业物流模式及其动态选择机理与流程.物流技术,2005(2):77-79.

[117]　田宇.美欧企业采用第三方物流比较.商品储运与养护,2001.23(5):28-29.

[118]　贺勇,刘从九.中国企业的物流模式研究.物流技术,2006(3):1-3.

[120]　韩翔.企业物流运作模式决策因素及决策标准.中国市场,2007(19):18-19.

[121]　Rondinelli D Berry M. Multimodal Transportation, Logistics and the Environment: Managing Interactions in a GlobalEeconomy. European Management Journal,2000,18 (4):398-410.

[122]　中国国家标准经管理委员会.GB/T18354-2006 中华人民共和国国家标准物流术语.北京:中国标准出版社,2007.

[123]　何鑫.我国主要港口物流竞争分析与评价.武汉:武汉理工大学,2006.

[124]　杨建勇.现代港口发展的理论与实践研究.上海:上海海事大学,2005.

[125]　吉阿兵.集装箱港口的竞争策略研究.上海:复旦大学,2006.

[126]　赵金胜.港口企业核心竞争力评价指标体系构建及评估研究.大连:大连海事大学,2005.

[127]　王焕成.烟台港竞争力评价及提升对策研究.济南:山东大学,2006.

[128]　王杨.基于非集计理论的航运公司港口评价方法研究.大连:大连海事大学,2004.

[129]　安东.上海港现代物流发展研究.上海:上海海事大学,2005.

[130]　中国政府网.国务院关于加快发展服务业的若干意见,2007.

[131]　中华人民共和国交通运输部网站.全国沿海港口布局规划.2008.

[132]　中华人民共和国交通运输部网站.国务院关于印发物流业调整和振兴规划的通知.2008.

[133]　中国政府网.国务院关于印发物流业调整和振兴规划的通知.2009.http://www.gov.cn/zwgk/2009-03/13/content_1259194.htm.

[134]　中华人民共和国交通运输部网站.全国内河航道与港口布局规划.2007.http://www.gov.cn/zwgk/2009-03/13/content_1259194.htm.

[136]　中华人民共和国商务部网站.吉宝物流中新合作典范主营港口物流.2007.http://www.gov.cn/zwgk/2009-03/13/content_1259194.htm.

［137］　中华人民共和国海关总署. 中华人民共和国海关对保税物流中心（A 型）的暂行管理办法. 2007. http://www. gov. cn/zwgk/2009-03/13/content_1259194. htm.

［138］　中华人民共和国海关总署. 中华人民共和国海关对保税物流中心（B 型）的暂行管理办法. 2007. http://www. gov. cn/zwgk/2009-03/13/content_1259194. htm.

［139］　中华人民共和国海关总署. 中华人民共和国海关保税港区管理暂行办法. 2007.

［140］　中国物流与采购网. 国外物流园区规划及经营模式. 2009.

［141］　中国国际海运网与大连海事大学世界经济研究所. 中国港口综合竞争力指数排行榜研究方法. 2006.

［142］　中国国际海运网与大连海事大学世界经济研究所. 2008 中国港口综合竞争力指数排行榜. 2006.